职业本科背景下课外科技创新工作建设路径及评价体系研究

郑 锂 著

东南大学出版社
SOUTHEAST UNIVERSITY PRESS
·南京·

图书在版编目(CIP)数据

职业本科背景下课外科技创新工作建设路径及评价体系研究 / 郑锂著. -- 南京 ：东南大学出版社，2024.5. -- ISBN 978-7-5766-1264-6

Ⅰ. G644

中国国家版本馆 CIP 数据核字第 2024P7159Q 号

责任编辑:弓　佩　　**责任校对:**子雪莲
封面设计:毕　真　　**责任印制:**周荣虎

职业本科背景下课外科技创新工作建设路径及评价体系研究
Zhiye Benke Beijing Xia Kewai Keji Chuangxin Gongzuo Jianshe Lujing Ji Pingjia Tixi Yanjiu

---

著　　者:郑　锂
出版发行:东南大学出版社
出 版 人:白云飞
社　　址:南京市四牌楼 2 号　邮编:210096　电话:025 - 83793330
网　　址:http://www.seupress.com
经　　销:全国各地新华书店
印　　刷:苏州市古得堡数码印刷有限公司
开　　本:787 mm×1092 mm　1/16
印　　张:13
字　　数:302 千
版　　次:2024 年 5 月第 1 版　　**印　　次:**2024 年 5 月第 1 次印刷
书　　号:ISBN 978-7-5766-1264-6
定　　价:68.00 元

本社图书若有印装质量问题，请直接与营销部联系，电话:025-83791830。

序
Preface

中共中央办公厅、国务院办公厅于2022年12月印发的《关于深化现代职业教育体系建设改革的意见》明确提出，要“把推动现代职业教育高质量发展摆在更加突出的位置，坚持服务学生全面发展和经济社会发展，以提升职业学校关键能力为基础，以深化产教融合为重点，以推动职普融通为关键，以科教融汇为新方向，充分调动各方面积极性，统筹职业教育、高等教育、继续教育协同创新，有序有效推进现代职业教育体系建设改革，切实提高职业教育的质量、适应性和吸引力”。《中华人民共和国职业教育法》中明确提出：国家建立健全适应经济社会发展需要，产教深度融合，职业学校教育和职业培训并重，职业教育与普通高等教育相互融通，不同层次职业教育有效贯通，服务全民终身学习的现代职业教育体系。

新时期、新要求下的现代职业教育体系，应以培养更多高素质技术技能人才、能工巧匠、大国工匠为己任，也应为加快建设教育强国、科技强国、人才强国奠定坚实基础。随着部分高职院校陆续升格为职业本科，职业本科人才培养规格、路径及要求等成为当前职业教育热议的话题之一。

本书依托实践育人工作课题——职业本科建设背景下大学生课外科技创新工作建设路径及评价体系研究，从当前职业院校大学生课外科技创新工作现状调研出发，探讨了职业本科建设背景下大学生课外科技创新工作内容及建设路径，搭建了基于职业本科建设背景下大学生课外科技创新工作建设水平评价体系，并对我国高校、高职院校当前大学生课外科技创新工作案例进行了研究。本书通过大范围的师生调研、走访调研、个案分析等收集了大量的实证数据，为后续模型搭建、案例分析奠定了扎实的基础；开创性地提出了职业本科背景下“五步五优”大学生课外科技创新工作建设路径。围绕“平台、团队、举措、评价、反馈”推动建设路径实施落地。从“制度保障、人才队伍、实施过程、成果成效”等方面构建了课外科技创新工作建设水平综合评价内容，体现了“动态性、统计性、跟踪性”的评价特点。

本书的写作历时一年多，在此过程中得到了国内多所院校的支持，也得到了国内职业院校众多教师、学生的鼎力支持，在此向提供帮助的业界同仁和学生致以由衷的感谢；尤其感谢贵州交通职业大学的赵祥全老师、胡月豪老师、刘萱老师和李金金同学给予的特别支持，感谢书后列出的参考文献著作者给予的宝贵的思路指引与论据支持。如因疏漏导致其他引用文献未被标注的，可联系作者增加引用标注。

由于研究广度、深度还未尽，且作者水平有限，本书还有很大提升空间。本人也将继续努力，为我国职业教育的高质量发展贡献自己的力量。

作者

2023 年 12 月

目录

Contents

1 绪论

1.1 研究背景

大学生科技创新工作是在国家有关部门和学校的组织引导下，通过教师的专业指导，系统地培养大学生的创新思维和学术素质，全面提升其创新能力和学术水平的重要环节。此项工作的核心目标在于强化大学生的创新思维与实践能力，为国家科技创新的持续发展提供坚实的人才基础，这是一种鼓励大学生在业余时间独立进行科学技术研究的活动。如今，大学生科技创新活动的内涵与功能已在教育、科技、经济、文化、社会五个层面得到广泛的拓展。开展大学生科技创新活动是一项具有深远意义的复杂系统工程，这不仅有助于培养具备创新精神的人才，也能推动科技创新进程，促进社会的整体进步。

在鼓励并推进各级各类院校开展科技创新工作方面，国家各级部门出台了系列政策：2015 年公布的《关于深化体制机制改革加快实施创新驱动发展战略的若干意见》[1]指出要发挥科学技术研究对创新驱动的引领支撑作用，增强高校原始创新能力；2017 年印发的《中长期青年发展规划(2016—2025 年)》[2]提出要丰富学生创新实践平台，深入开展"挑战杯"竞赛和中国青少年科技创新奖评选，支持培育学生科技创新社团，营造校园科技创新氛围，为学生开展科技创新探索提供必要条件；2018 年修改后的《中华人民共和国高等教育法》[3]明确规定高等教育的任务是培养具有创新精神和实践能力的高级专门人才；2020 年，党的十九届五中全会[4]提出了坚持创新在我国现代化建设全局中的核心地位，把科技自立自强作为国家发展的战略支撑；同年，教育部等九部门联合印发的《职业教育提质培优行动计划(2020—2023 年)》[5]把发展本科职业教育作为完善现代职业教育体系的关键一环，培养高素质创新型技术技能人才，畅通技术技能人才成长通道；2021 年，习近平总书记[6]在中国科协第十次全国代表大会上强调要更加重视科学精神、创新能力、批判性思维的培养培育；2022 年，共青团中央在《新时代加强和改进共青团思想政治引领工作实施纲要》[7]中明确指出要把实践育人作为共青团开展思想政治引领的特色优势，紧紧围绕青少年进行社会观察、体验社会参与的内在需求，组织各类主题和类型的社会实践及竞赛活动，实施大学生社区实践计划。

高等职业教育是我国教育体系中的重要支柱，肩负着培养高技能、高素质人才的神圣使命。高职专科与高职本科作为高等职业教育的两大支柱，始终坚持为社会主义现代化建设输送优秀人才。在我国社会主义现代化建设的快速推进中，高等职业教育培养的高素质应用技术型和职业技能型高等专业人才发挥着重要作用，这些人才在生产、建设、服务和管理第一线发挥着不可或缺的作用，推动着社会主义现代化建设进程。国内多所职业院校在学生课外科技创新工作开展方面采取了多项举措。

浙江交通职业技术学院通过课外开展数学科技文化节、沙龙、竞赛等活动，充分挖掘学生兴趣点，以“应用数学协会”第二课堂为主，支持对数学感兴趣的学生参加全国大学生数学建模竞赛，重点培养学生的科学精神和创新精神；柳州职业技术学院构建了课程体系“二维”模型，深入挖掘“内容维度”及“形式维度”，整体规划高职学生大学三年六学期的第二课堂活动内容和实施途径，将技能竞赛、社会实践、创新教育贯穿于各环节；黄河水利职业技术学院构建了“需求导向、能力导向、服务导向”与“教育＋实践”双线并行的双创人才培养模式，将创新创业教育融入人才培养全过程，实现创新创业精神与能力培养和专业发展能力培养同步提升；天津职业大学建立技能竞赛申请、成果录入、赛项统计分析的精准、高效、便捷化管理和服务，实现了全员、全过程、全方位的教学监控信息系统；重庆工业职业技术学院拓展育人工作新途径，以课内外协同育人为目的，出台了有关管理办法，使学生社团活动“课程化”，将其纳入人才培养方案，认定学分，遴选指导教师，配套活动经费；金华职业技术学院探索具有专业个性化的文化育人模式，培育了 IT 科技文化节、“一二・九”大学生合唱节等校园文化品牌 16 个。

1.2 研究意义及价值

以习近平新时代中国特色社会主义思想为指导，深入贯彻落实党的十九大和十九届二中、三中、四中、五中全会精神，全面贯彻党的教育方针，落实立德树人根本任务，在新的发展阶段，积极贯彻新的发展理念，构建新的发展格局，坚持创新引领创业，通过创业带动就业，积极支持在校大学生提升创新创业能力，为高校毕业生的创业就业提供支持。提升人力资源素质，促进大学生全面发展，实现大学生更加充分、更高质量的就业，从而进一步提升人才培养质量。只有不断加强创新创业教育和就业指导服务，才能培养更多优秀的人才，为国家和社会的发展做出更大的贡献。

结合职业教育发展背景，本书将主要围绕职业本科建设背景下的大学生课外科技创新工作开展系统性研究，本书主要具有以下价值：

1. 学术价值

（1）补充成果的价值

补充职业本科教育领域关于推动大学生课外科技创新工作的研究成果，适应当前高等教育改革探索的主流方向。研究成果将形成专著、研究报告、教学资源等，充实了研究内容和形式。

（2）丰富理论的价值

灵活运用多种理论及方法，在职业本科背景下探索大学生课外科技创新工作，对于丰富高等教育学、科技管理学等具有一定的学术贡献。

(3) 储备数据的价值

在调研分析、数据搜集、案例研究基础上,为职业本科背景下大学生课外科技创新工作提供一定数据参考。

2. 应用价值

(1) 对推动职业教育高质量发展具有较高的价值

本书在理论探讨、系统建模、实证分析、对策建议方面推动大学生课外科技创新工作的深入开展,既有力推进了职业院校科技创新教育体系建设,又促进了高技术技能人才高规格培养,对推动职业教育高质量发展及社会经济进步具有较高价值。

(2) 对促进广泛应用及改革具有较高的价值

面对我国职业教育正着力开展职业本科建设的背景,丰富大学生课外科技创新工作研究成果可为后续推进职业教育高质量发展奠定重要基础,并可形成一系列的研究成果。

1.3 国内外研究现状

1.3.1 国外大学生科技创新活动发展状况

国外学者对大学生科技创新活动的研究相对深入,主要从创新创业教育开始,把创新能力培养作为教学的基本目标,对创新能力的探讨在一定程度上丰富了教育的内涵。

20 世纪 70 年代以来,西方大学课外科技活动如雨后春笋般蓬勃展开,备受重视。Hofstein、Maoz、Rishpon[8]认为参加课外科技活动的学生对于学校的科学课有更为积极的态度;Zacharias Zacharia、Angela Calabrese Barton 等[9]认为参加课外科技活动的学生明显要比其他学生对科学活动更感兴趣,他们对于科学的价值也有更为强烈的信念;Fangqi XU 等[10]的调查涉及全球多所大学,发现大部分有创造力培养内容的课程都集中在商业、教育、心理学、工程学、理学和工学中;Günseli Oral[11]认为发达国家教育优势在于拥有很多具有创造力的教师,对学生素质的提升具有明显的正面影响。

对课外科技活动的深入研究促进了教育工作者观念上的进步和教育理念的创新。原哈佛大学校长普西认为,创造力的高低是衡量一流人才与三流人才的关键因素,而开展课外科技活动则是培养学生创造力的最直接且有效的方式;英国剑桥大学校长爱莉森·理查德提出学生能力的培养关键在于掌握提问、探究和创造的方法;日本学者强调独创性是国家的兴亡关键,培养具有全球视角的创新人才至关重要;美国致力于打造高校"创新中心",秉持"创新为民族进步之灵魂,为国家繁荣发展之持续动力"的理念。

1.3.2 国内大学生科技创新活动发展状况

民国时期,著名教育学家蔡元培提出了"崇尚自然、发挥个性"的教育思想,这不仅为我国课外科技活动的繁荣和发展指引了方向,同时也对我国教育事业的整体发展做出了重要贡献。

国内学者们也在不断探索关于课外科技活动的研究:任小龙[12]认为奖励机制不完

善，实验室管理制度不健全，致使师生参与竞赛热情不够，制约了课外科技活动发展；陈纯馨[13]提出课外科技活动要以科技知识为载体，以实践活动为主要形式；王宏立[14]总结了大学生科技活动主要形式有科技立项申报与研究、社会调查与研究等，并提出"以活动促创新，以创新促成才"的教学理念；张建荣[15]指出综合性的大学生课外学术科技活动中学生需不断学习理论、拓展知识，跨学科组队可以促进相互进步，有助于在比赛中收获友情和成功；郭树航[16]发现参加挑战杯大赛的学生，在之后的学习和工作中都能够获益匪浅；张武升[17]认为所谓科技竞赛，是将解决问题的方法应用于实践，有利于培养大学生团队合作意识及创新精神；乔海曙等[18]指出强烈的创新欲望是培养创新意识和创新能力的内在动力；方海霞[19]提出科学教育就必然需要引入技术内容，只有通过科技教育，才能培养推动科技发展的创新型人才；凤启龙[20]指出想要发挥学生创造性，就要在开展科技活动的同时加强制度建设、建立管理机构，同时指导教师水平会直接影响大学生参加活动的积极性；龚晓林[21]指出大学生要从自身兴趣爱好出发，选择自身喜欢的课外科技活动才能有更大动力参与活动；袁金祥[22]认为在课余时间从事创新、创造和创业活动，其目标是向学生传播技能、知识的同时进一步培养创新精神；朱萍[23]指出没有充足经费支持的大学科技创新活动会导致学生无法接受良好全面的培训，在比赛中无所收获；张振刚[24]认为学生参加科技活动的过程也是大学生心理素质的铸造过程，只有具有良好的心理素质和顽强意志，学生才能获得成功；范宝成[25]指出大学生在科技创新中经历的协作实践，将会使他们在学习科学知识以外，培养出更好的心理素质。

总体而言，大学生课外科技创新工作研究的成果还不算丰硕，且真正具备可复制、可推广的系统性工作模式或范式还较少。同时，适用职业教育类型的相关成果也还有待进一步完善。

1.3.3 大学生科技创新工作建设及管理研究

作为创新创业发展的重要支撑，在"大众创业、万众创新"政策的深入推进下，大学生创新创业平台得到了快速发展。

创新创业平台不断增多，发展水平参差不齐，逐渐显现各种问题和不足。徐晓影[26]建议建立创业人员信息跟踪回访机制；朱瑞兴、李淑琴[27]指出建立大学生科技创新中心是培养学生创业能力，促进创新教育的重要举措；陈薇[28]指出精神动力是开展大学生创新创业教育、思想政治教育工作不可回避的一个问题，也是创新创业教育和思想政治教育工作领域中一个充满挑战、富有价值的研究方向；管园园[29]指出大学生农村创新创业团队管理，首先需要设计好组织架构，然后制定团队管理制度，还需要注重团队激励文化建设；刘灿昌、许英姿、云海等[30]提倡实行教师全程指导，以创新课程教育为先导，通过典型小项目制作、参与各类科技创新竞赛，培养学生掌握科研思维方法；李志英、王迎进、杨小峰[31]建议依托教师科研平台构建学生自主管理的科技创新团队；张小惠、白帆、霍亚光[32]建议学校设立创新创业基金，经费实行项目化管理，实行集中受理评审机制；刘广[33]指出在国家实施创新驱动发展战略的时代背景下，大学生创新创业需要政产学研支撑体系构建新的培养机制、评价机制和激励机制；高丹、王英刚、董怡华[34]认为在实验室建设过程中，应充分发挥教学、科研资源各自的优势，把教学、科研的各个环节密切结合起来；冀相奎、刘文婷[35]提出应强化学生创新意识、激发学生参与热情为目的的活动，如专业知识普及讲座、知识竞赛、学术科技报告、学生科技成果展等，主要面对低年级学生；陈德静、禾平、王素华等[36]提出应以深化教育教学改革为主线着力夯实创新基础，以校园文化建设为载体着力营造创新氛围，以各类科技竞赛为动力着力提高创新能力，以创新实践为抓手着力开发创新成果；任其亮、李淑庆[37]认为对于有科研兴趣和潜质的学生，应因材施教，组建"创新小组"，并将学术水平较高、科研能力强、有创新教育经验的教师指定为各创新小组成员的导师。

创新是人类社会发展与进步的永恒主题，江泽民指出："创新是一个民族进步的灵魂，是国家兴旺发达的不竭动力。一个民族缺乏独创能力，就很难屹立于世界民族之林。"

1.3.4 大学生科技创新工作评价相关研究

《国家中长期教育改革和发展规划纲要(2010—2020年)》明确强调，应重视提升大学生的学习、实践以及创新能力，并着重指出开展多元化的教育质量评价活动的必要性。这些活动应由政府、学校、家长以及社会各界人士共同参与。因此，在此背景下，评价学生的实践与创新能力显得尤为重要。评价指标不仅能够引导学生明确自己在实践与创新方面的优点和不足，还可以为学校和家长提供有价值的反馈，以便更好地指导学生发展。此外，评价学生的实践与创新能力还有助于提高学生的综合素质，为未来的职业发展打下坚实的基础。同时，评价结果的反馈也有利于学生明确努力的方向，并推动学校改进教育教学方式，从而提高人才培养质量。总的来说，开展学生实践与创新能力评价具有重要意义，有助于提高学生的综合素质和竞争力，为国家的创新发展作贡献。

大学生实践创新能力的提升已成为衡量高校人才培养质量的关键指标，构建一套严谨、适用的评价体系对于评估大学生实践创新能力具有重大意义。王思梦等[38]提出以基础知识、学习能力、创新活动、创新效益4个一级指标入手，采用Delphi-AHP方法评价大学生的科技创新能力，根据结论提出建立有效的大学生创新能力评价指标；胡忠任[39]认为内部评价与外部评价存在一定差异，这种差异引发了学校和学生的深思，促使我们进一步优化培养过程和评价过程；傅贻忙等[40]认为教育观念滞后、教学模式陈旧是导致学生创新实践能力差的主要原因；陈国华等[41]提出要对大学生的创新能力进行合理定位，评价方法要具有科学性、客观性和可操作性，定性和定量评价相结合；茆琦等[42]认为大学生的创新意识是较强的，创新思维灵活，知识基础较扎实，但实践能力和取得的成果较为薄弱，需要在今后教学实践中加强校企融合、完善创新实践基地建设；孙波等[43]提出要以人为本地建立评价机制，实现制度创新，评价需线上线下相结合，学生可随时按照评价指标对照自身进行自评，找出差距，确定努力方向；杨家庆[44]认为大学生科技创新评价的实施，标志着教育从单纯的知识传授向重视能力培养、强调素质提升转变，旨在优化教育环境，强化素质教育，这一变革更接近教育的本质，旨在实现个体的全面发展和成长；张继德[45]指出为了使评价结果真正发挥其教育、导向和激励的作用，必须确保其具有现实性，不应仅仅停留在得出评价结果的阶段，而要进一步将其应用到科技创新素质培养的实践中去，“定性—定量—定性”的方式可以将评价结果转化为具体的培养措施，从而真正推动科技创新素质的提升；曾德芳等[46]指出，以开放实验室为主要实验基地，以专家评估和个人科技成果的创新学分为主要依据，以创新能力的培养作为素质教育的重点，是我国目前高等院校素质教育的重要举措；孙立雄等[47]指出应组织专家开展研究讨论，确保综合评价体系中描述的能力要点确实能够反映大学生科技创新能力，同时为大学生提升科技创新水平指明努力的方向；赵吉鹏[48]指出应凝聚一流创新人才，创造高水平创新成果，引导各高校加快创新成果的转化与产业化，为国家经济建设作贡献；胡吉良[49]提出应坚持“兴趣驱动、自主探索、重在参与”的原则，采用以结果为导向的过程性评价模式，只有这样，才能使学生在创新活动中有所收获。

表1-1、图1-1、图1-2为部分研究成果的评价指标。

表1-1　部分研究成果的评价指标

二级指标	三级指标	二级指标	三级指标
知识积累	外语(数学、计算机)水平	创新技能	知识学习能力
	专业基础知识水平		分析判断能力
	专业前沿知识水平		计划组织能力
	交叉学科知识水平		实验操作能力
创新思维	观察能力		语言和文字表达能力
	想象能力	创新个性	好奇心与兴趣
	逻辑能力		自信心
创新成果	学术论文状况		独立思考精神
	学位论文状况		团队精神
	学术交流状况		批判精神
	课题研究状况		意志力

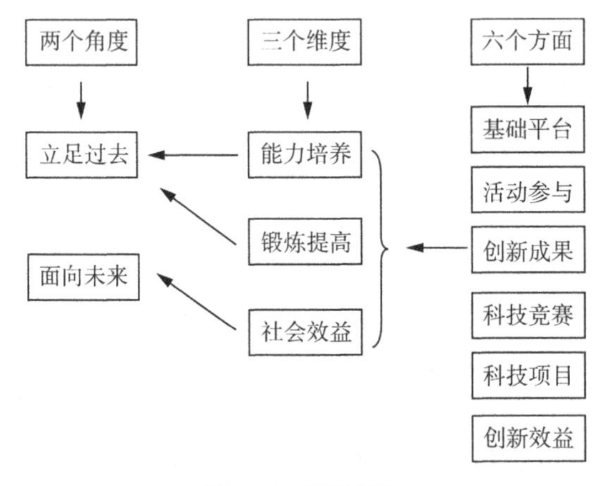

图1-1　评价指标

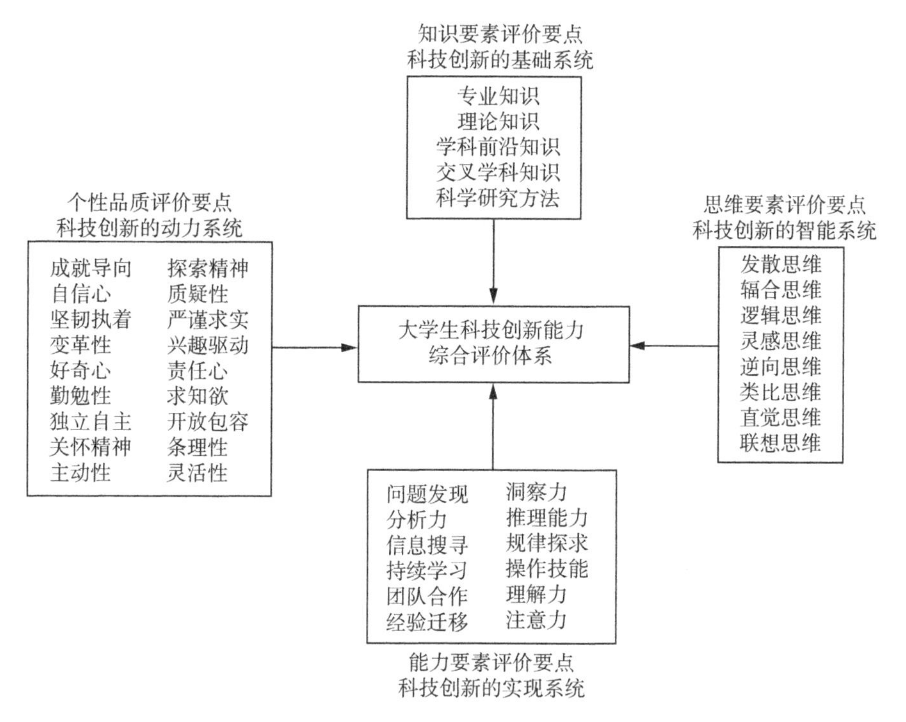

图 1-2 部分评价体系

1.4 研究内容

以职业本科高质量发展为背景，为切实提升职业院校大学生课外科技创新工作管理能力及成果成效，建立适应职业本科大学生课外科技创新工作的“五步五优”建设路径及“两层三级”评价体系。主要研究内容如下：

1. 职业院校大学生课外科技创新工作建设现状及趋势调研

（1）开展大学生课外科技创新工作建设现状调研。围绕各院校体制机制建设、教师科研队伍建设、学生课外科技活动实施方式及成果等开展走访调查、问卷调查等。结合统计数据，分析各院校在大学生课外科技创新工作方面取得的成效。梳理为促进职业本科建设，各院校在学生课外科技创新工作开展方面重点聚焦的问题和遇到的瓶颈。

（2）结合职业教育重点发展方向及下一步规划，分析职业院校大学生课外科技创新工作建设趋势，包括建设力度、扩展范围、实施深度、成效期望等方面，尤其为西部职业院校后续大学生课外科技创新工作路径建设提供重要支撑。

2. 职业本科建设背景下大学生课外科技创新工作基础内容研究

（1）厘清职业教育与普通高等教育在大学生课外科技创新工作的区别和联系。

（2）确定职业本科建设背景下大学生课外科技创新工作的定位及内涵。

（3）建立职业本科建设背景下大学生课外科技创新工作的保障体制机制。

3. 职业本科建设背景下大学生课外科技创新工作建设路径及方法研究

构建促进深度探究性学习的“五步五优”职业本科大学生课外科技创新工作建设路径：搭建科技平台，优化创新生态；建立科研梯队，优化师生共融；探索多维举措，优化发展布局；落实增值评价，优化成果创效；形成动态反馈，优化策略监督。

4. 职业本科建设背景下大学生课外科技创新工作建设水平评价体系的构建

构建“增值评价＋综合评价”两层评价结构，即实施中的增值评价、实施后的综合评价。实现“多步骤、多维度、多主体”评价角度，体现“动态性、统计性、跟踪性”评价特点。

1.5 技术路线

本书以“发现问题—分析问题—解决问题”的思路梳理研究进程，主要从现状调研、数据分析、建设内容研究、建设途径及方法构建、评价体系建立、案例分析的逻辑顺序展开。技术路线如图 1-3。

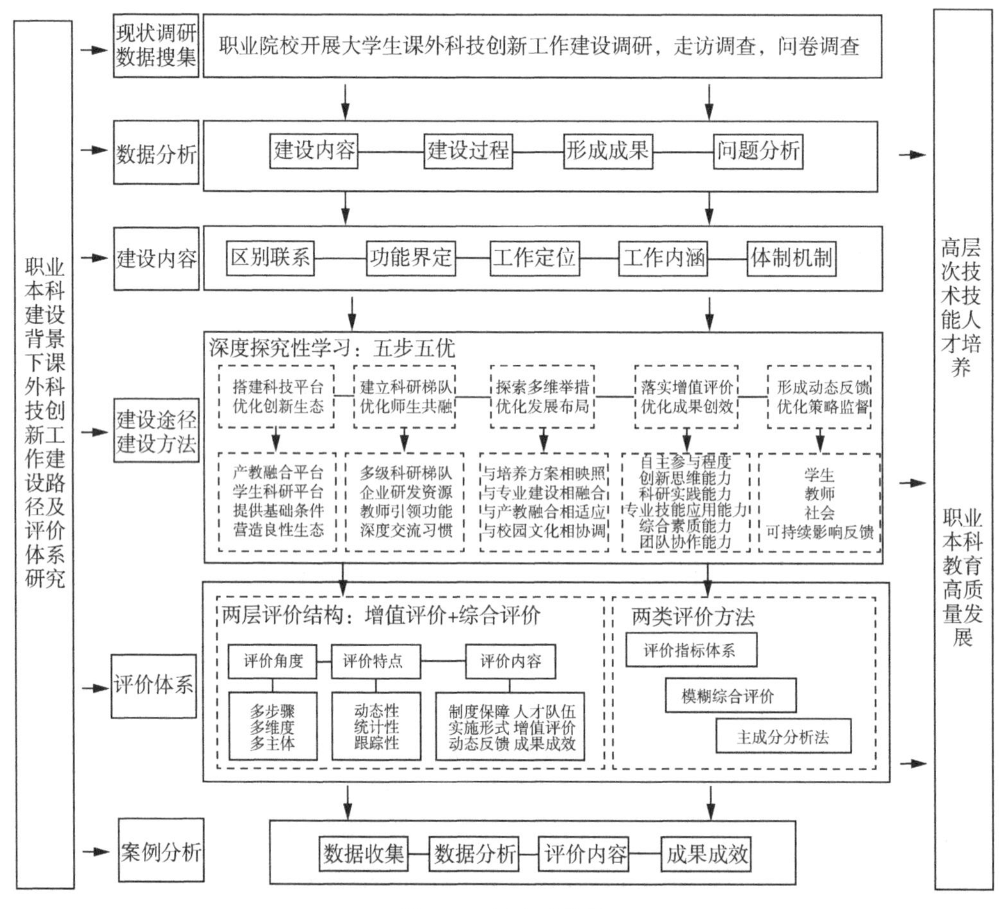

图 1-3 技术路线图

2 职业院校大学生课外科技创新工作建设现状调研

2.1 基本概念

发展本科职业教育是现代职业教育体系中的关键环节，也是《职业教育提质培优行动计划(2020—2023年)》的核心要义。该计划旨在培养高素质、具有创新能力的技术技能人才，并为此提供畅通的成长通道。开展大学生科技创新活动作为当前职业教育实践育人的重要抓手，为职业教育高质量发展奠定了重要基础，受到了广大院校的高度重视。

大学生科技活动主要涵盖了课外科研项目、科技论文报告会、专家学术讲座以及大学生论坛等。此外，还有“挑战杯”大学生课外学术科技作品竞赛、创业计划竞赛以及数学建模大赛等活动。这些活动旨在培养大学生的创新能力和实践能力并提升其综合素质。随着创新创业教育兴起，“创新创业”“互联网＋创新创业”等竞赛也助推高校及大学生参与科技创新活动的热情。

2.2 职业院校大学生课外科技创新成果

修订后的《中华人民共和国职业教育法》首次明确职业教育与普通高等教育具有同等重要的地位。高职院校遵循产教融合发展思路，一直重视学生实践能力的锻炼和提升。在新时期发展背景下，职业教育与普通高等教育同样需要适应创新型高技能人才培养需求。学生课外科技创新活动是高职院校促进产教研一体化，提升实践育人成效，实现教师、学生创新能力阶跃式发展的重要手段；其活动内涵丰富，形式多样，有助于职业教育与其他层次教育在人才培养与科技创新中组成可持续的循环链条，有助于高职院校从传统的高技能人才培养向创新型人才培养转变。

高职院校开展学生课外科技创新活动起步虽然晚，但在近年职业教育高质量发展要求下，高职院校在学生课外科技创新活动中取得了不少成果，如表2-1和表2-2所示，以“挑战杯”全国大学生课外学术科技作品竞赛和中国国际“互联网＋”大学生创新创业大赛为代表，高职院校近年获得的国家级科技竞赛奖励正逐年增加，说明在丰富学生课外科技活动、培养学生创新实践能力、助推院校提质培优等方面高职院校取得了长足进步且还在不断超越。

表 2-1　四届全国“挑战杯”竞赛高职院校获奖情况统计

年份	特等奖	一等奖	二等奖	三等奖
2015	0	0	2	7
2017	0	0	1	20
2019	0	1	0	14
2021	0	0	5	28

表 2-2　中国国际“互联网+”大学生创新创业大赛高职院校获奖情况统计

年份	金奖				银奖				铜奖			
	主赛道	红旅赛道	职教赛道	产业命题赛道	主赛道	红旅赛道	职教赛道	产业命题赛道	主赛道	红旅赛道	职教赛道	产业命题赛道
2016	1				3				36			
2017	0				6				62			
2018	2	1	0	0	8	5	0	0	49	20	0	0
2019	1	0	16	0	1	4	48	0	4	17	135	0
2020	2	0	23	0	1	3	53	0	29	14	127	0
2021	0	2	46	0	3	8	87	1	18	49	324	2
2022	0	1	47	0	0	8	90	0	0	20	322	13

其中不乏一些职业院校在大学生创新创业教育中取得了突出成绩并总结了一些好的做法，现选取三个典型院校简单介绍：

✧ 长沙民政职业技术学院

该学院入选中国特色高水平高职学校和专业建设计划，学院学生在各类科技竞赛中取得优异成绩，每年有 100 余项学生成果获得国家级奖励，1 000 余人获得省级以上奖励。在“互联网+”、“挑战杯”、黄炎培职业规划、电子设计、数学建模、ACM-ICPC 等高水平的竞赛中成绩位居全省前列。近年来，学生创业团队获得多项天使投资，取得了良好的社会效益和经济效益。学院内设创新创业专项办公室、创新创业教育研究室、创新竞赛中心、创业孵化中心四个部门，负责整合学校创新创业教育资源，建立多部门齐抓共管的创新创业教育工作机制，统筹开展全校的创新创业教育工作；拟定学校创新创业教育实施方案，开展创新创业研究，负责创新创业教育课程建设、师资队伍建设与教学工作；组织实施创新创业教育与实践活动；组织管理全校性的创新创业竞赛，开展以创新创业为主题的校园文化活动；负责学校大学生创业孵化基地的建设、管理，做好大学生创新创业服务工作。该校还获得全国高职高专首批 24 所深化创新创业教育改革示范校、湖南省首批高校大学生创业孵化示范基地、湖南省社工机构唯一孵化示范基地等称号。

✧ 日照职业技术学院

该学院入选中国特色高水平高职学校和专业建设计划，学院秉承“理论与实践并重，技术与人文融通”的办学理念，坚持“服务区域经济社会发展，服务学生成长成才”的办学宗旨。开展创新创业教育，组织“挑战杯”“互联网+”“创青春”等赛事活动，落实“青鸟”

计划;指导学生会、学生社团等学生组织按照各自章程开展工作。学院在课程体系改革方面积极探索,率先推出面向科研兴趣和职场需求的课程,包括研究方法、学科前沿、创业基础和就业创业指导等方面的课程;将“职业生涯规划与就业指导”和“创新创业教育”纳入必修课程,构建了层次分明、体系完善的创新创业教育课程框架,积极引导学生参与创新实践、发明创造及技能竞赛等各项活动,并针对此类活动提供创新创业学分认证,旨在提升学生的创新技能及实践能力。

✧ 广东轻工职业技术学院

该学院是中国特色高水平职业学校和高水平专业群(“双高计划”)建设单位,旨在“服务学校发展,助力学生成才”,并坚持“以创新推动创业,以创业促进创新”的工作理念。在创新创业教育方面,该学院以培养创新精神、创新意识、创新创业能力为核心,面向全体学生,以专业为基础,注重实践,进行分类培养。该学院汇聚了学校、行业、企业的优质资源,充分利用学校的优势学科和科研实践平台,为全校学生提供创新创业的通识教育、实践教育、孵化教育。通过科学化、系统化的教育实施,全过程地培养学生的创新创业能力,为学生搭建成长成才的平台,并为创新创业项目团队的成长和孵化创造有利条件。

学校构建了“综合素养、专项能力、综合能力以及创业项目”四位一体的专创融合课程体系。按“素质类”“能力类”“项目类”课程分类建设,依需精准供给课程资源,实现培养目标。建立“素质养成+能力提升+第三方评价”的“双创”人才培养评价方法,以成果为导向,聚焦目标达成度,形成人才培养持续改进机制。创新创业教育成效综合评价体系由 3 个一级指标和 15 个二级指标构成,以 2018 年为基准,采用增量评价方法,每年与 2018 年的差值乘以权重系数即创新创业的成效量化值。

建立创业孵化平台及“双创”导师团队,按照实践路径实现精准孵化,破解“双创”实践路径不清晰、孵化平台及政策扶持不支撑的问题。

校企共建创业孵化平台,建立长周期孵化机制,形成管理制度,教研孵创一体推进,形成项目孵化由“种苗期→成长期→产业期”不同阶段的条件保障和政策支持;通过学校选拔、立项扶持,实施“双创”项目“种苗期”培育;优秀项目输送进入“成长期”孵化平台,享受孵化器实践平台优惠政策,3～5 年孵化毕业;毕业项目(企业)依托地方政策,进入“产业期”大平台。目前已遴选“种苗期”培育项目 416 个,进入“成长期”孵化项目(企业)30 个,进入“产业期”项目(企业)25 个,为地方创造税收 10 469 万元。校企联合构建了专业导师、产业导师和管理导师三位一体的多元化创业导师团队,针对创业项目进行精准指导,为项目的顺利孵化提供强大的人力保障。

一项项改革创新相互配合、相互促进,相得益彰,形成了较为完善的“双精准”“双创”人才培养体系,并产生共振叠加的效果,使得学校人才培养焕发勃勃生机。

✧ 北京电子科技职业学院

该学院入选国家“双高计划”高水平学校建设单位(A 档十所院校之一);2018 年、2019 年连续被教育部评为全国职业院校实习管理 50 强、教学管理 50 强、学生管理 50 强

(同时荣膺三项50强的全国7所高职之一);2021年荣获北京市党的建设和思想政治工作先进普通高等学校提名奖;2022年获批教育部高校思想政治工作创新发展中心。

该校在大学生科创工作方面做出了很多尝试,包括:(1) 建设3个中试基地。结合产业前沿要求进行产品创制、概念产品试制、产学研联合攻关,建设复杂和异形件智能制造研发、化药制剂与蛋白药物研发、集成电路产品测试3个经开区中试基地。(2) 聚焦攻关项目,开展有组织科研。围绕天然产物标准品研制、新能源汽车分布式驱动控制技术等科技攻关项目,开展项目孵化、成果转化和中试服务。鼓励成果转化,将项目中的新产品、新工艺、新规范转化为教学项目,培养创新型复合型人才,实现教学项目转化319项。组织学生参与科研项目,培养学生科技创新能力与动手实操能力,依托项目成果,指导学生参加"互联网+""挑战杯""京彩大创""科技大赛"等赛事取得优异成绩,获得国家级别大赛奖项18项。

✧ **重庆电子工程职业学院**

该学院是"中国特色高水平高职学校建设单位""国家示范性高等职业院校"。在创新创业教育方面,一是健全长效机制,打造创新主体培育地。依托国家级众创空间,学校聚焦专业资源,主动承担"大数据"特色园区建设任务,将产学研用紧密结合,一方面探索"实验室+试验场"模式,遴选教师带领学生,基于专业开展科学实验、技术研发,再到众创空间进行创新创业项目落地、商业运营;另一方面深化产教互融机制,特别是加强与华为、长安、京东方等大型集团的合作,以"企业+团队"(一个企业带领帮扶一支学生团队)形式,引入校企共同孵化创新创业项目。二是创立育人体系,激发创新创业内生动力。学校致力于打造"全覆盖、全层级、全程化"教学体系,力求填补"双创理论课程—双创实践教学—专业课程"不能有效衔接的空白,构建起具有特色的高职院校"双课融通·三师协同·四步循环"育人新模式,该成果荣获国家级教学成果二等奖,系统提升了学校双创育人水平。三是搭建训育平台,推动创新成果市场化。学校针对"互联网+""挑战杯"等重要赛事活动,建立"初-中-高"分级赛事训育平台,项目均配备专业课教师、创新创业导师、技术服务人员,持续为项目提供具有针对性的、全阶段的跟踪式孵化与培育服务;项目团队还积极和地方政府、企业沟通以形成良性的合作共赢,有效促进成果转化及推广实施。

2.3 调研设计

研究人员开展了基于师生的"职业院校大学生课外科技创新工作建设"调研,以此为核心内容夯实了调研基础并充实了数据支撑。

结合研究内容,通过查阅课题内容相关文献及分析国内外研究现状后,研究人员精心设计了针对性强、涵盖内容丰富、分类实施的调研问卷,包括教师卷和学生卷。其中,教师卷调研问卷主要包括基本信息、管理机制、过程实施、成效评价和对职业本科相关工作看法等内容,一共28题。学生卷调研问卷主要包括基本信息、过程实施等内容,一共16题。调研问卷部分内容如图2-1、图2-2所示。

关于“职业院校大学生课外科技创新工作建设”调研问卷

尊敬的老师：

您好！

为有效推进实践育人工作课题研究，现诚挚邀请您参加此次调研。调研旨在了解当前高等职业院校大学生课外科技创新工作开展情况及实施成效，恳请您真实填写以下问卷。对于您的参与，我们由衷地表示感谢！我们将努力为职业院校创新发展贡献自己的力量！

第一部分：基本信息

1. 您所在学校的名称：__________，所在省份为：____________

2. 您的职称是：__________ ，性别：__________

3. 您所在学校是否为（可多选）：____________

A. 职业本科 B. 中国特色高水平高职学校 C.国家优质专科高等职业院校 D.其它

4. 您在学校所从事的岗位：____________（单选）

A. 行政管理岗 B. 专任教师岗 C.辅导员岗

5. 您认为职业院校开展大学生课外科技创新工作的必要性是什么？（可多选）

A. 迎合时代和社会经济发展需求

B. 有力推进产教深度融合

C. 提高学校自身竞争力

D. 提高学生科技创新意识和能力，提升就业或深造能力

E. 提升学生综合素质及能力，为其职业道路奠定基础

F. 职业院校学生没必要开展科技创新，学生能力不足

第二部分：管理机制

6. 如果用 1~5 分来评价学校对于大学生课外科技创新工作的重视程度，对于您所在学校，您认为可以打几分？分数越高代表学校重视程度越高。_______（单选）

A. 1 分 B.2 分 C.3 分 D.4 分 E.5 分

7. 您所在学校是否成立专门的大学生课外科技创新管理组织机构？（单选）

A. 没有成立专门组织机构，属团委管理

B. 有成立，组织名字为：____________

C. 不了解

8. 您所在学校是否制定了鼓励大学生课外科技创新工作的相关管理文件？（单选）

A. 有，较为系统 B.有，但较少 C.没有 D.不了解，没有接触

9. 请您为所在学校的大学生课外科技创新工作进行以下方面打分（分数越高代表对相关工作满意度越高）：（单选）

A.组织及领导 1 2 3 4 5

B. 管理及过程指导 1 2 3 4 5

C. 评估与奖励 1 2 3 4 5

第三部分：过程实施

10. 您所在职业院校主要开展的大学生课外科技创新活动有哪些？（可多选）

A. “挑战杯”课外科技学术科技作品竞赛

B. 各类型创新创业大赛（如互联网+创新创业大赛等）

C. 专业或学科相关的科技竞赛（如建模大赛、设计大赛等）

D. 科技创新学术交流和培训活动（如学术沙龙、创新创业培训等）

E. 科技创新相关科普活动（如科技周宣传、科普知识竞赛等）

F. 其他：_______

11. 如果用 1~5 分来评价学校对于大学生课外科技创新工作的支持力度，对于您所在学校，您认为可以打几分？分数越高代表学校支持力度越高。_______（单选）

A.1 分 B.2 分 C.3 分 D.4 分 E.5 分

12. 据您了解您所在学校老师参与指导大学生课外科技创新活动的比例大概为：

A. 80%以上 （绝大部分老师会参与）

B. 50%~80%（大部分老师会参与）

C. 20%~50%（只有小部分老师会参与）

图 2-1 教师卷部分内容

关于“职业院校大学生课外科技创新活动参与情况”调研问卷

亲爱的同学：

您好！

为有效推进实践育人工作课题研究，现诚挚邀请您参加此次调研。调研旨在了解当前高等职业院校大学生参与课外科技创新活动的情况，恳请您真实填写以下问卷。对于您的参与，我们由衷地表示感谢！我们将努力为职业院校创新发展贡献自己的力量！

第一部分：基本信息

1. 您所在学校的名称：__________，所在省份为：____________

2. 您的性别：男 女； 您的年级：大一 大二 大三

3. 您就读的专业属于哪个类别：____________

农林牧渔大类、资源环境与安全大类、能源动力与材料大类、土木建筑大类、水利大类、装备制造大类、生物与化工大类、轻工纺织大类、食品药品与粮食大类、交通运输大类、电子信息大类、医药卫生大类、财经商贸大类、旅游大类、文化艺术大类、新闻传播大类、教育与体育大类、公安与司法大类、公共管理与服务大类

4. 您认为职业院校开展大学生课外科技创新活动的必要性是什么？（可多选）

A. 迎合时代和社会经济发展需求

B. 有力推进产教深度融合

C. 提高学校自身竞争力

D. 提高学生科技创新意识和能力，提升就业或深造能力

E. 提升学生综合素质及能力，为其职业道路奠定基础

F. 课外科技创新对职业院校学生要求太高，没必要开展科技创新活动

第二部分：过程实施

5. 您是否参加过以下课外科技创新活动？（可多选）

A. “挑战杯”课外科技学术科技作品竞赛

B. 各类型创新创业大赛（如互联网+创新创业大赛等）

C. 专业或学科相关的科技竞赛（如建模大赛、设计大赛等）

D. 科技创新学术交流和培训活动（如学术沙龙、创新创业培训等）

E. 科技创新相关科普活动（如科技周宣传、科普知识竞赛等）

F. 没有参加过任何课外科技创新活动

如第 5 题选择 A~E 选项，请继续作答；如选择 F 选项，可跳过以下第 6~10 题，直接作答第 14 题

6. 您参加课外科技创新活动**最大**的动力是什么？

A. 参加课外科技创新活动可获得素质学分

B. 参加课外科技创新比赛获奖可获得奖金

C. 参加课外科技创新活动可跟老师有密切接触

D. 提升自我综合素质能力，为就业和深造打基础

7. 大学期间，您参加过几项课外科技创新活动？

A. 1项

B. 2~3 项

C. 3 项以上

8. 您是通过什么途径参加课外科技创新活动的?

A. 同学邀请一起组队

B. 学校组织参加，收到报名信息，自发报名

C. 老师鼓励参加后，自己再报名参加

D. 往届学长学姐推荐参加

9. 针对“挑战杯”、创新创业大赛等相关大学生课外科技创新活动，学校是否提供以下培训形式？

A. 启动宣传

B. 经验交流或学术讲座

C. 开设相关课程指导学生入门

D. 校内教师团队指导

E. 校外专业团队辅导

F. 其他_______

10. 在参加课外科技创新活动中，您会着重提升自己哪些方面的能力？

图 2-2 学生卷部分内容

调研主要面向全国高职院校教师和学生。调研形式包括线上调研（图 2-3）、现场问答、走访调研、一对一访谈和座谈调研等。

关于“职业院校大学生课外科技创新工作建设”调研问卷（教师卷）

尊敬的老师：

您好！

为有效推进实践育人工作课题研究，现诚挚邀请您参加此次调研。调研旨在了解当前高等职业院校大学生课外科技创新工作开展情况及实施成效，恳请您真实填写以下问卷。对于您的参与，我们由衷地表示感谢！我们将努力为职业院校创新发展贡献自己的力量！

第一部分：基本信息

*1、您所在学校的名称：

图 2-3　线上调查问卷

2.4　调研实施

为保障调研有效开展，研究人员成立了调研保障实施小组。

课题组负责人：郑锂、赵样全统筹安排，协调资源，组织走访。

问卷保障负责人：刘萱负责打印纸质问卷，设计线上问卷，组织学生开展相关工作。

问卷发放负责人：胡月豪、黄海燕、杨涛负责组织线上和线下问卷发放和回收，组织学生相关开展工作。

数据处理及分析负责人：王鸿婧负责对回收数据进行处理和分析，组织学生开展相关工作。

通过前期准备，于 2023 年 2 月 20 日正式开启调研工作，主要分为 3 个阶段：

阶段 1：线上问卷调研，面向全国高职院校。

阶段 2：线下问卷调研，主要面向省内高职院校。

阶段 3：走访、一对一访谈及座谈，主要面向个别院校，其中包括公办学院和民办院校。

截至 2023 年 4 月 6 日，已完成阶段 1、阶段 2 和阶段 3 的部分调研，得到以下调研实施结果：

1. 线上调研，获得 39 所高职院校教师数据，收到问卷 43 份；获得 32 所高职院校学生数据，收到问卷 957 份，如图 2-4 所示。

2. 线下发放问卷 50 份(图 2-5)，主要面向学生发放，涉及贵州工商职业技术学院、贵阳职业技术学院、贵州装备职业技术学院等，收回问卷 30 份。线下教师卷主要发放对象为贵州交通职业技术学院，共收回问卷 10 份。

实践育人工作课题调研问卷　43

● 已发布　答卷数量

实践育人工作课题调研问卷　957

● 已发布　答卷数量

图 2-4　线上调查问卷收回数量

3. 一对一走访调研，主要涉及贵州工商职业技术学院、贵阳职业技术学院、贵州装备职业技术学院、毕节幼儿专科师范学院等，一对一访问对象目前为 5 人，已开展座谈研讨 2 次。

图 2-5　各校师生参与线下调研

2.5　结果处理及分析

2.5.1　数据处理

基于前述调研工作，共获得教师有效问卷 53 份，学生有效问卷 987 份。教师卷

28题，学生卷16题。问卷有效性判断原则：在问卷中设置部分跳答题目，即根据前述问题的回答情况可以选择后续不同的问题作答。若出现前后问题不一致的情况，判定该问卷无效。通过该判定，剔除无效问卷。

2.5.2 教师卷数据分析

1. 基本信息

本次受访教师主要构成：女教师占比49%，男教师占比51%，略多于女教师（图2-6）。

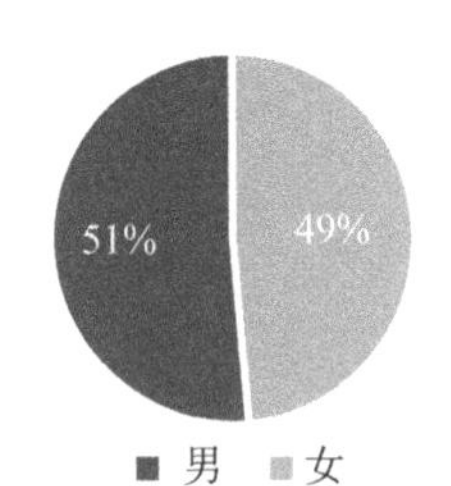

图2-6 受访教师性别比例

数据显示受访教师所在学校最多的为中国特色高水平高职学校，占34.69%，其次是国家优质专科高等职业院校，占32.65%，最少的是职业本科，占6.12%，还有一些是其他学校（图2-7）。

受访教师中，有40.54%从事行政管理岗，37.84%从事专任教师岗，21.62%从事辅导员岗（图2-8）。在大学生创新创业活动开展中，专任教师岗相对接触各专业学生的概率较大些，因此，在后续的调研数据中，需要针对性地补充对专任教师的调查。

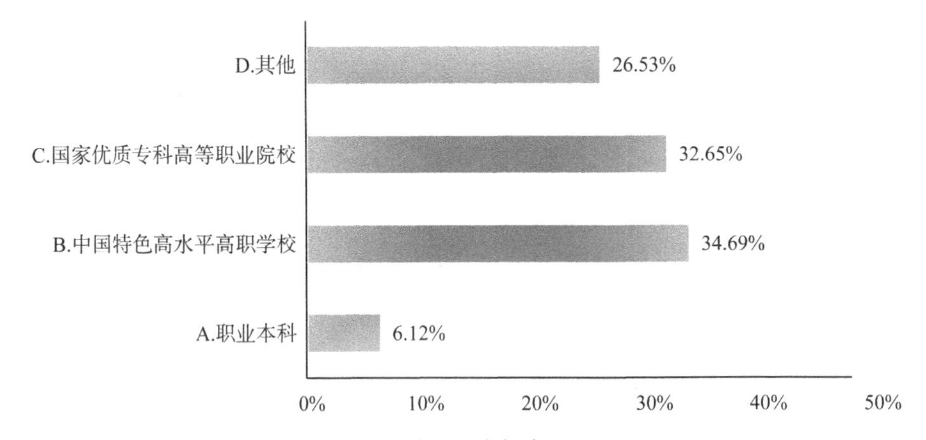

图2-7 受访教师学校来源及占比

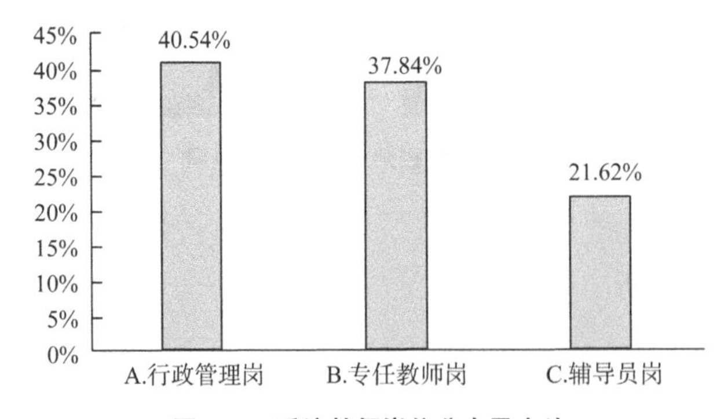

图2-8 受访教师岗位分布及占比

对于职业院校开展大学生课外科技创新工作的必要性，教师们给予高度的评价(图2-9)。89.19%的教师认为该工作有助于提升学生综合素质及能力，为其职业道路奠定基础和提高学生科技创新意识和能力，提升就业或深造能力；81.08%的教师认为这是迎合时代和社会经济发展需求的举措；81.08%的教师认为该工作可以提高学校自身竞争力；78.38%的教师认为该工作可以有力地推进产教深度融合；还有45.95%的教师认为职业院校学生没必要开展科技创新，因为学生能力不足。

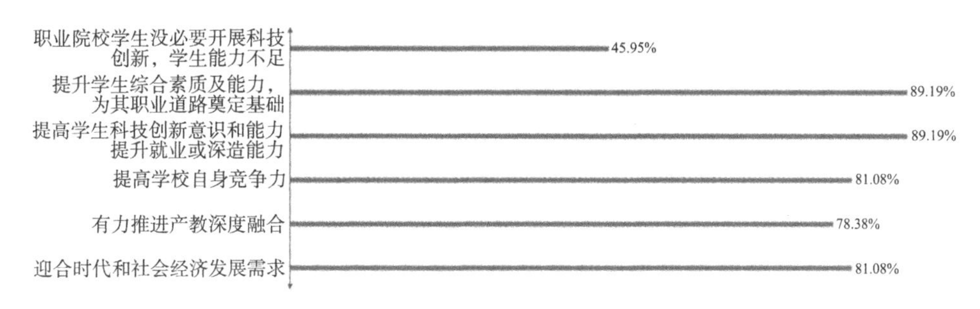

图2-9　大学生课外科技创新工作的必要性调查及占比

2. 管理机制

从管理层面来分析，设计了如下4题，从多方面了解各高校相关工作的开展情况：

(1) 对大学生课外科技创新工作重视程度的评价

如果用1～5分来评价学校对于大学生课外科技创新工作的重视程度，受访教师中有48.64%的教师认为学校对该工作很重视，给予4～5分的评价；评价为3分的教师比例占到29.73%，说明大部分教师认为，该校对大学生课外科技创新工作的重视程度适中，这使得课题组可以深入分析这部分教师后续的答题情况，理清各高校开展大学生课外科技创新工作的内容和效果等。只有少部分的教师认为学校对于大学生课外科技创新工作不是很重视，给出了1～2分的评价。打1分的教师仅1人，说明从总体上看，教师们还是比较认可大学生课外科技创新工作的(图2-10)。

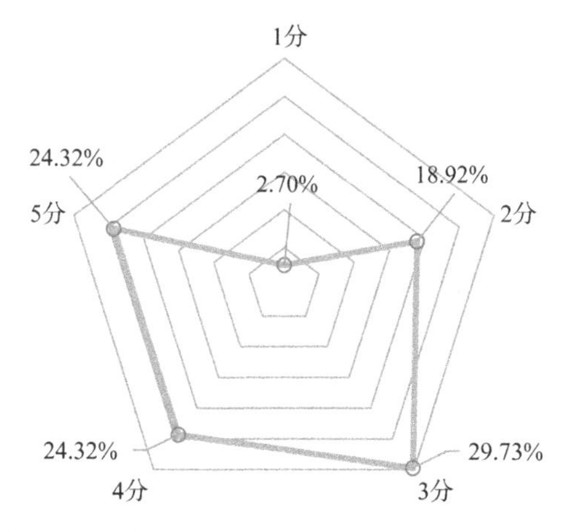

图2-10　学校对于大学生课外科技创新工作的重视程度调查结果统计

（2）对大学生课外科技创新工作管理组织的了解

在受访的院校中，65％的教师清楚地了解学校对大学生课外科技创新工作的管理组织。从54％的选项来看，大部分受访学校没有成立专门的组织机构，大学生课外科技创新工作依然隶属团委管理，只有11％的学校成立专门组织开展相关工作。35％的教师不了解大学生课外科技创新工作的管理组织，一定程度上说明还有部分教师并没有切实参与大学生课外科技创新工作，对活动的组织管理缺乏系统性了解（图2-11）。

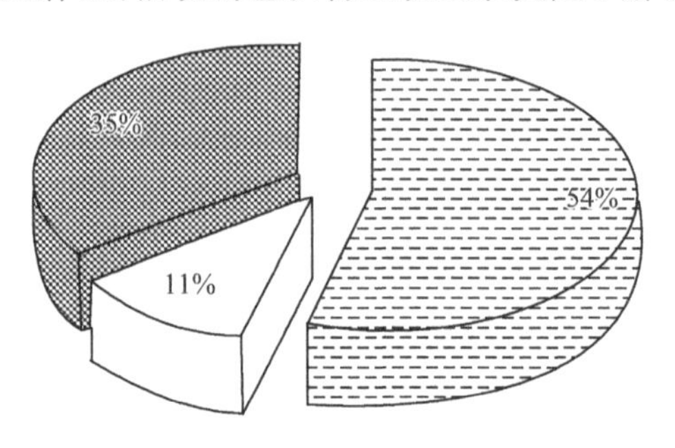

图2-11　管理组织机构调查占比图

（3）是否出台大学生课外科技创新工作相关管理文件

系统性管理文件有助于工作的开展，但由于高职院校是近10年才陆续开展大学生课外科技创新工作的，因此未必所有学校都有规范的、系统的管理性文件。在参与调查的教师中，35％的教师知道有大学生课外科技创新工作相关管理文件的出台，且认为学校相关管理文件较为系统；41％的教师知道有管理文件的出台，但认为管理文件数量相对较少；还有24％的教师表示对这部分工作不了解，没有接触（图2-12）。对于最后这部分受访教师及代表学校，还需加强相关管理文件的出台和规范，且需将文件下达到各二级部门及各岗位教师中，以便增加教师对该工作的了解和推进。

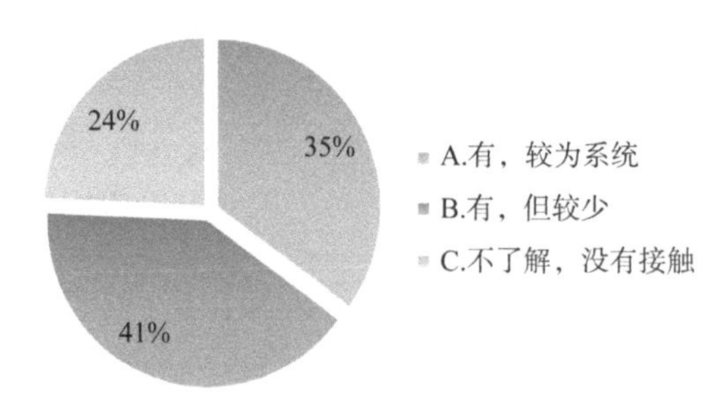

图2-12　是否出台相关管理文件占比图

（4）对学校开展大学生课外科技创新工作满意度的评价

本部分主要从组织及领导、管理及过程指导、评估与奖励三个角度进行教师满意度调查，评分值在1～5分，分值越大表示满意度越高。从结果来看（图2-13），总体上，受访教师对组织领导的满意度值评价最高，总得分 138 分；管理及过程指导和评估与奖励总体得分为 134 和 133，差别不大。从趋势上来看，三个角度的评价呈现一致的趋势，给出 3 分评价的教师比例最高，分别为 35%、27%、32%。且给出 5 分评价的教师比例也比较高，分别为 30%、30%、27%。由此看出，教师们对组织及领导、管理及过程指导、评估与奖励的满意度相对较高，证明各学校相关工作开展和获得的成效得到了教师们的肯定。

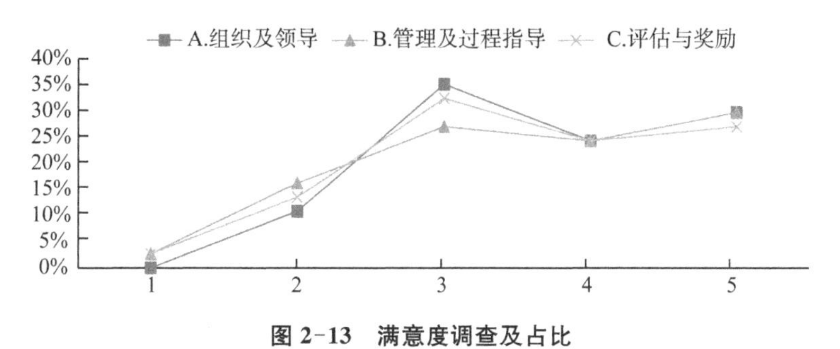

图 2-13 满意度调查及占比

3. 过程实施

(1) 开展的活动类型

调查可知，当前职业院校开展的大学生课外科技创新活动形式多样(图 2-14)，受访教师对大部分活动都较为了解，所有选择项的比例都超过了 65%。其中，占比最大的是各类型创新创业大赛(如"互联网＋"创新创业大赛等)，达 89%，证明近几年各高校对创新创业比赛的举办都很重视，使之得到了更广泛的关注。其次开展较多的是"挑战杯"课外科技学术科技作品竞赛，因为这一项活动起步较早、影响范围较广泛，所以几乎每所院校都有参与。在这些所列的活动中，教师们认为职业院校较少开展的是科技创新学术交流和培训活动(如学术沙龙、创新创业培训等)，选择的比例仅有 68%。

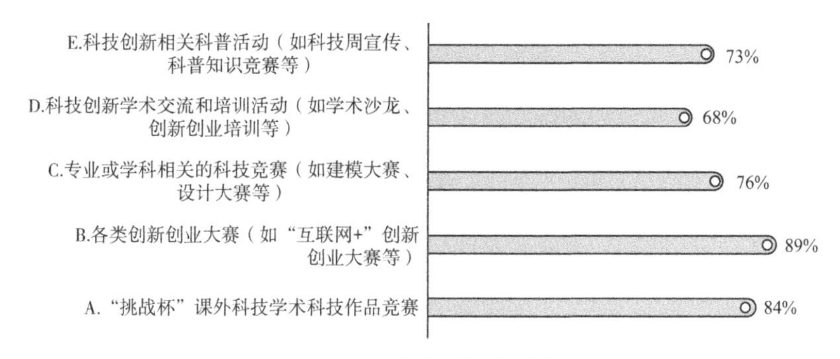

图 2-14 活动类型调查及占比

(2) 学校支持力度评价

以 1～5 分来评价学校对于大学生课外科技创新工作的支持力度，分数越高代表学校支持力度越高。

雷达图(图 2-15)显示评价为 5 分的占比最高，有 32%的教师给自己学校支持力度的评价是 5 分，证明教师们认为自己学校的支持力度是值得肯定的。评价为 3～4 分的比例也占到了54%。可见,从整体来看,近年来,各职业院校对大学生课外科技创新工作的支持达到了较高的水平,教师们总体较为满意。这也体现了职业院校高质量发展对提升师生科技创新水平的殷切期望,符合我国职业教育提质培优的要求。

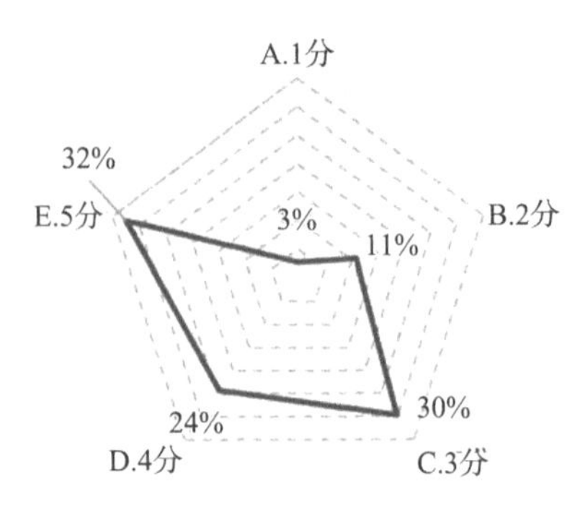

图 2-15　支持力度调查及占比

(3) 教师参与指导情况

教师在引导学生参与课外科技创新活动中发挥的作用至关重要,只有教师愿意投身带领和指导学生,才能真正地、广泛地激发学生参与课外科技创新活动的热情并使之坚持下去。而由于职业院校的教师担任的岗位类型不同,教师学历层次不同,对课外科技创新活动的重视程度和喜爱程度不同,他们在大学生课外科技创新活动中的参与程度也不同。

数据显示(图 2-16),受访教师感觉只有小部分教师指导过课外科技创新活动,比例为46%。可见,当前职业院校教师对大学生课外科技创新活动的指导还存在很大的短板,应该引导更多的教师关注这项工作并扎实地投入其中,从而保证此项工作开展的成效。

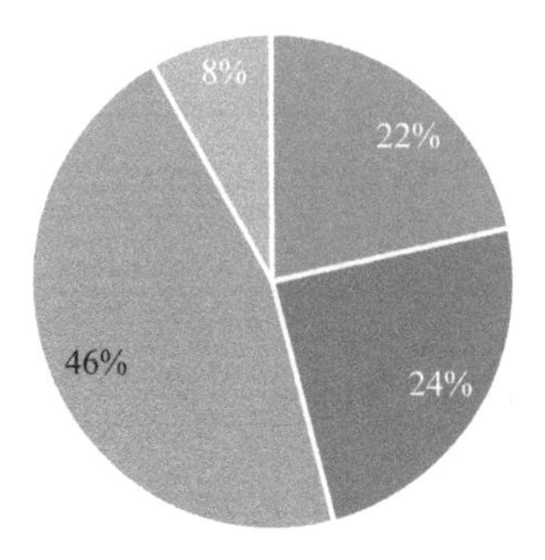

图 2-16　教师参与比例调查占比图

(4) 学生参与情况

用1~5分来评价学生参加课外科技创新活动的热情,分数越高代表学生参与热情越高。由图 2-17 可见,评价为3分及以下的占到了60%,证明就目前的受访教师反馈来看,他们认为在当前开展的课外科技创新活动中，学生的参与热情还有待提高，总体还达不到较满意的状态。鉴于此，可以深入分析学生参与热情不够的原因，以便进一步提高外科技创新工作的针对性和成效性。同时，也可以将部分成效考核点纳入后续指标体系的建设中。

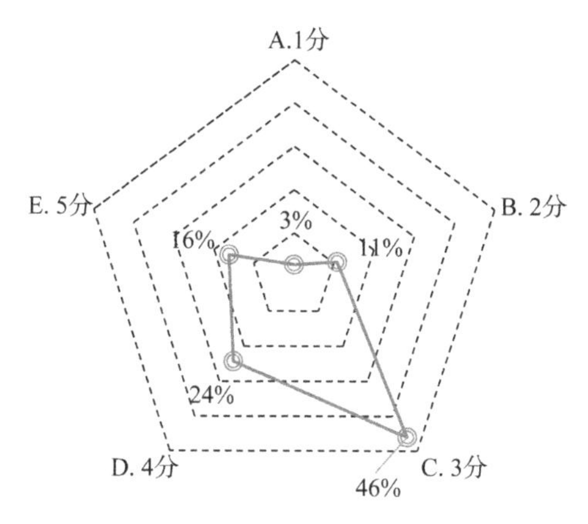

图 2-17 学生参与热情调查及占比

(5) 学校及教师指导情况

针对“挑战杯”、创新创业大赛等相关大学生课外科技创新活动，学校提供的培训中，启动宣传被认为是最常开展的培训，其中 81%的受访教师认为学校开展了启动宣传。其次是校内教师团队指导及开设相关课程指导学生入门。选择由学校提供校外专业团队辅导的比例明显低于其他选项，证明这一形式在较多学校出现得较少。后续也可以探讨这一培训形式是否可增强。但从总体选择的情况来看，受访教师反馈各学校的培训形式还是较为多样化。

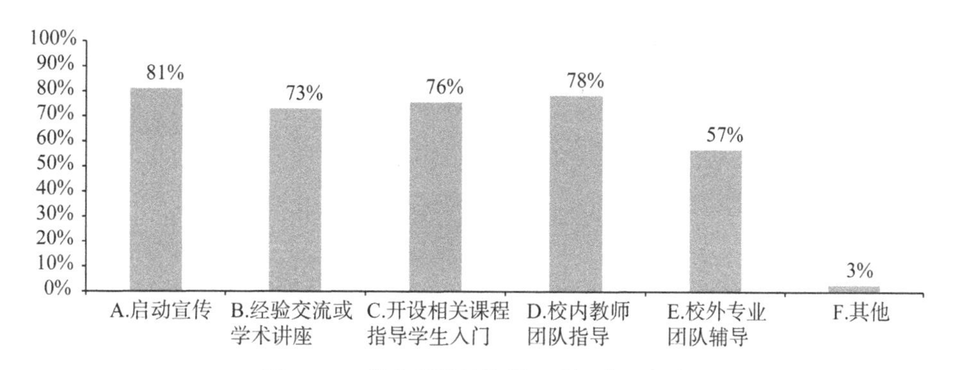

图 2-18 学生提供的培训形式调查及占比

同时针对教师指导意愿和成效做了调查，指导过大学生课外科技创新活动的教师占到了 63%，没有指导过的占到了 37%，且没有指导过的教师中有 32%的有意愿参与指导，只有很小部分教师没有指导意愿。证明绝大部分教师是愿意指导学生参加大学生课外科技创新活动的，对于没有能参与指导但又有较强意愿的教师，应该仔细分析其未能参与指导的原因，比如是否报名参与的信息不对称或者其他原因，逐一解决，以提高教师的参与程度，提高指导教师的覆盖率。有 30%具备指导经验的教师表示，指导大学生参与课外科技创新活动取得了丰富的成果，这些成果带来了积极的反馈和激励，使其更愿意继续指导学生参与此类活动。因此，即使教师有意愿参加，也要多手段提高其成果产出的概率，从而使其得到正向回馈，进而激励其参与指导的内生动力。

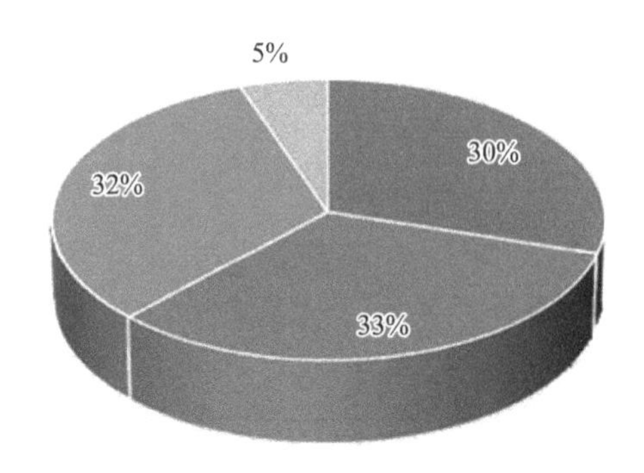

图 2-19　教师指导情况调查占比图

在对大学生课外科技创新活动中学生和指导教师的参与程度进行调查后发现：有 70%以上的教师认为，教师的参与程度超过了一半以上，只有 30%的教师认为学生和教师的参与程度持平(图 2-20)。由此可见，在大学生课外科技创新活动中，教师的指导角色非常重要。分析其原因，首先高职院校学生本身创新思维的训练较少，使得他们在初入大学生课外科技创新活动时，必须有指导教师引领，以提高参与活动的方向感和自信心，缓解畏难情绪；其次，职业院校的大学生课外科技创新活动更提倡贴近行业企业，解决行业企业、现实社会的矛盾问题，因此，也需要教师在全程给予一定的社会资源或力量的支持。

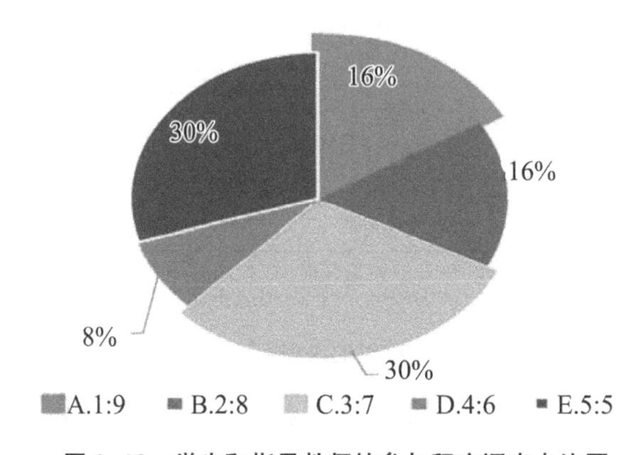

图 2-20　学生和指导教师的参与程度调查占比图

分析促使教师们指导大学生参加课外科技创新活动的原因(图 2-21)：有 32%的教师们认为最重要的是指导学生获奖，可帮助职称晋升。其次是可以帮助学生提升综合素

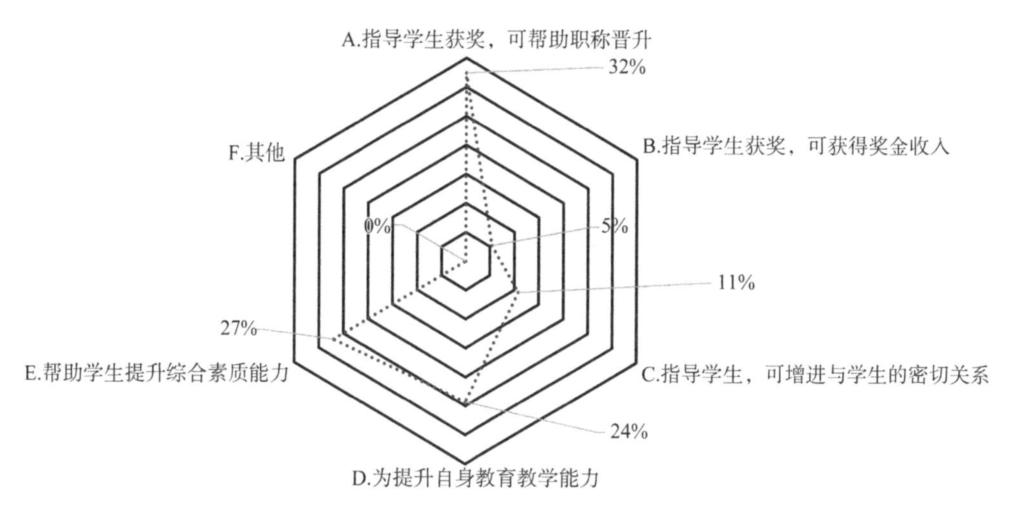

图 2-21　教师参与指导的原因调查及占比

质能力(27%)、为提升自身教育教学能力(24%)。而为了指导学生获奖获得奖金收入这一原因，是教师们选择最少的。由此说明，职称晋升是教师愿意指导学生的根本动力，相比其他原因显得更为重要，且教师们并不特别看重奖金带来的实惠。

职业院校大力提倡校企合作，从以往获得的高级别奖项的成果来看，都是校企协同研究的成果，因此针对这一问题开展调查发现：30%的教师认为自己指导的作品是源于行业、企业需要解决的实际问题，且企业参与程度高。其他的教师或者认为作品与行业、企业发展需求联系小，或者认为根本无直接联系。从这个方面来看，职业院校在开展大学生课外科技创新活动时还是存在与行业、企业联系不密切、对产业发展的服务性不够的问题。这在后续的课外科技创新活动工作建设中，需要特别重视加强这方面的引领和指导。

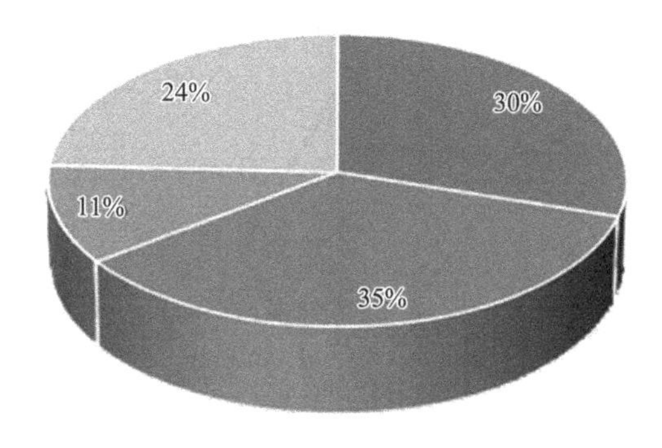

图 2-22　是否为校企协同的研究成果占比图

职业院校学生参与课外科技创新活动存在的问题如下：73%的教师们普遍认为学生存在自主参与程度不高，对教师依赖性高；其次就是学生存在基础不好、创新思维受限的问题(62%)，还有动手能力差、科技创新实践能力差的问题(57%)，专业技能及知识的转化能力不足问题(54%)，表达、沟通、团队组织及协作等综合问题(49%)，写作、软件应用等应用型能力偏低的问题(46%)。在所有选项中，教师们选择最少的是团队成员流动大、学生毅力不足的问题(38%)。从调查结果来看，职业院校学生参与课外科技创新活动确实存在基础能力不扎实、创新思维不足、技能储备不够等问题(图 2-23)。

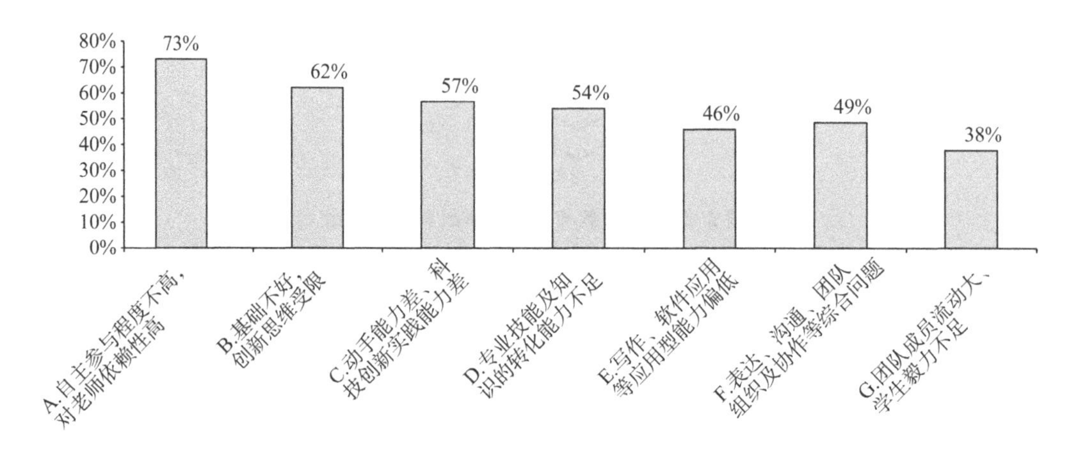

图 2-23　学生参与课外科技创新活动问题调查及占比

在指导学生参加课外科技创新活动中，教师们非常看重对学生能力的培养(图 2-24)。有 46%的教师非常看重培养学生主动思考及解决问题的能力。其次是看重对创新思维能力的培养(24%)，然后是团队合作能力的培养(14%)、实践动手能力(8%)和沟通表达能力(8%)的培养等。

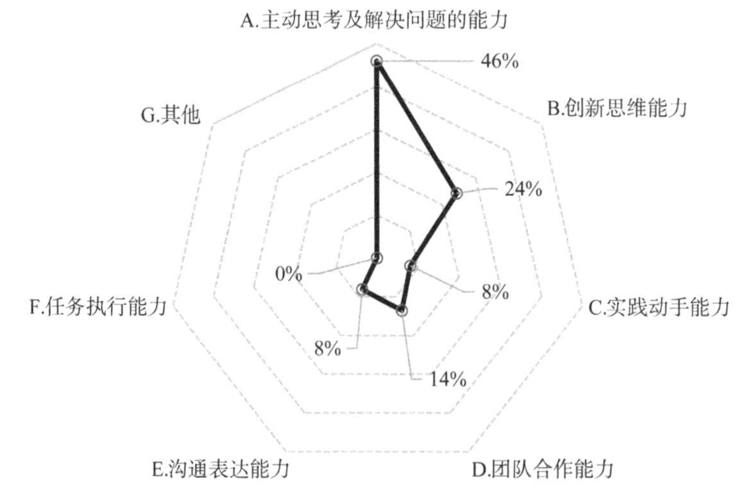

图 2-24　学生能力提升的关键点调查及占比

在指导学生参与课外科技创新活动中，教师们认为主要暴露了以下一些问题：40%的教师认为存在平时教学工作繁重，不愿投入时间和精力的问题；22%的教师认为存在不能整合多方资源，提升学生科技作品质量的问题；19%的教师认为存在畏难心态，不敢主动承担指导工作的问题；11%的教师认为存在指导力度不够，学生缺乏专业指导的问题；5%的教师认为学校鼓励政策或力度不够，教师没有指导学生的动力。

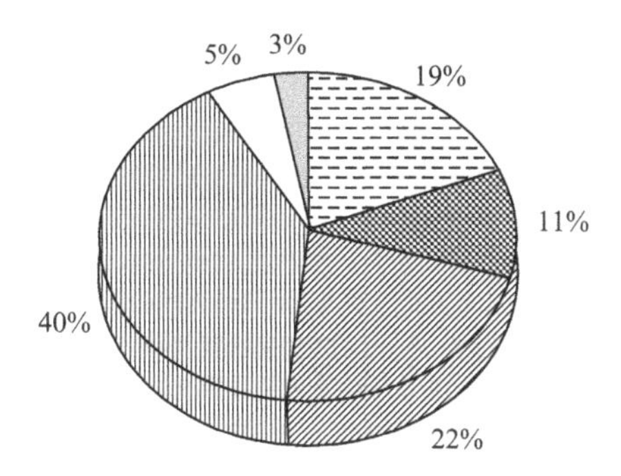

图 2-25　职业院校教师指导学生参与课外科技创新活动的问题分析占比图

4. 实施成效

教师们反馈自己学校在推进大学生课外科技创新工作中还需加强以下方面(图 2-26)：30%的教师认为需要加强校园整体科创氛围，19%的教师认为需要加强组织管理，16%的教师认为需要加强对学生的过程性指导，16%的教师认为需要加强成果导向的鼓励力度，14%的教师认为需要加强并鼓励组建跨专业团队，5%的教师认为需加强师生参与的覆盖面。

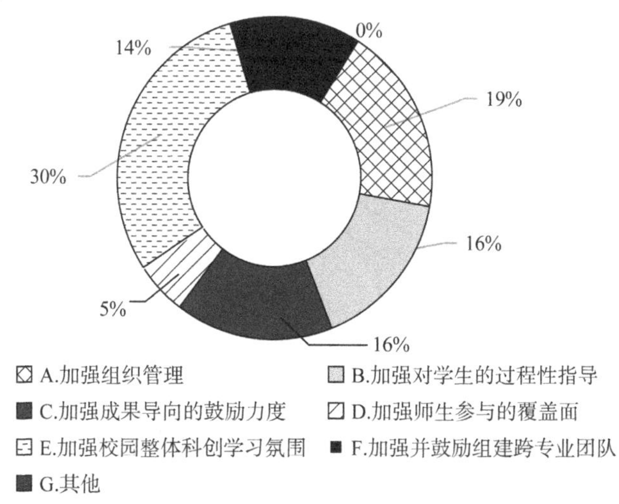

图 2-26　加强工作建议调查占比图

对于什么是评价学校大学生课外科技创新工作最重要的指标，35%的教师认为是学生获奖数量和含金量；33%的教师认为是学生创新能力提升效果；24%的教师认为是学校投入资金：学生获奖数量；8%的教师认为是学生和教师参与百分比(图 2-27)。没有教师选择学校科技创新工作排名。由此看出，教师们还是较为客观地看待成效评价，并不以学校排名为主要考量的标准，而更看重学生获得能力提升和成果的输出。

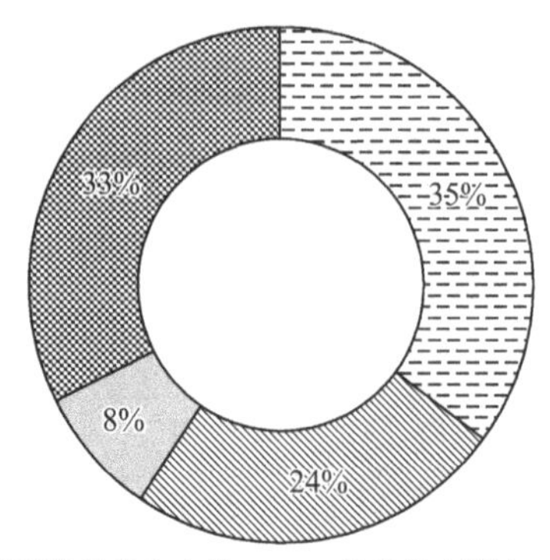

图 2-27　评价指标调查占比图

在邀请教师们推荐评价学校大学生课外科技创新工作指标的题目中，部分教师们列举出如下指标：成果级别和质量、创新程度、应用能力、学生参与覆盖率、学生成果实际转化价值、作品与专业知识相关度、科创氛围、带来的社会效益或价值、团队合作、成果奖励、学生综合素质提升度等等，这些可以分类纳入后续评价指标体系中。

5．对职业本科相关工作看法

征集教师们对职业本科与一般高职的大学生课外科技创新工作中最大区别的看法，结果显示，46%的教师选择了大学生课外科技创新活动成果的质量；43%的教师选择了获得国家级竞赛奖项的数量（图 2-28）。由此，可将这两个指标作为后续评价指标体系建设的重要参考。

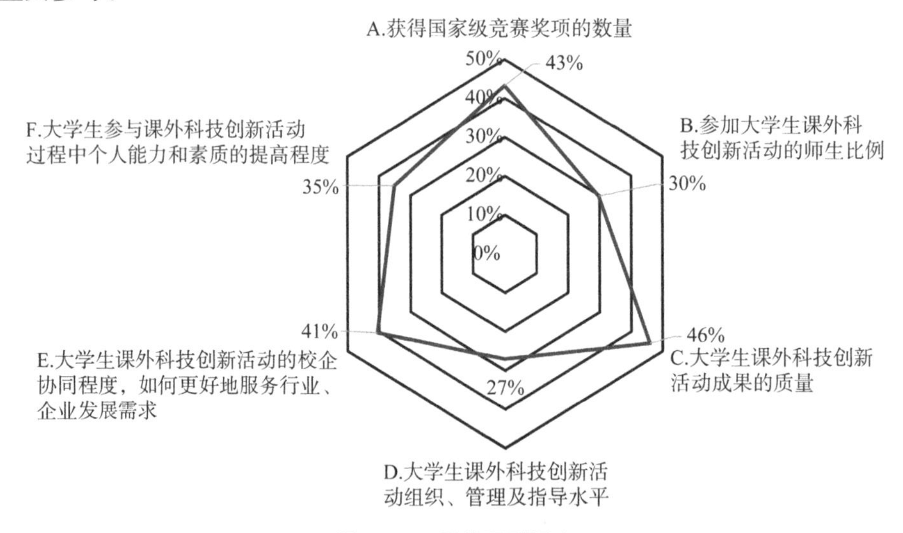

图 2-28　显著区别调查

在对职业本科院校的大学生课外科技创新工作特征的区别方面，教师们普遍认为，职业本科应该有别于普通本科和普通高职，具备职业本科特有的发展要求和内涵，且对学生的科技创新素质训练更应紧跟专业、行业、企业发展等方面要求(图 2-29)。这两点特征被选择的概率显著高于其他选项，因此也可将这两点纳入后续研究内容中。

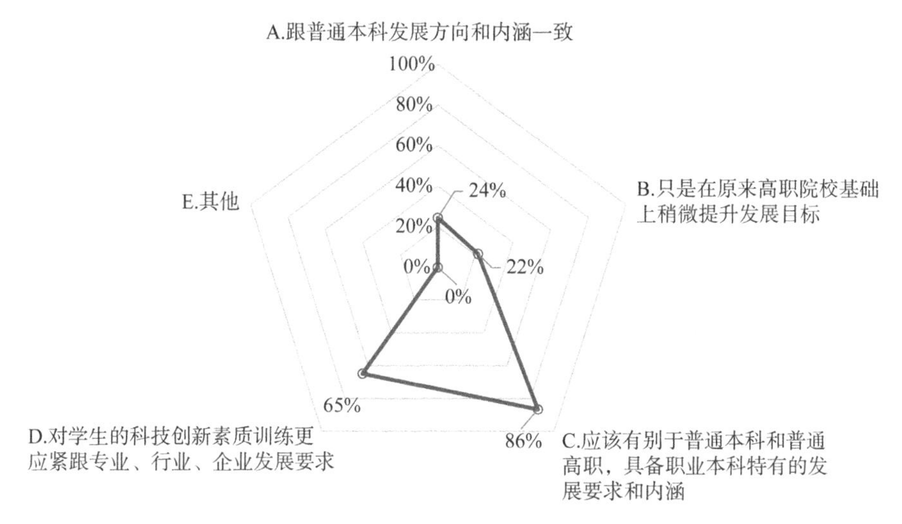

图 2-29　职业本科相关工作特点调查及占比

对于职业本科院校的大学生课外科技创新工作还需加强的工作调查显示：81%的教师认为应提高产教融合力度，提升课外科技创新成果形式及质量；78%的教师认为应提高师生社会活动的参与力度，引导学生发掘社会发展痛点；70%的教师认为应提高岗课赛融通力度，增强学生科技创新基础素养；57%的教师认为应提高教师教学科研能力，促进对学生科技创新活动的有力指导(图 2-30)。这些结果也为开展后续研究提供了重要的参考。

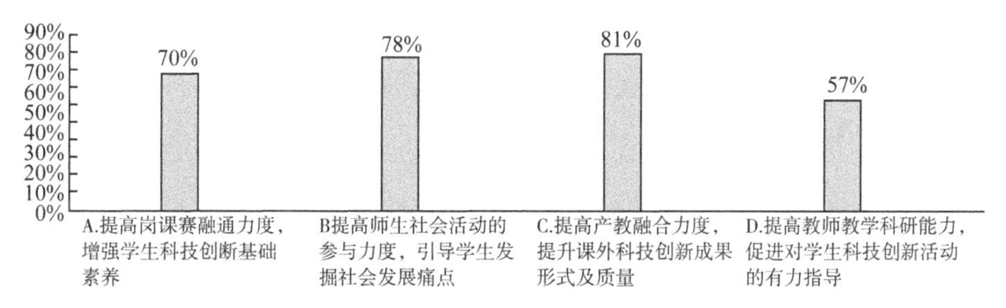

图 2-30　职业本科下一步工作方向调查及占比

2.5.3　学生卷数据分析

1. 基本信息

参与此次调研的学生为 957 人。男女生比例为 54%和 46%(图 2-31)，受访的男生相对较多些。后续也可以分析实施过程中，男女生对不同问题的看法。

受访学生的分布覆盖了三个年级，主要集中在大一年级(占 73.59%)。大三年级的学生因为处于校外顶岗实习阶段，参与调研热情相对低些(图 2-32)。

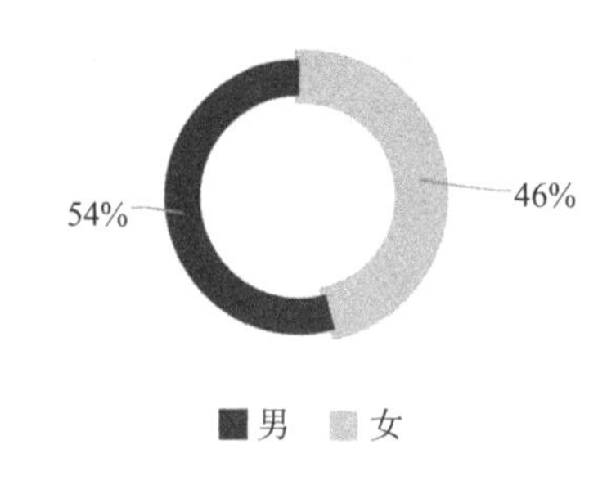

图 2-31　受访学生性别调查占比图

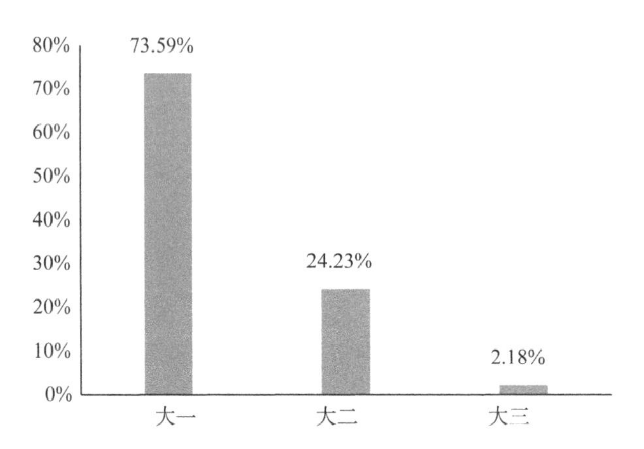

图 2-32　受访学生年级调查及占比

受访学生的专业分布较广，因为问卷发放的学校相对较多，各学校开设的专业也不同，所以覆盖的专业也相对较多。在 15 类大类专业中，来自电子信息大类和财经商贸大类的学生明显多于其他专业，其原因可能是近年来电子信息大类专业在较多学校都有开设，其受访的概率增大。农林牧渔大类、旅游大类、公共管理与服务大类的受访学生相对较少(图 2-33)。如有需要可以分类对比各专业学生对于大学生课外科技创新工作的认识和具体开展情况调查。

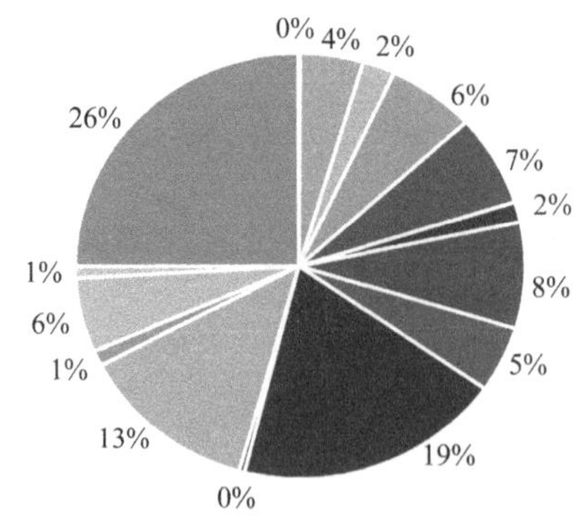

图 2-33　受访学生覆盖专业调查占比图

对于职业院校开展大学生课外科技创新活动必要性的认识，学生认为最重要的因素是这项工作迎合时代和社会经济发展需求(90%)，这个比例超过了教师对该项的选择比例，说明受访学生一定程度上能够认识到当前社会发展的要求。其次，学生认为课外科技创新活动能提升就业或深造能力(88%)、提升学生综合素质及能力，为其职业道路奠定基础(82%)(图 2-34)。可见学生也非常关心对自身能力的提升。说明开展大学生课外科技创新活动有其必要性。但是有少数学生认为课外科技创新对职业院校学生要求太高，对于这部分学生在相关工作中，要加强引导和指导，降低学生对大学生课外科技创新活动的畏难情绪，开展多种形式活动，提高其积极性和参与度。

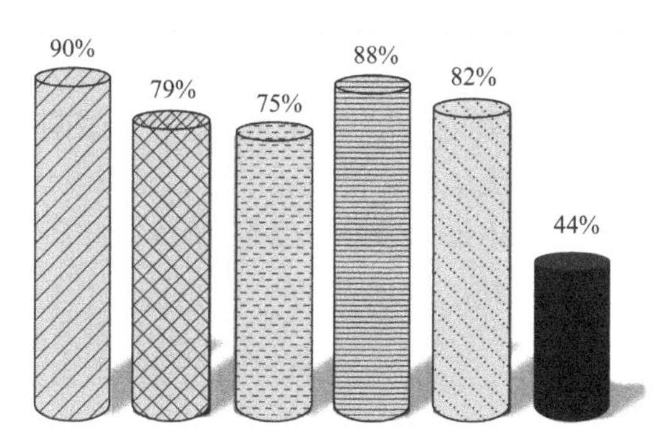

图 2-34 受访学生对开展大学生课外科技创新活动必要性的认识及占比

2. 过程实施

调查学生是否参加不同形式的课外科技创新活动，发现有 61%的学生表示没有参加过大学生课外科技创新活动；有 21%的学生参加过“挑战杯”、创新创业大赛；5%的学生参加过专业或学科相关的科技竞赛(如建模大赛、设计大赛等)；7%的学生参加过科技创新学术交流和培训活动(如学术沙龙、创新创业培训等)；6%的学生参加过科技创新相关的科普活动(如科技周宣传、科普知识竞赛等)。这个结果(图 2-35)与研究人员的估计相差较大。受访的学生中大一学生占到了 74%的比例，此次调研是大一第二学期开展的，学生在大一期间接触或参加大学生课外科技创新活动的次数应该较少，所以导致选择“没有参加过任何课外科技活动”的学生较多。筛选数据发现，“没有参加过任何课外科

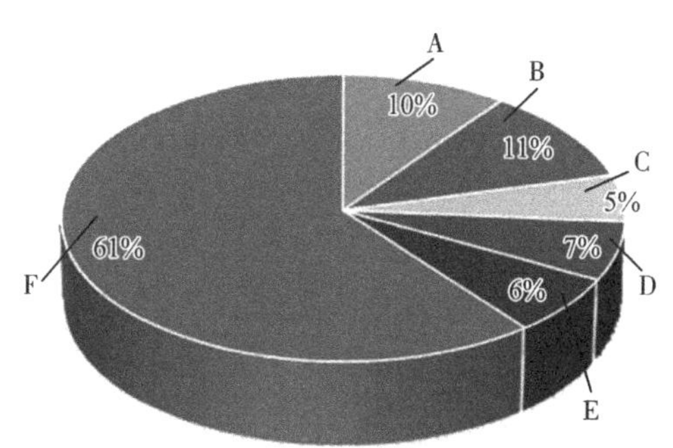

图 2-35 受访学生参与大学生课外科技创新活动的调查占比图

技活动”的学生中有 80.9%的学生来自大一，这就印证了上述分析。同时，这也给各学校开展大学生课外科技创新活动做了提醒，不能忽视对大一学生的科技创新意识的培养和对相关活动的开展。大一学生虽然暂时没有接触较深的专业课程或相关竞赛，但是也可以多开展一些科普知识竞赛、学术沙龙、创新创业培训等活动，为大二专业性强、难度较大的竞赛或者活动奠定基础。

在问卷中，设置了如第 5 题选择 A～E 选项，请继续作答；如选择 F 选项，可跳过以下第 6～10 题，直接作答第 14 题。即第 5 题选择“没有参加过任何课外科技活动”的 61%学生不再作答 6～10 题，这几道题的数据样本受到影响，总量为 373 人。虽然数据减少，但不影响学生对问题的反馈，数据依然有效。

分析学生参加课外科技创新活动最大的动力，得到如下结果(图 2-36)：62%的学生认为参加课外科技创新活动能够提升自我综合素质能力，为就业和深造打下基础。还有一个动力是从完成学业考虑，参加课外科技创新活动可获得素质学分。可以看出，无论是为提升能力还是为完成学业，学生的内生动力还是很强的。因此，学校在开展相关工作时应充分调动学生的积极性和发挥其主观能动性。

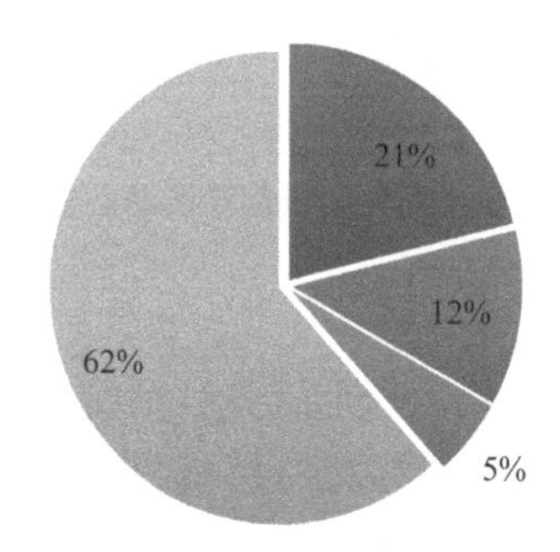

图 2-36 学生参加大学生课外科技创新活动的动力分析占比图

对于参加过大学生课外科技创新活动的这部分学生，调查其参加相关活动的次数，得到如图 2-37 的结果：参加过 1 项的学生居多，占到 53%；参加过 2～3 项的学生占到 37%，参加过 3 项以上的只有 10%。数据反映了实际参与情况，对于大部分学生而言，学校开展相关工作的目的就是提高学生的参与程度，提高学生参与的覆盖面。但小部分能力较好、意愿较强、主动性强的学生，可以重点培养，并可由教师带领持续参加相关活动。

对学生参加课外科技创新活动的途径分析，如图 2-38，48%的学生表示主要是通过学校组织参加，收到报名信息，然后再自发报名。其次就是通过同学邀请一起组队参加。通过受教师的鼓励和往届学长、学姐的推荐这个途径参加的较少。由此可知，学校在组织开展课外科技创新活动时，要组织好宣传和推广，让学生能广泛知道，同时开展案例讲析、培训等，提高学生参与度。

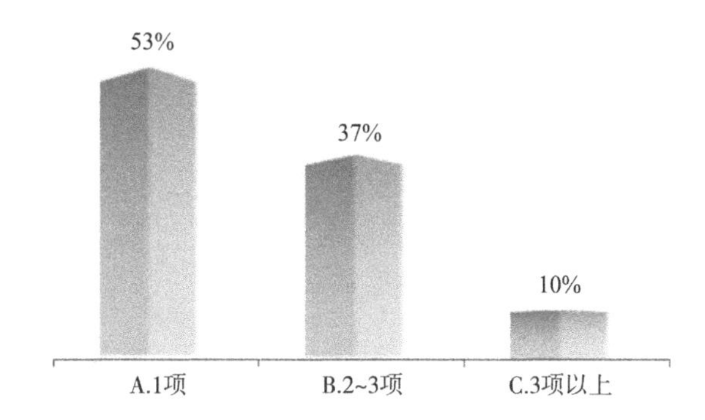

图 2-37 学生参加大学生课外科技创新活动的动力分析及占比

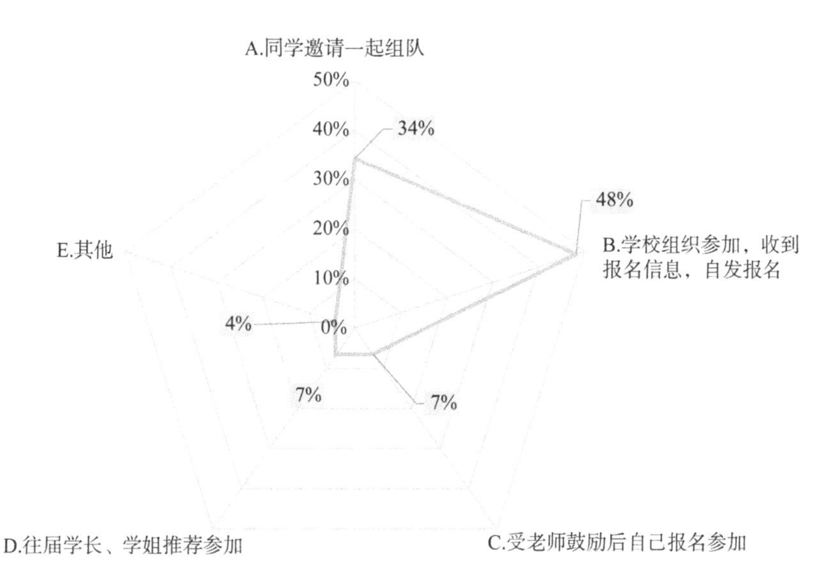

图 2-38 学生参加大学生课外科技创新活动的途径分析

对学校提供的培训形式，学生认为他们从中获得的主要是启动宣传（25%）、校内教师团队指导（25%）和经验交流或学术讲座（22%），如图 2-39 所示。本结果与前述对教师的调研结果基本一致。这三种形式也是当前各院校开展相关活动所采取的普遍形式。所以，对各院校而言，要扎实做好这三种形式的培训，同时也期待开发或开展其他形式的培训，以提高培训的参与度和成效。

针对课外科技创新活动，研究人员对学生开展能力提升期待的调查，得到如图 2-40 所示的结果：39%的学生希望提高自己主动思考及解决问题的能力；24%的学生希望提高自己创新思维的能力；14%的学生希望提高其实践动手的能力和 13%的学生希望提高其团队合作的能力。这些是学生最期待提升的方面，与前述对教师的调查结果基本一致。因此，后续教师在进行学生指导时，应该着重培养学生这些方面的能力。

学生在参与课外科技创新活动中，存在不同程度的困难，如图 2-41 所示。其中，最突出的表现有以下两方面：36%的学生认为个人专业能力不足，对团队的贡献小；28%的学生认为自己没有创新想法，对比赛作品无从下手。

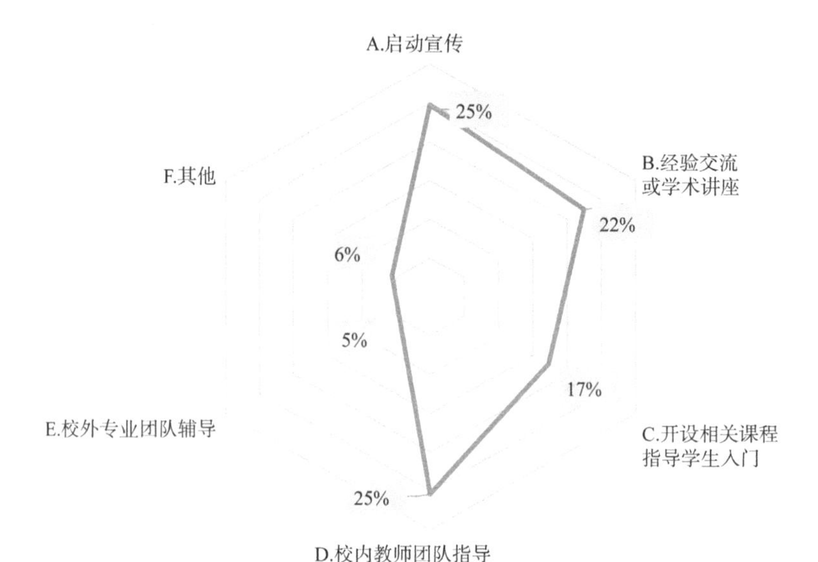

图 2-39 学生参加大学生课外科技创新活动获得的培训形式调查

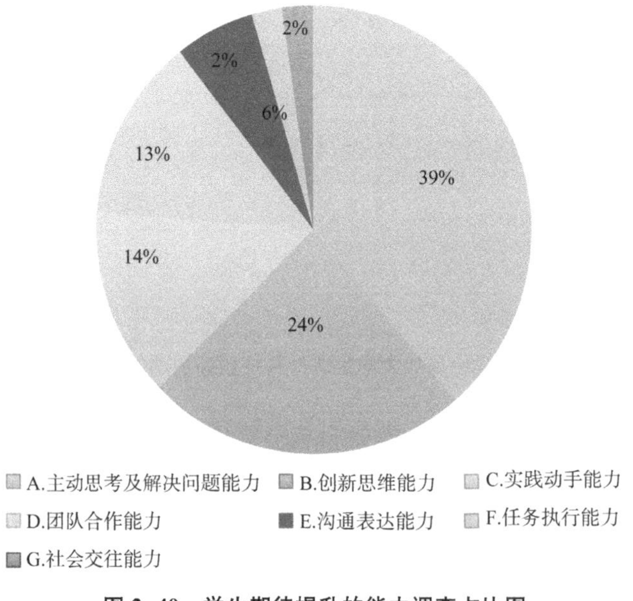

图 2-40 学生期待提升的能力调查占比图

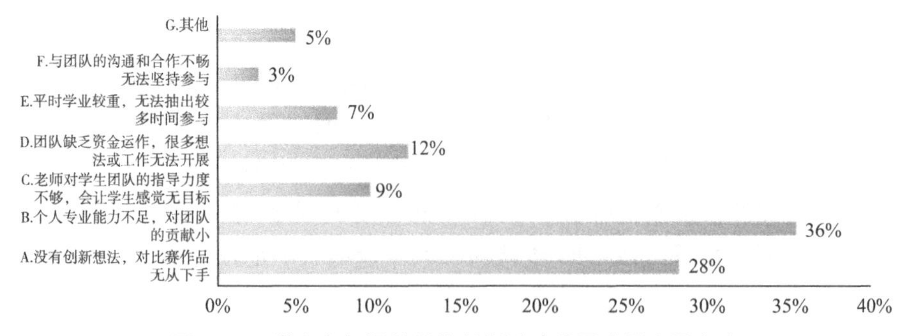

图 2-41 学生参加课外科技创新活动的困难调查及占比

调查学生在参加课外科技创新活动时，认为团队学生和指导教师在作品制定过程中的参与程度比例(学生∶教师)，结果如图 2-42。31%的学生认为学生和教师的参与度相当，这个题目在后期分析中存在一定片面性，下一步需要调整选项，增加学生的参与比例。

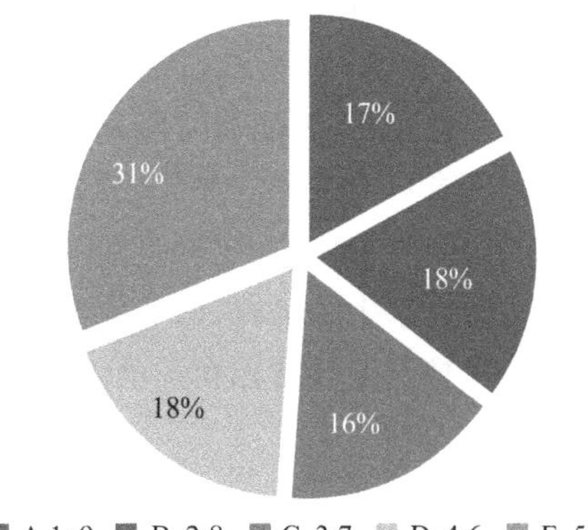

图 2-42 学生和教师参与度的调查占比图

关于学生对指导课外科技创新活动的教师的评价，调查结果如图 2-43。52%的学生对老师的指导作用给予了正面的评价，其中 32%的学生认为教师指导得非常细心，对学生团队要求严格，促进学生能力提高作用较大。但也有 42%的学生对教师的指导作用给予了否定，其中反馈最显著的是 21%的学生认为教师实际指导的时间较短，学生无法较好地沟通想法和获得有助于技能提升的指导。可见，学生对于教师指导作用的评价褒贬不一，这在一定程度上说明，在课外科技创新活动的指导上，各院校的教师确实还有较大的改进和提升的空间。要想得到学生的充分肯定，一定要真正地深入学生，悉心指导，科学规划，解决学生遇到的实际困难，只有这样才能够真正锻炼和培养学生。

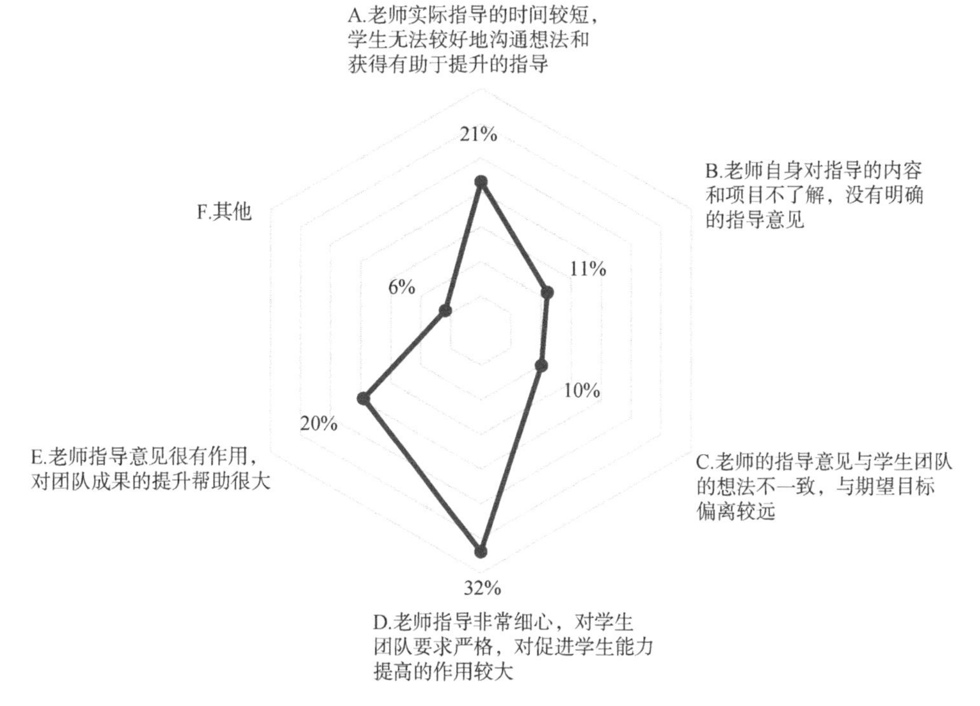

图 2-43 学生对指导教师的评价的调查

调查学生参与课外科技创新活动的普遍性后发现受访学生认为身边只有小部分同

学参与过课外科技创新活动(占 45%)或者很少同学参与过(占 26%),这两部分比例约占 71%,如图 2-44 所示。说明在大部分同学看来,自己身边的同学参与课外科技创新活动的概率较小,一方面有可能是同学之间对于参与课外科技创新活动的信息交流不够,另一方面有可能是确实参与的同学比例较低。这也给开展和组织课外科技创新活动的教师们提出了警醒,一定要将课外科技创新活动工作做扎实,而不是流于形式,我们的目的是提升对学生的培养,而非完成工作。因此,提高学生参与度,提高学生参与的质量,应该是考核课外科技创新活动工作开展的重要指标。

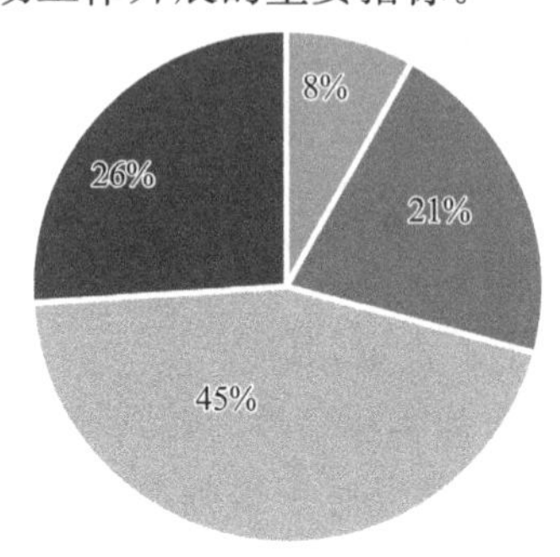

图 2-44　学生参与课外科技创新活动的情况调查占比图

对于受访学生认为自己身边同学没有参加课外科技创新活动的原因调查,结果如图 2-45。33%的学生表示是因为不了解参加科技创新活动的意义和作用,占比最大;26%的同学表示是因为动力不足,没有兴趣;21%的同学表示是因为没有合适的同学组队;12%的同学表示是因为学业压力大,没有多余时间;8%的同学表示是因为没有收到参加活动或比赛的信息。从占比最大的两个原因来看,部分学生还未能正确认识课外科技创新活动的意义,存在不了解、也不想了解的困境。对于这样的情况,各院校在开展大学生课外科技创新活动时,不能只单纯地开展竞赛类活动,而应该增设一些科普活动、经验分享、兴趣小组活动等,先提升学生对课外科技创新活动的兴趣,然后引导其入门,再逐步提高其深入参与度,使学生潜移默化、循序渐进地参与各种活动,在鼓励中真正投入相应的活动并获得更好的成绩。

关于学生对学校加强课外科技创新活动工作建议的调查结果如图 2-46 所示。73%的学生认为需要加强过程性指导;70%的学生认为需要加强校园整体科创学习氛围;66%的学生认为需要加强组织管理;66%的学生认为需要加强学生参与的覆盖面,加强并鼓励组建跨专业团队;64%的学生认为需要加强奖励力度。上述结果直接反映了学生对当前各院校开展课外科技创新活动工作的实质性建议,值得我们认真地分析和总结。对于学生反映的加强过程性指导、加强校园整体科创学习氛围等问题,都需要在后续的工作中着重解决以提高工作成效。

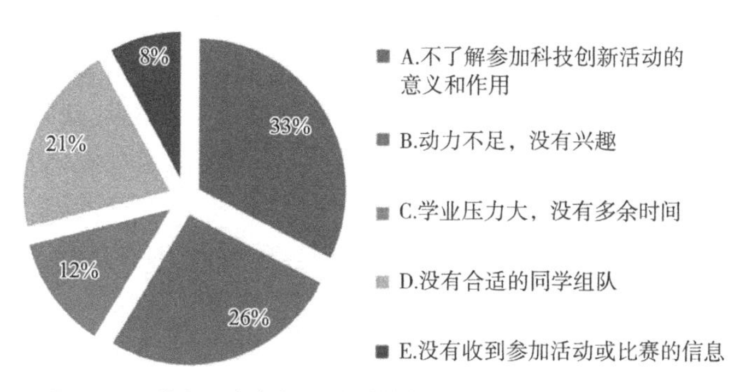

图 2-45　学生没有参与课外科技创新活动的原因调查占比图

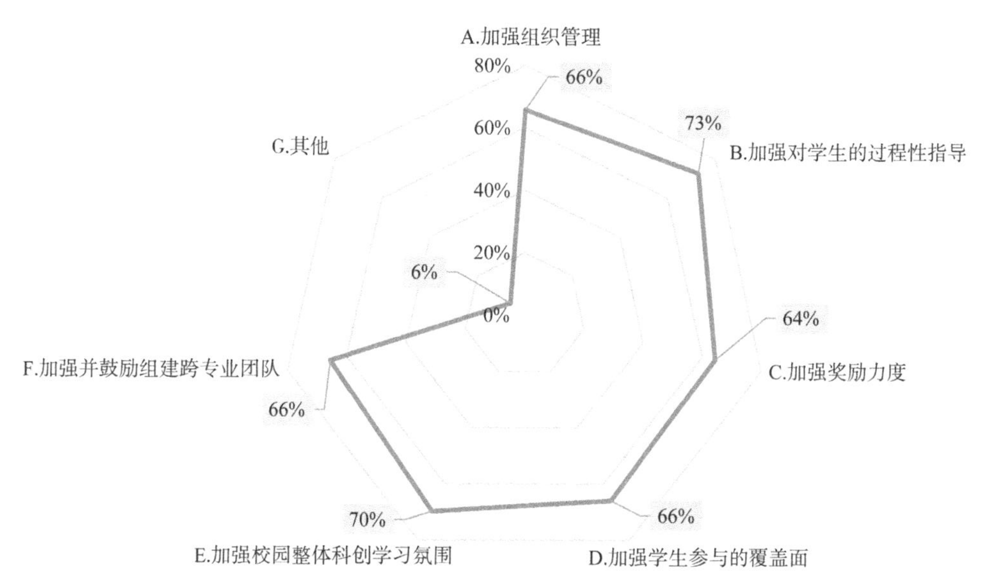

图 2-46　学生对于课外科技创新活动开展的建议

2.6　结论分析

上述调研数据总体可靠；教师采集的样本较少，基本是一所院校一位教师；学生数据样本较大，来自全国多所院校。为增大受访院校范围，研究人员可继续跟进不同院校开展调研。

就目前调研所得数据分析，总体呈现以下问题：

绝大部分教师对于职业院校开展大学生课外科技创新工作都给予了较为正面的必要性反馈。绝大部分学生能够正确认识参加课外科技创新的意义。总体上，49%的受访教师认为自己所在的学校对大学生课外科技创新工作是非常重视的，且在受访教师中89%的教师认为该工作有助于提升学生综合素质及能力，为学生将来的职业道路奠定基础，提高学生科技创新意识和能力，并提升其就业或深造能力。就组织及领导、管理及过程指导、评估与奖励三个角度评价满意度来说，受访教师对组织领导的满意度值评价最高。由此说明，随着近年来职业教育的不断提质培优，本项工作得到了广大教师的关注，目前教师对此项工作的开展总体满意。90％的受访学生认为参加课外科技创新活动能够迎合时代和社会经济发展需求，能提升自我就业或深造能力(88％)，提升自己综合素质及能力，为职业道路奠定基础(82％)。

但由于大学生课外科技创新工作在职业院校起步晚，也不乏暴露了部分问题。目前还存在管理制度欠缺、推广性不够等问题。比如35％的受访教师不了解大学生课外科技创新工作的管理组织。41％的教师知道学校有出台相关管理文件，但认为管理文件相对较少；24％的教师表示对这部分工作不了解，没有接触。因此，还需加强相关管理文件的出台、规范，并进行有针对性的贯彻执行。

在实施过程中，应增加大学生课外科技创新活动的多样性，不能只开展各类竞赛活动，职业还应增加科技创新学术交流和培训活动(如学术沙龙、创新创业培训等)等提升学生兴趣、扩大学生参与度的活动。

应提高大学生课外科技创新活动的支持度。支持主要包括学校和参与指导的教师两方面。首先，职业院校为推动高质量发展，应该加大对大学生课外科技创新活动的支持，包括政策、奖励等方面。其次，职业院校教师要扭转职业院校学生不需要参加课外科技创新活动这些难度较大的活动的观念，正确认识当前国家对职业教育的要求和期望，尤其是针对职业本科教育，教师们更需要参与课外科技创新活动指导，以加强学生创新创业等意识的培养和能力的锻炼。再次，要引导教师正确认识开展此项工作的目的，加强过程性指导。从调研结果可知，当前职业院校教师对大学生课外科技创新活动的指导还存在很大的短板，只有小部分教师指导过课外科技创新活动，深入指导的力度也不够。甚至有部分教师存在平时教学工作繁重，不愿投入太多的时间和精力在学生身上的问题。即使参与指导的教师，也大多是出于职称晋升需要而被迫进行课外科技创新活动的指导。因此，将指导课外科技创新活动纳入职称晋升考核有助于提高教师的参与的积极性，但是，也会造成一定的功利性，使得部分教师不能正确认识到指导学生是为了提升学生的能力而不是为了获奖。这也会导致教师在指导过程中，不注重学生的能力的培养，而出现“代办”“包办”等问题，即教师在课外科技创新活动中承担的角色过重，弱化了对学生的培养和锻炼。

应提高学生参与课外科技创新活动的覆盖率和成效。有61％的受访学生表示没有参加过大学生课外科技创新活动，分析其原因是大部分学生来自大一，没有接触过此类型活动。这也暴露一个问题：大学生课外科技创新活动不应只是专业性活动，应该具有一定的科学普适性和科技创新意识的普及性，即不能到大二或更高年级再开展相关活动，而是应该从学生一入大学就组织各种类型的活动，先从科普活动、经验分享、兴趣小组活动等开始，提升学生对课外科技创新活动的兴趣，引导其入门，然后逐级提高其深入参与度，使学生潜移默化、循序渐进地参与各种活动。这种模式既能提高学生覆盖率，又能提升学生的参与成效。

同时，教师认为学生在参加课外科技创新活动中存在对教师依赖性高、基础不好、创新思维受限、动手能力差，科技创新实践能力差、专业技能及知识的转化能力不足等问题。这些是教师指导过程中应充分重视和特别关注的方面，需利用各种手段不断锻炼学生这些方面的能力，以提升培养的成效。

学生和教师还一致反映应增强校园整体科创学习氛围，加强组织管理和对学生的过程性指导。

关于评价指标方面，教师们列举了成果级别和质量、创新程度、应用能力、学生参与覆盖率、学生成果实际转化价值、作品与专业知识相关度、科创氛围、带来的社会效益或价值、团队合作、成果奖励、学生综合素质提升度等等，这些可以分类纳入后续评价指标体系中。

最后，教师们普遍认为，职业本科应该与普通本科和普通高职有所区别，具备职业本科特有的发展要求和内涵，对学生的科技创新素质训练更应紧跟专业、行业、企业发展要求。对于职业本科院校来说，其在国家级竞赛中获得的奖项数量是衡量其课外科技创新工作效果的关键指标之一。同时，为了提升职业本科院校的大学生课外科技创新工作的效果，还需要进一步加强以下三方面的工作：提高产教融合力度，增加课外科技创新成果形式并提升质量；提高师生社会活动的参与力度，引导学生发掘社会发展痛点；提高岗课赛融通力度，增强学生科技创新基础素养。

3 职业本科建设背景下大学生课外科技创新工作基础内容研究

3.1 职业教育与普通高等教育的大学生课外科技创新工作内容研究

3.1.1 基本概念

1. 基本概念

高等教育(Higher Education)通常指的是高级中等教育完成的基础上实施的教育，培养具备社会责任感、创新精神和实践能力的高级专业人才。高等教育是教育系统中互相关联的重要组成部分之一。2017 年,《教育部关于"十三五"时期高等学校设置工作的意见》(教发〔2017〕3 号)提出,探索构建高等教育分类体系,以人才培养定位为基础,我国高等教育总体上可分为研究型、应用型和职业技能型三大类型:研究型高等学校、应用型高等学校、职业技能型高等学校[50]。

在我国高等教育体系中,高等职业教育具有举足轻重的地位,涵盖高等职业专科教育、高等职业本科教育,以及研究生层次的职业教育三个层次。高等职业教育的核心使命在于为经济社会的建设和发展提供人才保障,其高层次教育目标旨在培养具备高素质应用技术型和职业技能型的高等专业人才,以充分满足生产、建设、服务和管理第一线的迫切需求。随着我国社会主义现代化建设进程的快速推进,高等职业教育的作用越来越重要,不可替代。目前,我国的高等职业教育为学生提供了多元化的学习和发展机会。其中,专科层次职业教育重点培养学生的实践技能和职业素养,使学生具备直接的就业能力;本科层次职业教育则着重培养学生的创新能力和综合素质,为学生提供更广泛的职业发展前景;而研究生层次职业教育则致力于培养高级职业人才,为他们提供深入研究和专业领域的深度发展空间。这个相对完备的高等职业教育体系为我国的人才培养和社会发展做出了重要贡献。

高等专科教育是高等学历教育的一种,一般招收高中毕业生或具有同等学力者,修业年限多数为三年(非全日制大学专科学历教育的修业年限视情况而定)。专科教育旨在使学生掌握本专业所必需的基础理论和专业知识,同时培养他们具备从事实际工作所需的技术和能力。通过专科教育,学生将获得扎实的学科基础,掌握相关领域的核心概念和原理，并通过实践和实习活动，培养实际操作和问题解决的能力。作为一种以实用性和职业导向为主要特点的教育形式，专科教育的主要目标是为学生提供直接的就业和职业发展机会。专科教育是在完成中等教育的基础上进行的，旨在培养具有高等专业知识、一定专业技术和技能的人才。在专科教育中，知识的讲授以实用性为原则，强调知识的实际应用和技能的培养，而非过于深入和系统的理论研究。除了专业知识的传授，专科教育还着重培养学生的实际操作能力和职业素养。通过专科教育的培养，学生将具备适应职业需求的技术技能和职业素养，为未来的职业生涯打下坚实的基础。

高等职业本科教育是我国高等教育体系中的一种全日制本科学历教育，旨在培养具备扎实基础理论的高素质技术应用型和职业技能型高级专门人才。高等职业本科为学生提供了从事特定职业或生产劳动所需的高素质高技能教育，旨在缩小毕业生就业与社会需求之间的差距，实现毕业生就业的无缝对接。通过高等职业本科教育的培养，学生将获得扎实的基础理论知识，并通过实践和实习活动，培养实际操作和问题解决的能力。为了应对我国高级技能人才紧缺的状况，结合国际职业教育发展趋势，教育部提出了“高等职业本科教育”这一新的教育体系。该教育体系注重理论与实践的结合，以就业为导向，旨在使毕业生具备直接上岗工作的能力，提升其在就业市场的竞争力。高等职业本科教育为学生提供了广泛的职业发展前景，为他们的职业生涯奠定了坚实的基础。

职业本科与普通本科的区别主要在于制度不同、学位不同、侧重点不同、特征不同，具体如下：

(1) 制度不同。全日制本科和非全日制本科是普通本科学历的两种主要类型，而高等职业本科教育则是全日制本科学历教育的一种。

(2) 学位不同。普通本科的证件为本科毕业证、学士学位证，而高等职业本科的证件学位为专业学士。

(3) 侧重点不同。普通本科教育以传授理论知识和专业化通识教育为重点，而高职本科教育则以培养应用领域的专业技能和实践能力为核心。

(4) 特征不同。全国普通本科招生统一考试录取批次，具体包括本科提前批次的录取、本科批次的录取，以及专科批次的录取。在我国教育体系中，高职本科是一种具有独特特性的高等教育形式，其人才培养目标不同于普通高等教育，核心任务是培养适应生产、建设、管理和服务一线需要的应用型人才。为了实现这一目标，高职本科教育会根据社会需求和技术应用能力的要求，精心制定教学体系和培养方案，以培养出具备实际操作能力和职业素养的高级专门人才。

在我国城乡一体化进程加速、新型工业化道路推进、社会主义新农村建设以及创新型国家对高技能人才需求持续增长的背景下，构建符合中国国情的现代职业教育体系显得尤为关键[51]。这一举措旨在推动现代职业教育的发展，并满足我国经济转型和新的经济增长模式对各类高级技能人才的需求。通过搭建职业教育与普通高等教育、高等教育之间的桥梁，可以为学生提供更多元化的发展路径，培养具备高素质和专业技能的人才，为国家的经济社会发展提供有力支持。

2. 大学生课外科技创新工作内容

大学生课外科技创新活动是在教师的指导下，大学生利用课余时间自发进行的科技学术实践，其主要目的在于提升大学生的创新能力和科技素养。此类活动由我国相关部门及学校共同组织与引导，面向全体学生，为学生提供了一个展现自我、发挥创新潜能的广阔舞台[52]。大学生科技创新活动不仅是高校学术活动的主要环节，更是我国创新体系的重要组成部分，对形成全社会的科技创新有深远的影响力和意义。相较于其他活动，大学生科技创新活动以教育为核心，旨在推动学术交流与创新。此类活动有利于营造校园科研氛围，成为校园文化活动的重要支柱。大学生科技创新活动不仅是高校进行教学实践改革的一种手段，也是推动社会经济发展的重要力量。通过参与科技创新活动，大学生可以获得宝贵的实践经验和创新能力，这将有助于学生在未来的职业生涯中更好地应对挑战。大学生科技创新活动是国家创新体系的重要一环，能促进产学研结合，为经济社会发展注入新活力，应将其纳入教育改革核心，培养学生的创新和实践能力，为其未来发展奠定基础。

大学生课外科技创新活动涵盖三个关键阶段：一是参与者需学习和掌握学术科技知识，作为基础与前提；二是重点进行学术科技的创新与创造，此为核心要义；三是将学术科技应用于实际问题与场景，实现目的及价值[53]。作为教育实践行动，该行动的目标在于培育大学生的科技创新意识、创新精神以及创新创业能力。

大学生科技创新活动是一项以大学生为主体的“科技实践与创新思维”活动，具有动态性和多样性。该活动旨在充分发挥大学生的主体性，培养其创新能力和实践能力。随着时代和实践的发展，大学生科技创新活动的内涵和功能也在不断拓展，已经涉及教育、科技、经济、文化、社会等多个层面。因此，大力开展大学生科技创新活动具有重要的现实意义，可以为我国经济社会发展注入新的活力。

在鼓励并推进各级各类院校开展科技创新工作方面，各级部门出台了一系列政策：2017 年，《中长期青年发展规划(2016—2025 年)》提出要丰富学生创新实践平台，深入开展“挑战杯”竞赛和中国青少年科技创新奖评选，支持培育学生科技创新社团，营造校园科技创新氛围，为学生开展科技创新探索提供必要条件；2020 年，《职业教育提质培优行动计划(2020—2023 年)》把发展本科职业教育作为完善现代职业教育体系的关键一环，培养高素质创新型技术技能人才，畅通技术技能人才成长通道；2022 年，《新时代加强和改进共青团思想政治引领工作实施纲要》[7]明确指出要把实践育人作为共青团开展思想政治引领的特色优势，紧紧围绕青少年进行社会观察、体验社会参与的内在需求，组织各类主题和类型的社会实践及竞赛活动，实施大学生社区实践计划。

在我国社会主义现代化建设进程的快速推进中，高等职业教育的作用至关重要，无法被替代。国内多所职业院校在学生课外科技创新工作开展方面采取了多项举措。

3.1.2 职业教育与普通高等教育大学生课外科技创新工作内容区别

职业教育和普通高等教育都是国民教育体系和人力资源开发的重要组成部分，两者在培养多样化人才、传承技术技能以及促进就业创业方面都具有重要作用。虽然两者教育类型不同,但地位是同等重要的。而在对于大学生课外科技创新工作内容上存在很多差异,主要体现在办学方向、人才培养规格、人才培养过程、成果成效、社会服务五个方面,具体体现如图 3-1 所示。

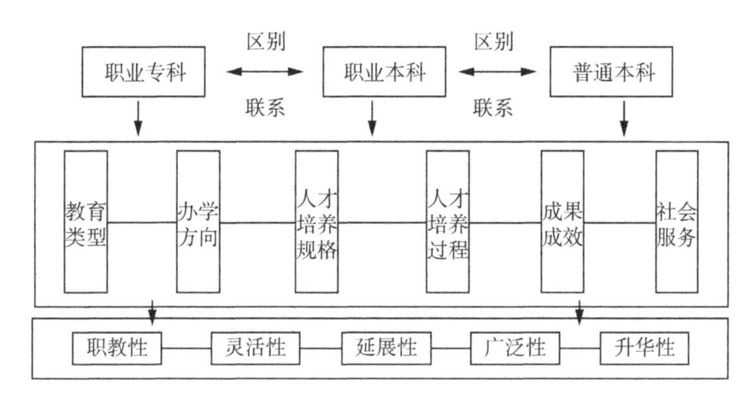

图 3-1　不同类型教育的区别和联系界定

1. 办学方向

普通高等教育的办学方向主要是传授学科理论知识,包括语文、数学、科学、社会等学科。在 2007 年,教育部和财政部联合发布了《关于进一步深化本科教学改革全面提高教学质量的若干意见》,其中提出了三项重大的改革措施,分别是"实施大学生创新性实验计划""进行人才培养模式创新实验"和"资助大学生参与竞赛活动"。此时的本科普通高等教育改革明确了创新人才培养的方向,不仅认识到创新人才在增强综合国力和提高国民素质中的重要作用,而且还通过具体的改革措施来落实创新人才的培养途径[54]。为了推动大学生创新性实验计划的实施,教育部和财政部采取了资助创新实验项目的措施,以引导高校积极开展科技创新活动。

在国家政策的引导下,不同层次的高校都设立了专门的"创新基金",例如南京大学的"技术创新基金"、武汉理工大学的"大学生创新研究计划"、厦门理工学院的"大学生科技创新基金"以及北京工业大学的"星火基金"等[55]。这些基金为大学生开展科技创新活动提供了资金支持和政策保障。

而职业教育的办学方向则主要是培养学生实际操作能力的专业知识和技能,包括各种实际工作所需的技能、技术和管理知识。2022 年,中共中央办公厅、国务院办公厅印发了《关于深化现代职业教育体系建设改革的意见》[56],该意见致力于提升职业学校的关键能力,以深化产教融合为主要任务,以推动职业教育和普通高等教育的融通为重要手段,以科教融汇为新的发展方向。同时,相关部门还统筹职业教育、高等教育、继续教育协同创新,有序、有效地推进现代职业教育体系建设改革,旨在提高职业教育的质量、适应性和吸引力,培养更多高素质的技术技能人才、能工巧匠和大国工匠。

"科教融汇"旨在科技资源与教育资源相互融合汇聚、科技要素与教育要素相互融合聚集,这不仅是深入实施科教兴国战略、人才强国战略和创新驱动发展战略的重要交汇点,同时也是推动职业教育高质量发展、开拓新领域和新赛道的关键突破口。要加快科教融汇育人模式创新，鼓励教师将新科技、新技术、新工艺融入教育教学，将技术革命引入课程实验，寓教于研，通过技术创新培养高素质技术技能人才。从职业教育现状来看，长期以来，受办学层次、服务能力影响，加上部门条块分割，科教资源共享机制不健全，造成我国大多职业教育不同于普通高等教育，较少与科研院所、研究型大学、大型企业开展联合科研攻关、科技合作、科技交流、信息融汇。在此背景下，分散的职教资源和科技资源尚未有效整合，无法转化为育人优势和创新动能。

2. 人才培养规格

人才培养规格是学校规定的所培养出的人才质量标准，明确了受教育者应该具备的综合素质。对于高等学校而言，人才培养规格是各专业培养目标的进一步细化，是学校对毕业生培养质量的具体要求，也是学校制订教学计划和课程教学大纲、组织教学、检查和评估教育质量的基准，不仅为学生提供了清晰的发展方向，同时也为学校的教育教学工作提供了重要的指导。

在新时代背景下，职业院校面临着越来越高的要求，需要科学制定和实施专业人才培养方案，并提高人才培养质量。为了落实立德树人的根本任务，弘扬工匠精神，适应技术进步和产业发展的新要求，职业院校需要通过完善专业人才培养方案，将其具体落实到人才培养规格、课程设置和教学内容上。此外，《国家职业教育改革实施方案》也对职业教育标准建设和提高人才培养质量做出了新的部署。目前，职业教育国家教学标准体系框架已经初步形成，但还需要进一步明确教育行政部门和职业院校在人才培养方案制定与实施中的职责，加强标准意识和质量意识，以标准为基本依据，努力提升办学水平和特色。为了确保人才培养的质量和效果，教育行政部门和职业院校需要更加关注职业教育标准的制定和实施，将标准作为指导。通过遵循标准，职业院校可以发展出具有自身特色和优势的教育模式，提供更适应社会需求的人才培养方案。此外，研究发现，现代职业院校教学组织的需求已经超出了传统教学计划的范畴，存在的主要问题包括专业人才培养方案的概念模糊、制定流程不规范、内容更新缓慢以及监督体系不完善等。一些职业院校还存在学时缩减、必修课程未按要求完整开设以及教师教案过时等问题。因此，有必要进一步明确相关要求，并提供规范性指导。

职业教育人才培养规格注重素质、知识、能力目标的综合培养。其中，素质方面指学生的综合品质和素养，包括道德品质、职业道德、社会责任感、团队合作精神、创新意识、沟通能力、领导能力等。在职业教育中，培养学生的素质意味着要注重塑造学生的职业道德和职业操守，提高他们的社会责任感和团队合作意识，培养创新思维和解决问题的能力，以及培养良好的沟通和领导能力。知识方面指学生所掌握的与所学职业相关的学科知识、专业知识和理论知识。在职业教育中，知识的培养是基础，学生需要掌握与所学职业相关的理论知识、操作技能和实践经验。这包括从基础知识到专业知识的学习，如技术知识、行业背景知识、法律法规知识等，以及相关的实践技能和操作技能。能力方面指学生在所学职业领域中所具备的能够解决问题、完成任务的能力和技能。在职业教育中，培养学生的能力是关键目标之一。这包括认知能力（如分析、推理、判断能力）、实践能力（如实际操作技能、实验能力）、沟通能力、团队协作能力、问题解决能力、创新能力等。通过实际操作和实践训练，学生能够应用所学知识解决实际问题，并在工作场景中展现优秀的能力。

综上，在职业教育中，素质、知识和能力是相互关联、相互促进的要素。培养学生的素质意味着塑造学生的综合素养和职业价值观；培养学生的知识意味着提供与职业相关的学科和专业知识；培养学生的能力意味着使其具备解决问题、应对挑战的实际能力。这三者的协同发展将有助于学生在职业领域中取得成功。

而普通高等教育的主要教学目标是全面发展学生的人文素质和科学文化知识，培养学生的综合素质，使学生具有自主学习和探究的能力。而职业教育的教学目标则是以实用性为导向，培养学生实际操作能力的专业知识和技能，使学生具备职业技能和职业素养，能够胜任实际工作。

在我国的高等教育中，注重培养创新型人才，科技创新活动在此过程中起着关键性的作用。这些活动倡导学生参与科研，有助于学生尽早发掘自身兴趣与潜力。通过加入导师的科研团队或开展独立研究，学生能够接受必要的科研训练，进而更好地满足社会对创新人才的需求。此类培养模式不仅塑造了从事科研工作的学术型人才，还培养了具备市场意识，能够将科研成果转化为市场应用的复合型人才。普通高等教育主要通过科研、竞赛、展示和服务等活动，旨在创造学术成果和促进大学生的成才，这是一种群众性的文化活动。

而职业教育主要培养有技能、能够更快地投入工作的技能型人才；普通高等教育培养的则是钻研、探索能力强的相关人才。与职业教育培养的学生相比，普通高等教育培养的学生在步入社会时需要一定的过渡期。

3. 人才培养过程

普通高等教育注重知识传授，采用讲授、实验、讨论等方式，让学生通过理论学习来掌握知识。而职业教育则采用实践教学为主要手段，包括现场操作、模拟实验、实习、学徒制等方式，让学生能够在实际操作中学习专业知识和技能。

在我国高等教育的常规模式下，大学生参与科研活动主要有两种途径：其一，融入教师的研究项目，依据个人的兴趣和专业背景提出申请，通过实际操作掌握文献检索、实验操作、数据分析等技能，从而提升科研素养并培养独立思考的能力；其二，自主发起科技项目，依据自身的知识基础和研究经验申请，寻求指导教师的协助，以培养创新精神和独立思考的能力，一旦项目得到组织部门的审批，学生便可启动研究工作。根据教育部2019年发布的《国家级大学生创新创业训练计划管理办法》（教高函〔2019〕13号），创新训练项目是本科生个人或团队在导师的指导下，自主完成创新性研究项目的设计、研究条件的准备、项目的实施、研究报告的撰写以及成果的学术交流等工作。国家级大学生创新创业训练计划就是一种典型的大学生独立科技立项。尽管对大学生的能力提出了更高的要求，但这种形式仍然得到了高校的高度赞扬和鼓励[57]。

而职业教育与普通高等教育侧重点不同，职业主要是注重动手能力和操作能力，所学的理论和知识辅助实践。而普通高等教育也有实际操作，但是更注重帮助学生理解理论知识。

在职业教育中，科技创新创业教育起着至关重要的作用，可以培养学生的创新思维、科学素养和实践能力。现在的职业教育已逐步形成从大一到大三梯度式的科技创新教育，主要过程如下：

(1) 大一阶段

培养科技创新意识，引导学生了解科技创新的重要性和价值，让他们认识到科技创新对社会发展的推动作用，并激发他们的兴趣和热情。注重学生的基础学科知识，包括数学、物理、计算机科学等。这些知识为后续的科技创新提供了坚实的基础。在创新思维培养方面，引导学生进行创新思维训练，包括问题解决能力、批判性思维和创意发散等。开展创新思维的课程或项目，鼓励学生提出新颖的观点和解决方案。

(2) 大二阶段

注重实践项目参与，鼓励学生积极参与科技创新项目，如科研项目、工程设计等，为学生提供亲身参与科技创新实践的机会，旨在培养他们的实际操作技能以及团队协作精神。推动不同学科的交叉融合，培养学生的综合素养和跨学科思维。组织跨学科的课程或项目，促进学生在不同领域中进行科技创新。引导学生了解创新创业的相关知识和技能，包括商业模式设计、市场分析等。提供创业实践的机会，帮助学生将科技创新转化为商业价值。

(3) 大三阶段

深入专业领域，鼓励学生在特定的领域中进行深入研究和实践，提高专业素养和技能。指导学生选择感兴趣的研究方向或应用项目，并进行深入探索和实践。鼓励学生积极参与学术交流会议、竞赛和合作项目，这有助于学生与同行交流、分享成果，并从中获得反馈和启发。培养学生在科技创新项目管理方面的能力，包括项目规划、资源管理、团队协作等。帮助学生了解科技创新项目的全过程，培养他们的领导力和组织能力。

除了以上过程培养以外，学校还可以提供科技创新实验室、创客空间等实践平台，支持学生进行科技创新活动，并与企业、研究机构建立合作关系，提供实践机会和教师指导。同时，教师的指导和辅导也非常重要，他们可以为学生提供专业知识和经验上的指导，激发创新潜力。

4. 成果成效

近年来高等教育发展主要有以下五方面的成果成效：一是高等教育规模大，在2012年至2021年的十年间，我国高等教育入学率实现了前所未有的增长，从30%跃升至57.8%，增幅高达27.8个百分点。这一显著成果充分展示了我国高等教育的跨越式发展，标志着我国高等教育已正式迈入全球广泛认可的普及阶段。我国已成功构建全球最大的高等教育体系，总体学生人数超过4 430万人。这一重大成就的取得，不仅彰显了我国高等教育的综合实力和国际影响力，也为基础教育的发展提供了有力支撑。二是高等教育实力强，我国通过推行“211”“985”工程和“双一流”建设计划，取得了令人瞩目的成果[58]。这些工程和计划旨在推动高等教育的发展和提高其质量，通过重点投入和资源整合，一批国内优秀的大学和学科得以脱颖而出，进入世界先进水平。这标志着中国高等教育整体实力显著提升，已经位列全球高等教育的前列。三是高等教育培养质量高，在教育部门和各大高校的共同努力下，近年来我国高等教育在培养质量方面取得了显著的进步。“以本为本”“四个回归”等教育理念已经深入人心，成为教育工作的核心指导思想。同时，“学生忙起来、教师强起来、制度硬起来、质量高起来”已经成为教育战线的普遍共识和努力方向。在一流专业和一流课程建设战略决策的引导下，我国已经认定了8 031个国家级和8 632个省级一流专业建设点，并首批遴选了3 559门国家级一流课程等。这些成果不仅体现了我国高等教育在教学质量方面的显著提升，也为培养高素质人才提供了有力支撑。同时，这些一流专业和一流课程的建设也将推动其他专业和课程的发展，进一步提升我国高等教育的整体实力。四是高等教育结构优，为了适应新的发展格局，我国的高等教育机构正在全力融入国家战略和行业发展，对学科专业布局进行优化调整，推进学科交叉融合，旨在解决现实问题，从而提高人才培养的质量和适应性，为国家经济和社会发展做出了积极贡献。这种变化不仅在学科专业的设置上有所体现，也反映在学位授予的质量上。高校学位授予体系、专业目录体系和管理制度，具有鲜明的中国特色，正在不断健全。高校正在通过与行业和企业的紧密合作，积极推进人才培养模式的改革，以提高人才培养的质量和适应性。高校也在加强对学位授予的监管和评估，以确保学位授予的质量和规范性。五是党对高校的全面领导更加坚实，2021年4月中共中央印发了修订后的《中国共产党普通高等学校基层组织工作条例》，目的在于为加强高校党建工作奠定坚实基础。在高等教育领域，以党的政治建设为核心，全面提升党的建设品质。进一步深入推进全面从严治党，使其扎根基层。党委领导下的校长负责制得以进一步完善，有力推动了学校党建工作与事业发展的深度融合。

近年来职业教育发展主要有以下成果成效：一是在制度上，国家陆续推出了《关于加快发展现代职业教育的决定》《关于深化产教融合的若干意见》《职业学校校企合作促进办法》《国家职业教育改革实施方案》等一系列政策，并对职业教育法进行了修订并颁布实施，从根本制度上确保了我国职业教育的良好发展。二是在办学质量上，国家陆续发布了《高等职业教育创新发展行动计划(2015—2018年)》《职业教育提质培优行动计划(2020—2023年)》《关于推动现代职业教育高质量发展的意见》等文件，进一步完善了教学标准等职业教育标准体系，确定职教发展应以质量为先。三是在师资队伍建设上，《关于全面深化新时代教师队伍建设改革的意见》《职业院校教师素质提高计划》等文件建立了“国家示范引领、省级统筹实施、市县联动保障、校本特色研修”的教师四级培训体系，职教教师的能力得到了系统性的提升。四是在人才培养上，国家开展了“中国特色高水平职业院校和专业建设计划”，根据现实发展状况适时修订专业人才培养方案，从以就业为导向转变为以“升学＋就业”为导向，倡导产教融合，形成了对接科技发展趋势、匹配市场需求的多样化人才培养体系。

5. 社会服务

大学是高等教育的代表，它不仅向学生提供了学术和专业技能的教育，还承担着社会服务的重要职责。大学教育的社会服务功能是指大学通过学术研究、社区服务、政策建议等方式，服务社会并促进社会发展。

普通高等教育主要以学术研究、社区服务、政策建议等方式作为其社会服务的主要功能和体现。学术研究是大学教育的核心功能之一，具有重要的社会服务功能。大学从事学术研究，可以为社会提供新的知识和技术。大学的研究成果可以为行业和社会发展提供新的思路和方向。社区服务则为社区居民提供帮助和支持。例如，大学可以为农村地区提供农业技术咨询和培训，帮助当地居民提高农业生产效益和生活质量。大学还可以为城市社区提供各种公益服务，如义诊、义教、义工等，为社区居民提供全面的社会服务。社区服务不仅能够促进社会和谐、增进社会互信，还可以使大学融入社会，增强社会影响力。政策建议是高等教育服务社会的功能之一。大学不仅了解社会需要，还具备独立思考和分析的能力。大学可以与政府合作，参与公共政策的制定和实施。大学可以借助学术研究成果，为政府提出科学、理性的政策建议和咨询意见，为社会解决问题提供方案和实施支持。

职业教育在我国教育体系中居核心地位，对国民经济的持续发展和社会进步具有重大影响，其肩负着培养大量高素质劳动者及高技能专业人才的重任，展现出鲜明的职业特征和社会属性。基于当前我国高等职业教育的发展现状，其社会服务职责的内涵主要包括以下五个方面：

(1) 塑造满足社会需求的实用型人才

职业教育立足于就业导向，旨在促使学生顺利融入职场，实现个人价值与社会价值的双重提升。其宗旨在于推动经济与社会发展，教学内容应紧密贴合社会与市场需求，致力于培养具有高素养与实用技能的优秀人才。这些人才在生产、建设、管理、服务等领域发挥着关键作用，为各领域的发展贡献力量。

(2) 技术的推广与应用

高职教育利用先进技术助推生产力提升，与企业共同攻克应用难题，为经济社会创造实际价值，推动经济社会发展。

(3) 技术的传播与影响

高职教育应积极发挥其社会服务职能，通过多种渠道和方式，广泛传播教师的研究成果和专业技术，以提升全社会劳动者的综合素质，推动社会的发展和进步。

(4) 技术的培训

高职教育肩负着满足广大民众就业、转岗及再就业需求的重任，应通过组织各类培训班，提供技能培训服务。高职教育机构需紧密关注民众的实际需求，适时灵活调整培训内容和方式，以满足不同群体的个性化需求。

(5) 技术的服务

高职教育应当引导学生通过实践活动为社区提供技术服务，这是积累实践经验的关键途径。为了提升学生的实际操作技能并助力社会发展与建设，高职院校应该鼓励学生充分参与社会服务实践。

3.1.3 职业教育与普通高等教育大学生课外科技创新工作内容联系

职业教育与普通高等教育在大学生课外科技创新工作内容方面有以下联系和特点：

(1) 职教性(Vocational Education Orientation)

职业教育注重培养学生的职业能力和就业竞争力，因此大学生课外科技创新工作内容也应与职业相关。职业教育社会服务对象主要是行业、企业等，旨在解决行业、企业生产技术瓶颈、困难，与普通高等教育科研创新追求顶尖技术的突破差别千万。这意味着学生参与的科技创新项目应与其所学专业相关，相关教育应帮助他们在专业领域中应用所学知识，提高专业技能和实践能力。

(2) 灵活性(Flexibility)

职业教育强调实践和应用，而大学生课外科技创新工作内容可以提供更灵活的实践环境和环节。学生可以选择感兴趣的科技创新项目，自主确定研究方向和方法，并根据实际情况进行调整和改进，例如通过进企业跟岗实习等方式，深入行业、企业，根据发展趋势、市场需求去调整职业教育科技创新方向。这种灵活性有助于培养学生的创新思维和问题解决能力，而普通高等教育更凸显理论和程序式的教学。

(3) 延展性(Extension)

职业教育致力于培养学生的综合能力，大学生课外科技创新工作内容可以提供延展的机会。学生可以通过科技创新项目扩展自己的知识领域和技能范围，与其他学科交叉融合，拓宽自己的学术视野，这有助于培养学生的跨学科思维和综合素养。

(4) 广泛性(Extensiveness)

大学生课外科技创新工作内容应具有广泛性，吸引不同领域和专业的学生参与。这有助于促进学科交叉合作和团队协作，提高学生的综合能力和合作精神。同时，也鼓励学生与社会、行业和企业等外部资源合作，促进科技成果的转化和应用。

(5) 升华性(Sublimation)

职业教育追求学生的全面发展，大学生课外科技创新工作内容也应具有升华性。通过科技创新项目，学生可以深入研究和探索问题，提高自己的学术能力和创新能力。同时，他们还可以通过科技创新工作内容的升华，将科技成果转化为社会实践和创业机会，为社会发展做出贡献。

3.2　职业本科建设背景下大学生课外科技创新工作定位及内涵

3.2.1　工作定位

在职业教育跨界融合的大背景下，我国人才培养目标亟待从单一的技术技能培养向全面多元的发展方向转型。这种转型强调职业能力、综合素质、职业发展规划、职业道德、社会责任感及终身学习能力的培养。此目标旨在满足职业生涯长期发展需求，使我国职业教育适应社会经济发展。实施此培养模式，学生能掌握实用技能，全面发展综合能力，为职业生涯奠定基础。在职业本科建设背景下，大学生课外科技创新工作的定位应该是实践与应用导向、职业能力培养、综合素养培养、创新创业意识培养以及社会责任感培养。这样的定位能够促进学生的实践能力、专业能力、综合能力和创新创业能力的全面提升，使他们具备面对职业挑战和社会发展的能力。

在职业本科背景下，大学生科技创新工作应着重培养主动参与技术设计与创新的

"技术人",使其注重理论创新与实践智慧,既掌握当前技术,又具备未来技术设计与创新的能力,为长远发展奠定基础。

3.2.2 工作内涵

职业本科是指以市场需求为导向,培养具有一定职业技能和就业能力的高等教育层次,为社会经济发展提供人才支撑的高等教育类型。而职业本科建设背景下大学生课外科技创新工作的内涵应不脱离以下三点:一是职业导向,职业本科要以培养具有一定职业技能和就业能力的人才为目标,而课外科技创新工作更应将职业导向贯穿于活动教学全过程;二是知识实用,职业本科的教学内容以应用性知识为主,注重实践教学,使学生掌握实际操作技能,在发展创新课外科技活动工作中也应注重赛事、项目、教学、活动的实用性;三是专业设置多样性,职业本科专业设置应更加灵活多样,适应市场需求变化,满足各领域专业需求,故课外科技活动的开展也应丰富饱满,覆盖专业范围广,尽可能地让全专业同学皆可参与其中。

3.3 职业本科建设背景下大学生课外科技创新工作保障体制机制

3.3.1 组织机构

我国高校科技创新活动采用单向垂直管理模式,由校领导及职能部门领导组成的委员会决策,团委负责执行。此模式与资源供给方式相符,有利于管理顺畅和高效。但学生在科技创新活动中获得的专业指导不足,仅靠团委教师推动难有显著的学术成果。高校需探索更有效的指导模式,提高学生学术产出质量,加强领导队伍的组织建设尤为重要,主要有以下三种类型的组织机构架设:

1. 组建校级科技创新团队小组

科技创新团队小组的成立,旨在促进全校科技创新活动的健康发展,为学生提供更多的实践机会和创新平台。学校领导担任主席一职,而成员则来自各个职能部门,包括团委、学生工作处、教务处、科技处以及国资中心等。这个小组的主要职责是制定政策、解决创新问题,并对经费使用进行严格监管,目的在于确保科技创新活动的合理性和透明度。

2. 设立科技创新团队服务中心

科技创新团队服务中心的成立旨在为校内创新活动提供更加专业、高效的管理和支持,以推动学校科技创新事业的持续进步。校级科技创新团队服务中心作为核心部门,承担着管理校内创新活动的重任。其主要职责包括聘请专业团队、评估及审核科技创新活动的实施状况。这些专家团队成员能够对项目的难易程度和学生的完成效率进行准确合理的评估,对项目的执行过程进行指导和监督,以确保项目能够按照预期顺利进行。值得注意的是,专家小组成员中必须包含专业教师。专业教师了解学生的学习情况和能力水平,不仅能够为学生提供针对性的指导和帮助,而且可以提高项目评估的准确性和合理性，还可以促进师生之间的交流和合作，推动科技创新活动的深入开展。这将有助于提高学生的创新能力和实践水平。

3. 各学院组建院级科技创新小组

在科技创新活动中，院团委主导，负责指导学生立项、申报，协助答辩，提供全面及时的指导，出现非知识性难题时，院团委可迅速援助，确保活动顺利进行。

大学生科技创新活动的组织管理体系主要涵盖以下三种形式：一是教务处主导的课程体系和教学计划改革等管理方式；二是共青团组织的科技创新竞赛等推动活动；三是各部门协调的综合管理，例如设立创新创业管理学院或科技创新基地等。目前，综合协调式管理正在逐渐成为高校科技创新活动管理的新趋势。

在我国，大学生的科技创新活动主要由三类组织管理体系主导：教学部门主导、学生管理部门主导和综合协调式管理。教务处通过课程体系与教学计划的改革参与管理过程；共青团则通过举办各类竞赛推动创新活动的开展；而综合协调式管理则通过设立创新创业管理学院或科技创新基地，实现对科技创新活动的全方位管理。目前，综合协调式管理正逐渐发展为我国高校科技创新活动管理的新趋势。

科技创新管理体制以教学管理部门为主体，以教务处为核心，致力于塑造大学生的创新精神，提高其创新意识，丰富其创新知识，以达成管理目标。科技创新管理体制主要依靠两种方式：一是教务处组织的各级竞赛活动，如全国大学英语竞赛和各类学科竞赛，有助于学生深入了解专业前沿科技，提升其综合素质与竞争力，为未来职业生涯奠定基础。二是设立创新学分，通过设定学分达标要求激发学生参与积极性，培养创新思维和实践能力，学分可来源于科研项目、学术论文发表、专利获得和学科竞赛等多种途径。通过这些方式能够有效地管理和推动科技创新活动的开展。教务处承担教学管理职责，涉及创新学分设定与课程体系构建，使之融入创新创业教育核心要素，以激发学生积极参与科技创新。通过实践活动、专题讲座及创新课程，培养学生的创新思维和创业精神，全方位支持学生个人成长和拓展未来发展方向。

科技创新管理体制以教学管理部门为主体，旨在通过多元化手段培养其创新意识和实践能力。以教学管理部门为核心的科技创新管理模式是一种全面且系统的管理方式。通过设立创新学分，策划并实施竞赛活动，将创新创业教育的具体需求融入日常教学活动，有助于充分激发学生的创新潜能与热情，提高其创新能力和综合素质。

科技创新管理体制以学生管理部门为主导。高校团委成立科技工作小组，制定相关政策，由负责学生工作的校领导担任组长，协同学生工作处、科技处和教务处等部门。团委作为创新活动的组织和协调主力，推动全国大学生"挑战杯"竞赛等活动的举办，旨在激发大学生的创新精神和实践能力。高校需加强活动策划，打造创新校园文化，培养创新能力优秀人才。利用"挑战杯"等平台，激发学生创新思维，提升实践能力，培养团队合作精神及解决问题的能力。通过这些措施，高校共青团能更好地履行育人职责，为我国科技创新和人才培养贡献力量。

科技创新管理体制以各部门综合协调为主。综合协调式是指学校通过设立专门机构如大学生科技创新基地，对科技创新活动进行全面管理和协调，以激发创新精神，培养优秀人才，推动学校和国家的科技创新发展。项目立案、竞赛安排和经费运用等事务由基地负责策划和管理，以项目流程管理为核心，促进自主实践和研究性学习，培养创新实践能力[59]。高校为大学生提供一个稳定的科技创新场所，规范科技创新活动流程，灵活安排活动时间，这是培养创新人才的重要方式。

［**案例1：某职业本科学校的课外科技创新工作保障体制机制**］

(1) 创新基金的设立

该学校设立了“学生创新基金”，为学生的科技创新项目提供资金支持。

(2) 创新工作坊的建立

学校设立了“创新工作坊”，提供一系列的器材和设施，供学生进行实验和创新实践。这个工作坊成为学生的主要实验和创新场所。

(3) 指导教师的配备

学校为每个科技创新项目配备了指导教师。他们均是学院的专业教师，有丰富的实践经验和专业知识，能为学生提供指导和帮助。

(4) 科技创新竞赛的举办

学校定期举办“科技创新竞赛”，鼓励学生展示他们的科技创新成果，这不仅能激发学生的创新精神，也提供了一个展示成果的平台。

(5) 创新成果的专利申请和商业化

学校提供了专利申请和商业化的支持，帮助学生将他们的科技创新成果转化为实际的产品和服务，这对于培养学生的创新精神和实践能力具有重要意义。

通过上述机制，该职业本科学校成功地构建了一种鼓励和支持学生科技创新的环境。

3.3.2 保障机制

大学生科技创新活动的宗旨是贯彻国家政策，培养创新人才以适应社会经济发展需求。为确保活动顺利进行，需提供全面的保障措施，包括经费支持、组织管理、制度完善和宣传推广等，主要有以下九方面：

1. 落实大学生科技创新政策

在2006年颁布的《国家中长期科学和技术发展规划纲要(2006—2020年)》中，明确提出创新驱动是未来战略方向，大学生作为国家未来人才库，需承担时代和社会赋予的责任，在经济社会发展中发挥重要作用[60]。该纲要明确强调，要“将提高自主创新能力摆在科技工作的核心位置”，并提出“支持研究生参与或承担科研项目，鼓励本科生参与科研工作，通过实践培养兴趣和科研精神”。教育部实施改革政策，促进本科教育教学改革，培养创新人才，推动大学生科技创新活动蓬勃发展。

构建“双师型”指导模式[55]，以科技项目为驱动，整合校内外资源，融合课堂与课外学习，由大学教师和企业技术员共同指导，为科技创新活动提供实践指导[64]。推进“双师型”指导模式，学校选派教师赴企业挂职，邀请企业人员兼职教学。借助校外技术骨干的力量，指导大学生开展科技创新活动，从而缓解校内教师压力，并吸引社会精英参与创新人才培养。这一举措旨在拓宽人才培养途径，促进科技成果转化，缔造产学研协同创新的新格局。

引入校外优秀技术骨干作为大学生科技创新活动的兼职指导教师，不仅能够将企业的最新信息和动态融入活动之中，也为创新提供实际应用价值[55]。"双师型"指导模式能够加强学校与企业的沟通联系，改善师资结构，拓展学生的创新视野。这种模式有助于衡量科技创新活动的经济和社会效益，对大学生科技创新成果的转化产生积极影响。

2. 教师的积极支持是开展大学生课外科技活动的保障[61]

在参与课外科技活动的过程中，学生面临两大技术挑战：一是对开发过程中所应用的技术认识不足，实际应用经验匮乏；二是对专业发展方向的判断不够精确，对研究方向的控制不够到位。配备指导教师有助于应对这些挑战，提高科技活动的品质。

武汉科技大学教师在指导大学生课外科技活动时，采取了以下四种主要方法：

(1) 实施导师制度。实施导师制度，助力有潜力的优秀学子尽早融入科研环境，体验科研历程，激发热情，提升创新能力。因材施教，促进学生快速成长。

(2) 吸纳学生参与教师科研课题。教师将学生纳入课题组，引导学生们深入了解科研选题、实验设计及研究方法，并实际参与课题研究。教师将课题细分为子课题，交由学生探索。学生按年级与能力组成梯队，高年级学生指导低年级学生，共同组成研究小组。

(3) 教师指导竞赛团队或学生社团。教师针对赛事组建竞赛团队或学生社团，实施针对性辅导，集中突破，提升学生科技创新实力。

(4) 专家的辅导。邀请博士生导师和教授，介绍各专业方向及前沿技术，为学生项目提供指导建议，确保研究方向，提升科技创新能力。

激励是激发个体积极性和实现特定目标的过程。在大学生科技创新活动中，组织管理者运用多种激励手段，实施规范化和制度化实践，激发个体积极性，提升创新能力和参与度，促进活动的蓬勃发展。

3. 推进大学生课外科技活动管理体系的构建

为保障大学生课外科技活动的持续稳定开展，有必要构建一套完善的制度体系，覆盖立项、审批、监管、申报、评审、奖励、展示、宣传以及技术转化等各个环节，并设立激励机制与评价体系，以推动师生积极参与。在制定规范化制度的过程中，要注重激发学生的参与热情，提高教师的投入度和促进科技活动的持续进步。建立健全相关规章制度，包括科技活动奖励、创新学分、教师工作量及奖励、科技创新基金管理、科技创新基地管理以及实验室开放等。当前的核心任务是落实并优化大学生科技活动的管理规范，涉及组织领导、经费、课题立项、评估等各个环节，以确保各项措施有效实施。

构建选拔考核体系，确保指导教师具备德才兼备的品质。明确教师在教学科研中的职责，将教师指导及组织科技活动纳入教学工作量评估。优化学生激励策略，例如在奖学金评定、评优考核、就业推荐及研究生推免等方面提供更多支持。

4. 改进大学生课外科技活动资金筹措方法

在大学生科技活动实施中，资金保障至关重要。武汉科技大学采取以下策略解决资金问题：积极寻求学校专项经费支持，整合课外资源并纳入教学体系，利用学科竞赛筹集资金。这些措施有助于规范化、有序化活动，解决教师工作量和酬金问题，并提高学校知名度。

为了推动大学生科技活动可持续发展，关键在于激活学校与企业之间的协作潜能，共同发掘社会资源。这种合作模式既有利于学校获得更为丰富的资金和技术支持，也能使学校紧跟市场步伐，深化教育改革，提升教学质量。对企业而言，通过此类合作路径，能够挖掘优秀的毕业生和科研成果进而提高自身市场竞争力。构建共建共赢的合作关系是驱动大学生科技活动发展的核心动力。

5. 保障大学生课外科技活动场地和器材设备

为了鼓励学生积极参与科技活动，学校应加强对实验室的开放管理，并加大对图书馆及数字图书馆的建设力度。各学院均应提供40平方米实验用房及相关设备，设立科技创新基地，并针对性地制定相应管理规定。科技创新基地运营模式包括：一是提升现有实验设施的使用效益；二是专门设立学生科技活动区域，配备齐全的设备和器材。实验室在课余及节假日向学生开放，以实现资源的高效利用。

6. 加强大学生课外科技活动环境建设，需要进行统筹规划

为了改善大学生课外科技活动环境，需关注高校教学、科研、校园文化及学生管理，这些工作与课外科技活动体系紧密相关。

7. 全面实施科技创新教育

为确保大学生科技活动的长期稳定发展，教育观念、教学内容和方法需进行变革，解决学校教育与社会需求脱节的问题。科技活动应纳入实践教学体系并规范化、制度化，重点培养学生的综合素质和能力。全体教职员工需结合知识传授、能力培养和创新精神，使课堂教学成为科技活动的坚实基础，学术科技活动成为课堂的延伸。

高校考试应平衡知识与能力的评价，注重理论与实践结合，采用多种考试方式，全面评价学生的知识、能力和素质。关注实验课质量，精心策划实习活动。通过改革教育观念、内容和方式，激发大学生的自主创新意识，推动科技活动的稳健发展。

8. 革新科研体系，塑造学术气氛

为了确保大学生科技创新活动的持续发展，高校有必要紧随科技革命的步伐，积极推进改革。大学应致力于推动交叉学科与新兴学科的成长，优化学科布局，完善创新体系，确立科研的核心地位，均衡强化基础研究与应用研究。资源共享的实现需依托于校际及院内合作的加强。在人才队伍建设方面，大学应注重科技人才的培养，并对传统科研体制进行改革，探索产学研一体化的发展路径。为推动高科技产业的培育及大学科技园的建设，大学应更加关注国家经济建设，积极服务主场主体，并加大科技成果转化力度。

9. 升华校园文化，将创新文化和创业文化作为校园文化的主旋律

在大学校园文化的引领下，青年学子应坚定地追求自我提升。教育者需超越将学生仅视为“教育对象”的观念，而应将学生视为自我发展的主体。为推动校园文化建设，教育者需精心策划，激发学生的参与热情，转变教育和管理的核心，从垂直直线型转变为复杂网络化，以适应学生的创新和独特需求，充分挖掘其潜能和特长。为确保大学生科技

创新活动的顺利进行,思想教育和心理健康教育的重要性同样不容忽视。

为了推动大学生科技创新活动的顺利开展,思想教育和心理健康教育成为重要抓手。在思想教育中,应注重培养学生的现代意识和良好的道德品质,如珍惜时间、注重效益、遵守信誉、善于合作、勇于竞争以及具备良好的社会责任感等。同时,将创新教育理念贯穿于思想教育和心理健康教育中,有效地培养学生的创新伦理、创新人格、创新情感、创新意志等非智力因素,这些都是构成学生创新意识和创新精神的重要内容。在学生管理上,学校应充分激发学生的主动性、积极性和创造性,营造良好的民主氛围,让学生成为管理的主导者,实现"自我管理、自我教育、自我服务"。学校对学生的管理应体现宽松、民主、自由、平等和开放的理念,通过多种渠道让学生参与学校管理。学校管理人员应树立服务意识,视学生为服务的对象或学校的主人。同时,采取多种措施,发挥共青团、学生会等学生组织和社团的管理和教育功能。

3.3.3 培养体系

在职业本科背景下,研究大学生课外科技活动培养体系需深入探讨组织要素,这些要素是创新活动实施的关键,主要包括科技创新项目、创新团队和指导老师。科技创新活动作为一个复杂系统,涉及参与者、研究对象和组织关系等多个层面,其中参与者主要是团队和教师,研究对象则是创新项目。

(1) 大学生科技创新活动

在教师精细化指导下,大学生科技创新活动成为激发学生主动吸收知识、应对现实问题的有效载体。在此过程中,学生不仅积极参与,更是自主发起、规划及执行科研探索的主体。这种模式强调学生的主体地位,并未削弱教师的核心职责。尽管教师在指导方式和内容上已经逐步向适应新形势转变,但其对学子成长的关键影响仍不容忽视。在这一模式下,学生与教师共同成长,为推进科技创新活动的蓬勃发展奠定了坚实基础。

(2) 大学生科技创新团队

大学生科技创新团队是由学生和指导教师组成的高校学术共同体,旨在通过共同的学习和努力完成科技创新活动[62]。学科竞赛和社会调查等活动的探索性与复杂性驱动团队组建,学生能力与团队凝聚力成为科技创新活动顺利开展的关键要素。

(3) 大学生科技创新指导教师

在科技创新活动中取得成功,教师的专业指导具有至关重要的推动作用。为促使创新活动高效推进,构建以学生为主体、指导教师为核心的创新团队至关重要。在这个团队中,大学生是主体,在指导教师的帮助下,共同努力,完成科技创新活动[63]。

为了培育创新型人才,学校须实施一系列课程优化与全程培养方案,其中包含重塑教学计划,注重培养学生的创新思维与实践能力。创新人才的培养应分阶段进行:第一阶段重点为学生提供实践基础教育,巩固实践技能;第二阶段则为学生步入实践应用阶段,实现基础至跨学科知识的整合,教师引导向自主创新的转变,从简单模仿至原创思维的提升。根据学生的专业与个性特点,全面提升其综合能力。针对具有创新潜力的学生,学校应制定个性化教学方案,赋予学生更多课程选择权,鼓励他们自主选题开展科技创新活动，并为其配备导师提供具体指导，以充分激发学生的创新潜能，培育具有独特才能和创新精神的人才。

3.4 小结

在职业本科建设背景下，大学生课外科技创新工作的基础内容研究总结为以下六个方面：

1. 科技创新的方法与技能

学生可以学习科技创新的基本方法和技能，包括问题定义与需求分析、创意生成与筛选、实验设计与数据分析、原型设计与制作等。他们可以学习使用科研工具和软件，如科研文献检索工具、数据分析软件、建模与仿真工具等，以支持科技创新项目的开展。

2. 科技前沿与趋势研究

学生可以进行科技前沿与趋势的研究，了解当前领域的最新研究成果和发展动态。他们可以阅读相关学术论文、参加学术会议、关注科技媒体等，以保持对科技领域的敏感度和了解度。

3. 项目管理与团队合作

学生可以学习项目管理的基本原理和方法，包括项目计划、任务分配、进度控制、资源管理等，还可以学习团队合作的技巧，如沟通与协作、冲突解决、团队动力激发等，以提高科技创新项目的组织和执行能力。

4. 创新思维与设计思维

学生可以培养创新思维和设计思维，包括观察与洞察、问题定位与解决、迭代与改进等。他们可以参与创意训练和设计思维培训，通过案例分析和实践活动，锻炼自己的创新能力和解决问题的能力。

5. 实践与技术应用

学生可以通过实践活动和技术应用来深入了解科技创新的实际应用。他们可以参与科技项目的实验设计和实施，利用所学知识和技术解决实际问题，培养实践操作能力和创新应用能力。

6. 学术论文写作与科技推广

学生可以学习学术论文写作的基本规范和技巧，了解科技推广的方法和渠道。他们可以撰写科技创新项目的研究报告或学术论文，参与科技成果的展示和推广活动，提升其科技交流与传播能力。

通过以上基础内容的研究，大学生可以积累科技创新工作的基础知识和能力，为进一步深入参与科技创新项目和开展研究打下坚实的基础。这些内容可以通过课程设置、实践项目、科研导师指导等形式促进学习和实践。

4 职业本科建设背景下大学生课外科技创新工作建设路径及方法研究

为促进研究内容落地，在厘清职业本科背景下大学生课外科技创新工作基础内容之上，构建职业本科背景下“五步五优”大学生课外科技创新工作建设路径。

4.1 建设路径总体设计

结合中国特色高水平高职学校和职业本科专业设置要求，梳理高水平职业院校科创教育相关要求[64]：

1. 中国特色高水平高职学校建设相关要求

《教育部　财政部关于实施中国特色高水平高职学校和专业建设计划的意见》(图4-1)中指出，落实立德树人根本任务，将社会主义核心价值观教育贯穿技术技能人才培养全过程。坚持工学结合、知行合一，加强学生认知能力、合作能力、创新能力和职业能力培养。

中华人民共和国中央人民政府
www.gov.cn
首页 | 繁体 | 英文EN | 登录 | 邮箱

首页 > 政策 > 国务院政策文件库 > 国务院部门文件　字号：默认 大 超大 | 打印 收藏 留言 |

标　题：	教育部 财政部关于实施中国特色高水平高职学校和专业建设计划的意见	发文机关：	教育部 财政部
发文字号：	教职成〔2019〕5号	来　源：	教育部网站
主题分类：	科技、教育\教育	公文种类：	意见
成文日期：	2019年03月29日		

教育部 财政部关于实施中国特色高水平
高职学校和专业建设计划的意见
教职成〔2019〕5号

各省、自治区、直辖市教育厅（教委）、财政厅（局），新疆生产建设兵团教育局、财政局：

为深入贯彻落实全国教育大会精神，落实《国家职业教育改革实施方案》，集中力量建设一批引领改革、支撑发展、中国特色、世界水平的高职学校和专业群，带动职业教育持续深化改革，强化内涵建设，实现高质量发展，现就实施中国特色高水平高职学校和专业建设计划（以下简称“双高计划”）提出如下意见。

一、总体要求

（一）指导思想

图4-1　《教育部　财政部关于实施中国特色高水平高职学校和专业建设计划的意见》相关文件的网络截图

中国特色高水平高职学校应培养适应高端产业和产业高端需要的高素质技术技能人才，服务中国产业走向全球产业中高端。以应用技术解决生产生活中的实际问题，切实提高生产效率、产品质量和服务品质。加强新产品开发和技术成果的推广转化，推动中小企业的技术研发和产品升级，促进民族传统工艺、民间技艺传承创新。

2. 职业本科专业建设相关要求

《教育部办公厅关于印发〈本科层次职业教育专业设置管理办法（试行）〉的通知》明确要求，本科层次职业教育专业设置应牢固树立新发展理念，坚持需求导向、服务发展，顺应新一轮科技革命和产业变革，主动服务产业基础高级化、产业链现代化，服务建设现代化经济体系和实现更高质量、更充分就业需要，遵循职业教育规律和人才成长规律，适应学生全面可持续发展的需要。

该管理办法同时规定，设置本科层次职业教育专业，必须具备技术研发和社会服务基础，拥有省级或更高级别的技术研发推广平台，如工程研究中心和实验实训基地。这些平台应具备为区域和行业企业提供科研、技术研发和社会服务项目的能力，并产生显著的经济和社会效益。

这些给职业本科背景下的职业学院创新创业教育提出了重要的要求和目标。职业院校同样需要科技创新教育，职业本科专业对科技创新教育要求更高。职业院校科技创新教育应立足行业、企业，能够面向区域、行业、企业开展科研、技术研发、社会服务等，目标是促进行业企业转型升级，同时提升学生科技创新综合能力。

基于此，以中国特色高水平高职学校和职业本科专业设置要求为基础，围绕“平台、团队、举措、评价、反馈”推动建设路径实施落地，如图 4-2。

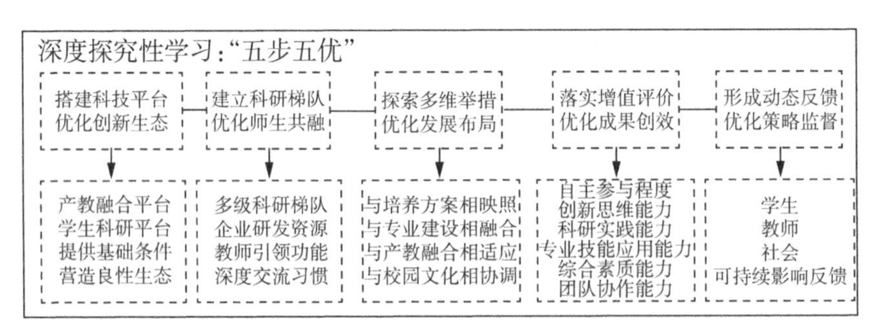

图 4-2 “五步五优”建设路径

4.2 搭建科创平台，优化创新生态

结合职业教育优势，搭建政行企校多级产教融合平台，包括大师工作室、工程技术研究中心、产业研究院等。发挥平台开展技术技能、生产要素革新的优势，为学生参与科技创新活动提供基础条件，营造全员参与氛围及良性生态。为发挥学生自主性，可建立二级学生科研平台，打造学生科技创新工作室等。同时，对平台涉及的学生管理制度、参与内容、组织保障、资金使用进行明确规定。

科研平台是指经过一定程序审批并由学院上级主管部门或学院正式下文批准成立的实验室、研究室、研究所、研究中心、研发中心、技术中心、协同创新中心等。

《教育部 财政部关于实施中国特色高水平高职学校和专业建设计划的意见》关于打造技术技能创新服务平台明确要求，为了推动创新成果和核心技术的产业化，结合科技发展趋势，以技术技能积累为核心，构建一个人才培养、团队建设、技术服务等功能于一体的平台。这个平台应该具有资源共享、机制灵活和高效产出的特点，主要服务于企业，尤其是中小微企业的技术研发和产品升级。同时，为了体现学校特色，服务区域发展和产业转型升级，深化与地方政府、产业园区、行业的合作，构建一个具有科技攻关、智库咨询、人才培养、创新创业功能的产教融合平台。此外，为了提升专业群的集聚度和配套服务供给能力，与行业龙头企业紧密合作，构建一个集产品研发、工艺开发、技术推广、大师培育等功能于一体的技术技能平台，服务于重点行业和支柱产业的发展。

为规范平台建设并推动平台成果产出，形成良好的科研生态，主要从以下四个方面着手：

1. 产教融合平台建设

坚持应用研究为主、产学研用创结合的发展策略，积极参与科技市场竞争，主动争取和承接科研任务和技术服务，推动科技成果转化和应用是提升人才培养质量和社会服务能力进而推进职业教育科技水平发展的关键。为了实现这一目标，学校应鼓励跨专业、跨系部、跨单位、跨地域的联合，共同创建多样化的科研平台。激励校内科研平台与大中型企业和社会团体开展科研合作，确保合作互利共赢，协同发展，推动科研平台的持续壮大。

科研平台的设置应有利于专业（学科）建设，并有明确的研究方向、较强的科研能力和稳定的科研团队，有明显的学术优势，能开展综合研究、应用研究、咨询服务、技术研发等方面的工作。

在传统的职业教育理念下，科研平台受重视的程度并不高，但为推动职业教育的高质量发展，适应职业教育的科研体系，科研平台的建立必不可少。因此，符合职业教育水平和特点的科研平台的建立是推动职业教育科创水平迈上新台阶的重要途径和长效方法。

[案例：泉州推动产教深度融合，构建政行企校协同发展联合体]

为减少校企双方在合作过程中的制度性交易成本，推动产教融合向更高效、更精准的方向发展，泉州市构建了产教融合综合信息服务平台。该平台成功吸引了来自省内外的各类院校和行业企业积极参与，共同打造了一个高效的产教融合信息发布机制，有效促进了校企之间的供需快速、精准匹配。这些有力举措的实施，不仅降低了校企合作的成本，还提升了双方合作的效率，有力推动了产教融合的深层次发展。泉州市在产教融合方面取得了显著成果，成功组建了涵盖多个行业和领域的产教融合联盟。该市还筹建了产教融合研究院，建立产教融合专家库，提供产教融合规划、决策、咨询服务。

该市推进产教深度融合，建设 334 个实训基地，年均培训 25 万人次。协助 1.3 万名企业员工提升学历，获 14 个省级实训基地资质，整合资源打造 4 个市级示范基地。为深化“龙头企业＋职业学校”的合作办学模式，泉州市已成功构建 62 个产业学院，其中 26 个被列为省级试点，还实施了 71 个现代学徒制试点和 228 个“1＋X”证书制度试点，这些项目覆盖了全市的重点产业领域[65]。

在职业教育领域，泉州市职业学校展现出开放与合作的姿态，积极与国际职业教育先进地区展开交流。例如，黎明职业大学和泉州轻工职业学院参与了“海丝学院”和“鲁班工坊”的建设，这些项目带来了国际化的教育资源和教学理念。中国职教学会21世纪海上丝绸之路职业教育研究会秘书处也选择落户在黎明职业大学，进一步推动了该市与国际职业教育界的交流与合作。在政产学研合作方面，该市已共建了164个各类科研平台，并设立了4个省级技术转移转化中心。这些中心为科技成果的转化和商业化提供了重要的推动力。据统计，过去五年中，技术交易合同累计成交超过1 000项，成交金额近1.5亿元，显著推动了泉州市经济的发展和产业的升级。通过这一系列举措，泉州市不仅加强了与国际职业教育界的联系，还推动了政产学研的合作，为产业的发展和人才的培育创造了有利条件[66]。

建立产教融合型企业培训库，激励技术领先、管理规范的企业深度参与。15家企业入选省培育库，启动特色产教融合型行业，强化指导与协调。

2. 学生科创平台建设

为激发学生科创热情并进一步加强师生共同参与科创的氛围，职业院校还可在校企产教融合平台基础上搭建学生科创平台，可以是学院层面的，也可以是二级部门创建的。

学生科创平台的建设主要完成平台规划、组织架构、责任及分工、子系统、制定年度目标等内容。围绕各二级部门专业特色和产教融合基础，设置不同学生科创工作室（工作坊）或兴趣小组或部门等，命名和形式都可灵活设置。组织架构中一定要保障领导责任，需要从学院或者二级部门的角度去推进相关工作，而不只仅凭老师和学生的一股热情。只有顶层设计得到保障，后续工作才能有效推进。要充分调动老师在学生科创平台中的作用，包括聘请老师担任平台负责人或者工作坊的指导老师等。结合学院科创活动内容每年或者每学期制定相关的工作内容和预定工作目标。细化的工作目标包括吸纳工作坊成员的数量，开展的科创活动的次数或者项目数，涉及可开展科普竞赛、知识竞赛、专利申报培训、科创项目培育、大咖名师讲座等。

[案例一：贵州交通职业大学轨道交通工程系成立学生科创工作室]

科创工作室旨在为我系师生共同参与科技创新活动建立更强的纽带。工作室的建设内容规划和规范性管理，为我系师生参与科研创新、创业服务、技能竞赛、资源创制等提供有力保障，同时成为我系科技创新人才培养的重要载体。

科创平台主要职责之一是搭建人才培养与创新工作团队（图4-3）。建立科研创新工作坊、技能竞赛工作坊和资源创制工作坊（后期可增设部门），厘清各工作部工作内容及人员配置。各工作坊指导教师负责组织、管理、指导和培训部门学生。各工作坊负责完成本部门工作，年末开展成果展示和汇报。

[案例二：广东轻工职业技术学院构建学生科技创新实践平台]

为了培养学生的实际操作能力、创新思维和创业能力，广东轻工职业技术学院构建了科技创新实践平台如图4-4所示。这个平台的运行涉及多方面力量的参与和协同运作，并通过不同阶段的逐层递进，形成一个实践教学体系。

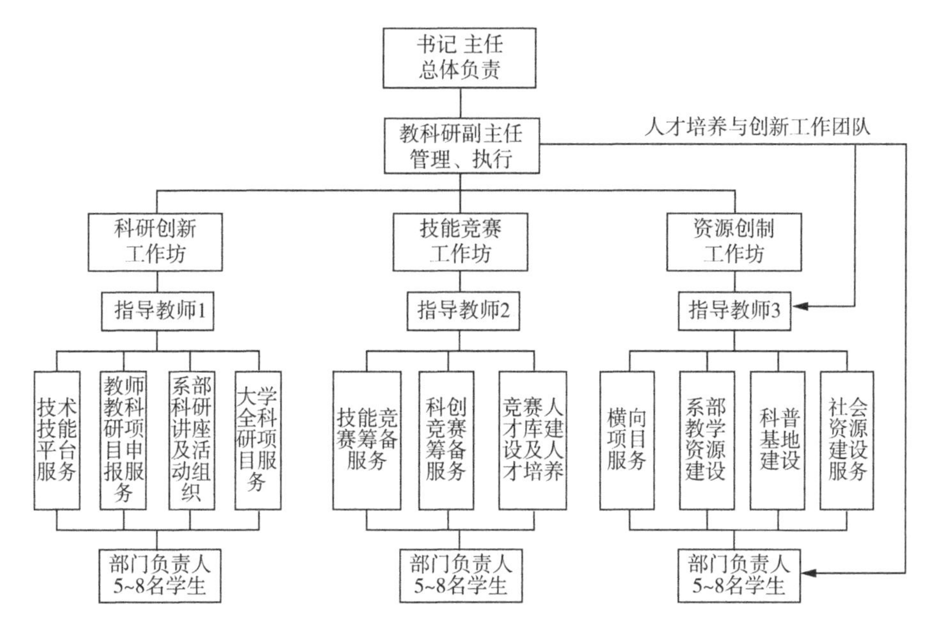

图 4-3　科创平台管理责任图

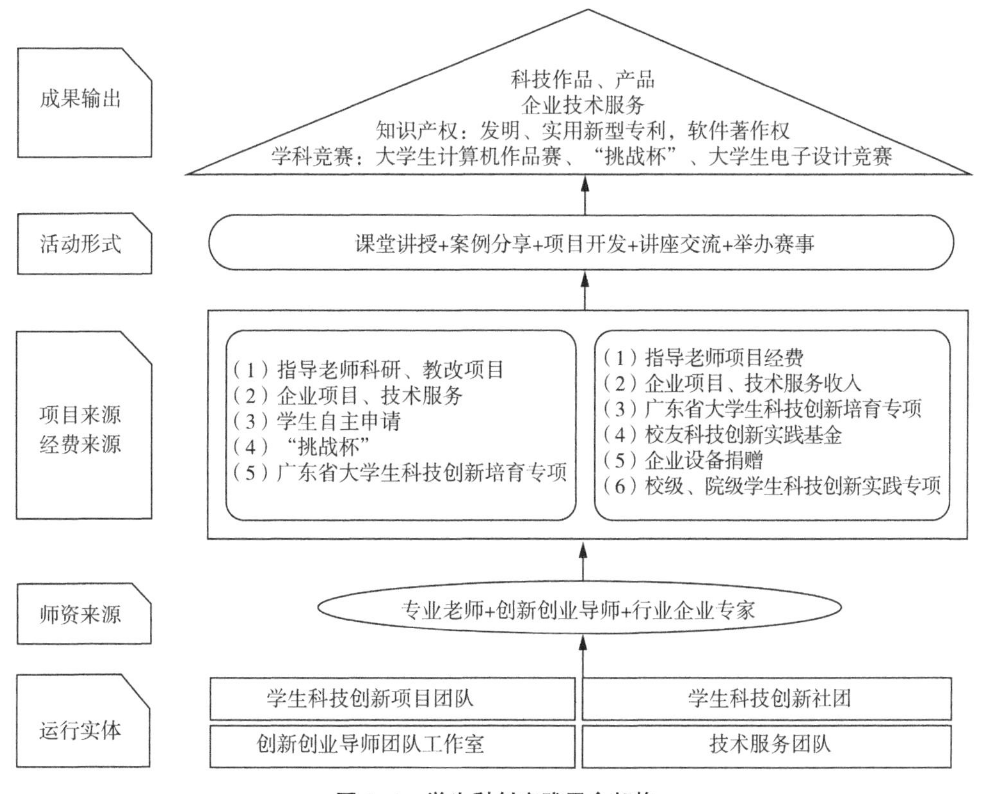

图 4-4　学生科创实践平台架构

在提升学生科技创新实践教育能力方面，学校全面优化并整合了内外部优质教学资源，构建了一个包含专业教师、创新导师及行业专家的多元化教学团队。学校通过为全校各二级学院教师提供系统化、专业化培训，使他们在教学过程中能够根据专业特点灵活融入科技创新实践元素与创新创业案例。学校积极倡导二级学院专职教师参与国内外创业教育培训，以培养具备专业背景且经验丰富的导师团队。学校从国内外引进及聘请了知名企业家、优秀创业者、杰出校友及企业高级工程师等，为学生提供紧密结合行业需求的创新创业实践指导[67]。

3. 提供基础条件

为推进学生参与各级各类的科创活动，需要提供必要的基础条件，包括设备、设施、场地、资金、师资、其他激励形式（比如兑换学分、加素质学分等）。这些都需要写入保障措施里面。

[案例一：山东商业职业技术学院将科创活动纳入学分转换]

《山东商业职业技术学院创新创业学分积累与转换制度》规定，学生参加课题研究、项目实验等活动可认定为课堂学习并允许学分转换。学校还实施了弹性学制，放宽了学生的修业年限，允许他们调整学业进度、保留学籍休学以进行创新创业，并鼓励学生跨专业参与创新创业实践。此外，学校建立了具有商科特色的“四位一体”的“双创”教育模式。

学校向新生发放“大学生创新创业指导手册”和“大学生成长档案”，用于系统地记录大学生在校期间创新创业教育、创新实验、发表专利等信息。学校开展大学生创新创业个性训练计划，为有创业意向和创业潜质的学生建立创新创业档案和成绩记录。经过两年的实践有创业意向的学生占在校生的30%，有较好潜质的学生达5%。

[案例二：山东商业职业技术学院制定切实的保障措施]

学校2017年用于创新创业教育专项经费为1 227.15万元，其中用于创新创业教育教学经费450万元，学生创新创业奖助学经费200万元，三年累计投入5 000余万元。

学校每年设有200万元专项经费，用于开展各类创新创业活动和表彰优秀创新创业的学生。2015—2016年共计3 863人次学生获得创新创业奖学金，共计490万元。其中2016年2 036人次获得270万元奖励，为大幅度提高学生创新创业活动的参与度和参与质量提供了有力的保障。

4. 营造良性科创生态

职业院校科创活动起步晚，但依托行业、企业的背景好，因此在促进行业企业技术创新和改革方面具有优势。对职业本科而言，营造良好的科创生态对后续发力有着重要作用。科创生态要素包括多方面，如校园科创氛围、师生的科创热情、师生的科创实践过程、成果应用及推广、科创团队精神建立及传递等。其中师生对科创教育的认识和实践非常重要，是其他生态要素的重要影响因素。

[案例一：济源职业技术学院建立众创空间交流系统，推动科创生态]

在新时代背景下，高职院校需要积极应对创业生态系统建设的挑战并把握机遇。通过全面布局平台、制度和体系改革，可以有效提升创业发展的协同能力，实现资源共享、互助协作和构建优质的创业交流圈（图4-5）。提升学生的创业素养也是加强创业交流和拓宽学生创业视野的重要途径。依托高职院校众创空间构建创业生态系统，将为创业人才培养创造更优越的机会，推动高职院校在新时代背景下的创新发展。

为了推动教育融合与发展，济源职业技术学院构建了多元化创业创新交流平台。此平台可提升学生创业认知，促进高职院校众创空间与创业教育紧密融合，充分发挥众创空间在创业教育中的优势，确保高职院校保持领先竞争力。

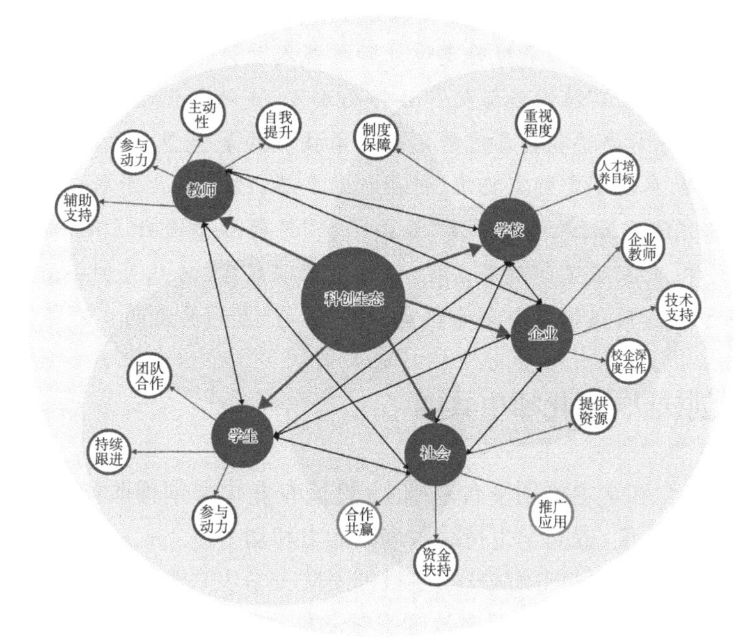

图 4-5　科创生态

[案例二:广州番禺职业技术学院产教融合示范实训基地建设立项]

产教融合示范实训基地建设以就业为导向，本着全面、系统、务实的原则，引导更多民营企业加强校企合作、深化校企融合，共同构建具有产业特色的产教融合新体系。为了构建产教融合的新生态，需培育更多适应新技术、新业态、新模式的高素质技术技能人才，并促进学校人才培养与企业用人需求的精确对接，为加快建设教育强国、人才强国做出贡献。

番禺职业技术学院建设基础扎实，在虚拟仿真基地建设方面颇具特色，结合全国工商联体系优势，加强合作，面向民营企业对接需求，形成可复制、可推广的课程体系。聚焦番禺当地基地建设工作，推进番禺区产业发展，打造广州模式的科创基地。

[案例三:温州职业技术学院推行校政企融通，谱写行业产教融合共同体新篇章]

为破解行业产教难融和“校中厂”“厂中校”办学瓶颈问题，温州职业技术学院与瓯海区联合共建温州设计学院，率全国之先，将职业教育办在省级特色小镇里。该校秉持“人才共育、企业共利、行业共赢、园区共荣”理念，打造行业产教融合共同体，实现行校政企合作“零距离”，赋能数字时尚产业转型升级。

学院“固巢养凤”培养高素质技术技能人才，依据产业链分工对人才类型、层次、结构的新要求，创新采用“2+1”产教融合育人模式。学生大一、大二在总校学习基础知识和技能，大三进入设计学院，根据自身兴趣、能力，双向选择进入不同方向的大师工作室。学生在教师和企业技术骨干团队带领下开展企业真实项目研发，通过开放学习场域、开放师资结构、开放教学内容，实施“双元六共”，实现学习即实践、成果能转化，确保人才链与区域时尚产业链精准对接，为企业发展提供技术技能人才支撑。

学院与中国服装协会、中国纺织服装教育学会等行业协会深度合作，落地中国纺织服装教育学会人才培训基地和省级鞋类设计师技能人才评价专家培养基地，针对全国设计人才开展“产品时尚化”“技术多维化”“品牌高端化”等精英化培训服务，推动产业转型升级。新时代的企业需要培养具备智能定制技术技能的复合型人才，以满足其不断增长的需求。该校主持、参与制定国家标准、行业标准 7 项，校行企共建省级产教融合型企业 6 家、省级产业研究院 5 家，入选浙江省“五个一批”产教融合项目 2 个，助推时尚产业发展。联合东华大学、北京服装学院等名校，建设中意职教园，与意大利一流设计类大学合作建设服装设计专业，形成校行企平等协商、共同参与、互利共赢的良好局面。

4.3　建立科创梯队，优化师生共融

在产教融合平台和学生科创平台基础上，打造专业化科创梯队，充分发挥专家引领作用，加强教师指导力度，提高学生持续跟进的能力和动力。

建立资深专家—教师科创团队—学生科创团队—学生兴趣组等多层级科创梯队，引入企业研发资源，加深校企合作，发挥教师引领功能，推动学生自主探索，养成师生深度交流的科创习惯。

[案例一：洛阳职业技术学院三名教师入选洛阳市首届科协科技创新智库专家库]

2021 年 2 月，洛阳市科协科技创新智库专家库名单公布，全市共有 249 名专家入选洛阳市科协科技创新智库专家库。其中包括洛阳职业技术学院韩洪涛教授、张贺伟博士、李靖副教授三人。

为进一步发挥科技创新智库的作用，更好围绕洛阳市中心工作开展决策咨询服务工作，根据《建立市科协科技创新智库专家库的通知》的相关要求，洛阳市科协在完成全市智库专家库公开征集、组织申报和信息审核工作的基础上，对符合条件的专家进行了评审，全市共有 249 名专家入选。

洛阳市科协科技创新智库专家库具有人员政治素质过硬、专业优势突出、学历层次较高、年龄结构合理等特点，是市科协服务党和政府科学决策的重要依托。洛阳市科协科技创新智库专家库的建立是市科协规范和加强科技创新管理的重要体现。洛阳职业技术学院依托入选洛阳市科协科技创新智库专家库的契机，充分发挥智库专家的专业优势，积极支持洛阳职业技术学院智库专家开展工作，为现代化洛阳都市圈建设贡献力量。

[案例二：泸州职业技术学院制定科研创新团队建设与管理办法]

为进一步凝聚人才合力，提升科研创新水平，培养高水平研究团队，2021 年，泸州职

业技术学院制定《泸州职业技术学院科研创新团队建设与管理办法(试行)》。根据管理办法,按照公平合理、统筹规划、择优支持的原则,批准成立数字化智能酿造技术研究团队、人工智能与大数据技术研究团队、数字经济创新发展研究团队等18个科研创新团队。其中,人文社科11个,自然科学7个。科研创新团队的研究方向瞄准国家和省市科技与社会经济发展的战略目标,紧盯当前社会经济发展中的前沿问题,研究范围包括基础研究、应用研究、技术研究与集成、新产品开发、自然科学与社会科学交叉的前沿研究等。首批校级科研创新团队的组建,凝聚了人才力量,形成了人才智库,为进一步培养核心学术骨干奠定了基础,为产出一批高水平科技成果提供了智力支持。

校级科研创新团队实行学校、二级学院两级管理模式。团队的申报、考核、验收等管理工作由学校科技处负责,团队的日常建设和管理工作由所在二级学院负责。校级科研创新团队负责人全面负责团队建设规划、人员管理、科研计划、经费使用,以及组织开展和完成科研任务等工作。学校对校级科研创新团队建设给予经费资助,每个团队资助经费6～12万元,具体根据学校年度经费预算和相关标准执行。由团队负责人按照建设需要于每年年底向科技处上报下一年经费预算。

校级科研创新团队在建设期内所完成的成果,均应以泸州职业技术学院为第一完成单位,并标注"泸州职业技术学院科研创新团队建设项目资助"字样,未标注的成果,不作为验收考核的材料。校级科研创新团队负责人不得随意更换,若遇特殊情况,不更换团队负责人可能影响团队建设的,经所在二级学院推荐并报科技处备案。

团队成员有下列情形之一,该团队建设自行终止:严重违反学校财经管理制度使用建设资助经费的或研究成果涉及学术不端行为的。

4.4 探索多维举措,优化发展布局

从多年职业院校建设经验来看,坚持"成果导向"有助于成果高质量形成,这同样适用于科创工作及科创成果形成。本书提出从"成果导向型"+"自主探究型"形式推进基于深度学习的职业本科大学生课外科技创新模式。

"成果导向型"从学院和二级部门层面提前开展科创活动、科创成果目标规划,包括活动开展的次数、项数、覆盖的年级和惠及的学生人数;培育项目的阶梯层次,包括重点培育项目、提升人才培育质量的项目、普惠型项目,其中各层次的项目要形成绩效考核的思维,即规划其拟达到的成效。只有在"成果导向型"思维基础上,才能有目标地建设相关项目。

"自主探究型"以学生兴趣为主,学生在学习过程中发现相关问题并有意向深入探索的基础上,学生通过科创平台获得相关支持,并自主去探索,发挥主观能动性。其目的一是需寻找更多优质的可行性强的项目;二是扩大学生参与科创的活动的范围和覆盖度;三是让师生形成在学习过程中、日常生活中发现并探索科创项目的习惯。

实施过程的具体工作举措包括以下四方面:

(1) 与培养方案相映照。将培养技能型人才科技创新素质写入人才培养方案,在实训实践等环节融入大学生课外科技创新活动。

（2）与专业建设相融合。以二级学院各平台、各专业教科研项目为依托，鼓励各专业学生参与教科研项目，承担相关科研子任务，逐级增加参与程度和难度。

（3）与产教融合相适应。一方面，对接高端产业和产业高端，探索产教融合新方向；另一方面，对接岗位技能，研究工艺流程，提升生产力水平。开展基于行业、企业发展需求的命题型或探索型科技创新竞赛，职业院校校际多类型学生科技创新竞赛，推进以"知识点（技能点、兴趣点）"+"创新"的校内普及式科技创新活动或竞赛。

（4）与校园文化相协调。通过开展科技文化周、职业科技创新展、宣传典型事迹及人物等形式，提升校园科技创新氛围，提升学生自发参与意识，从多方面促进整体科技创新工作实施过程的优化。

[案例一：重庆工商职业学院深度改善实践育人环境]

重庆工商职业学院依托国家以及重庆市"双高计划"项目，全面对接数字创意产业链，不断创新校企深度融合模式，以现代产业学院建设为抓手，与华龙网等多家行业、龙头企业深度合作，创新校企利益共同体新形态。一是完善"二元双制"体制机制，建设融人才培养、技术创新、企业服务、就业创业于一体的移动新媒体产业学院；二是建立"八融合"合作框架，打造"互融共生"校企命运共同体；三是重点围绕高水平专业（群）建设、多主体协同育人、技术创新及成果转化、实习实训与就业创业开展校企合作，建立了校企"双主体、四平台、六要素"合作体系，形成了资源共享、互利共赢的产业生态，打造了数字创意产业产教深度融合的重庆样板。

为了有效促进学生在校外基地的培养和成长，产业学院通过结合专业培养标准和实践教学特点，以共享资源为基础，共同构建系统化的实践教育资源环境，旨在推动实践教学课程体系的完善和实施。他们积极建设技术含量高、真实（仿真）职业环境感的实验实训场所，并打造集公司新产品开发、员工培训、学生实习、就业和师资培训等功能于一体的实践教学基地。这一举措旨在改变学生只能在公司进行毕业实习的现状，为学生提供更多的实践机会。在基本技术技能训练方面，将教室与实训室相结合，为学生提供理论和实践相结合的学习环境。在综合技术技能训练方面，将实训室与生产工场相结合，让学生在真实的生产环境中锻炼综合技能。而在创新及研发能力训练方面，将毕业设计与研发服务相结合，鼓励学生将所学知识应用于实际研发中。此外，产业学院大量引入公司真实项目，让学生在校企双导师制下接受现代职业训练，这意味着学生不仅能在理论学习中掌握知识，还能在实际操作中接受现代职业的挑战和磨炼。这样的实践教学体系，无疑将为学生未来的职业生涯打下坚实的基础[68]。

[案例二：宜宾职业技术学院研学相济·创新驱动]

宜宾职业技术学院举办了以"研学相济·创新驱动"为主题的2022年科技创新活动周，活动由科技与社会服务处承办、各二级学院协办。

宜宾职业技术学院四位博士为现场听众带来了精彩的科普讲座：智能制造学院代云中博士主讲"人工智能机器人服务乡村振兴"；现代农业学院吴强博士主讲"中兽医药智能化教学与科研进展"；新材料与化工能源学院陈泽华博士主讲"小电池成就大世界"；现

代农业学院王晶博士主讲“蛋品质的科研进展与商品蛋的应用”。博士们的专题讲座围绕国家战略、对标产业布局，深入浅出、精彩纷呈，让师生们受益匪浅。科技创新活动周期间，各个二级学院也开展了各种各样丰富多彩的系列活动，这些以室外为主的科创体验活动，先后吸引了 10 000 余师生参与。

科技创新活动周活动形式多样，内容丰富有趣，通过“大师带、名师引”，点燃了师生探索科学奥秘的热情，营造了科研育人氛围，创设了良好育人环境。为期一周的科技活动周虽然短暂，但影响深远。学院“科研育人”将常态化与制度化，让学生在老师的言传身教中、共同科研实践中培养正确的价值取向、科学态度、团队精神、协作意识、创新精神和实践能力。

图 4-6　宜宾职业技术学院宣传 2022 年科技创新活动周

4.5　落实增值评价，优化成果创效

在 2020 年 10 月中共中央、国务院发布的《深化新时代教育评价改革总体方案》中提出了增值评价。该方案提出了“改进结果评价，强化过程评价，探索增值评价，健全综合评价”这四个评价方向，代表了我国教育评价的未来发展趋势。增值评价是一种科学评价模式，注重教育公平、绿色原则和学习动机构建，关注教育成果的增长幅度，强调教育的“净效应”。

基于职业教育学生类型多样化、培养多进程化，采用增值评价可体现建设成效。不同类型学生参与科技创新活动的形式、内容、程度不同，应建立分类评价机制，并结合参与过程中自主参与程度、创新思维能力、科研实践能力、专业技能应用能力、综合素质能力、团队协作能力等多维度提出具体评价指标，形成对学生参与课外科技创新活动的整体成效评价，及学生自我能力提升的动态评价。将收集到的信息建成大学生课外科技活动信息库，提升数字化管理水平，通过追踪式数据分析结果，调整不同类型学生、不同参与阶段的实施方法，促进优质成果成效形成。

[**案例:广东职业技术学院实施增值评价方式**]

高职院校应将传统教学评价方法与现代增值性评价理念相结合,注重学生多方面发展,包括学习能力、生活状况、情感、社会意识、职业技能和道德素质等。教师应灵活分析学生情况,综合考虑多种能力发展,深入研究学生在接受教育后的能力发展情况和未来趋势,运用多种评价方法和手段,实现更全面、客观的评价[69]。

对于职业素质课程,广东职业技术学院采用多元化的评价方式,包括学生的自我评价、互评和老师评价,结合学生的平时表现、作业、测验等来进行综合评估。对于专业技能课程,学校注重学生的实践操作能力,采用项目式评价方式,结合学生的实际操作技能和项目完成情况来进行综合评估。

1. 教学质量评价

学校对教师的教学质量进行评估,主要通过学生评价、教师互评、领导评价等多种方式来进行。学生评价主要通过网络评价系统进行,包括教学内容、教学方法、教师态度等方面;教师互评主要通过听课、交流等方式进行,包括教学准备、教学组织、学生反馈等方面;领导评价主要通过听课、查阅资料等方式进行,包括教学目标、教学内容、教学方法等方面。

2. 学习成果评价

学校通过多种方式来评估学生的学习成果,包括考试成绩、平时成绩、作品评定等。考试成绩主要通过试卷测试、操作测试等方式进行;平时成绩主要包括平时作业、课堂表现、平时测验等;作品评定主要包括课程设计、项目实践等方面。

3. 职业素质评价

学校注重培养学生的职业素质,因此对职业素质的评价也是增值评价的一个重要方面。学校通过多种方式来评估学生的职业素质,包括自我评价、互评、老师评价等。自我评价主要包括学生的自我认识、职业规划等方面;互评主要包括团队协作、沟通能力等方面;老师评价主要包括学生的课堂表现、作业完成情况等方面。

4. 毕业生质量评价

学校通过对毕业生的就业情况、薪资水平、企业反馈等方面来评价毕业生的质量。学校通过与相关企业合作,了解毕业生的就业情况和企业对毕业生的评价,以及对毕业生的满意度进行调查和统计,以了解毕业生的质量和学校的培养效果。

通过这些增值评价方式的实施,广东职业技术学院更广泛地了解学生的学习情况和需求,不断改进教育教学方式和内容,以更好地培养学生的职业素质和技能。同时,这些评价方式也有助于提高学校的教学质量和社会声誉。

4.6 形成动态反馈,优化策略监督

科创教育效果需要来自多方的反馈,包括学生、教师、用人单位等。科技创新意识、能力及潜藏影响可能会对学生职业生涯产生深远影响。教师指导学生参与各类科技创新活动,可能会促进指导经验、科研创新水平不断提升。学生的科技创新能力被企业发掘,并转化为推动行业发展的重要生产力。这些影响需逐步呈现,形成从学生、教师、社

会三方面可持续反馈,建立动态化反馈机制有利于展现科技创新工作的可持续性及多方监督性,促进科技创新工作不断优化。将动态反馈纳入成效评价中,有利于推动对科技创新工作的持续跟踪和改进。

[**案例:江苏经贸职业技术学院动态化反馈机制**]

动态化反馈机制是一种根据实际情况和需求不断调整反馈内容和方式的机制,它需要建立多渠道沟通机制、及时分析反馈信息、制定调整方案、实施调整措施、持续关注效果等环节,这些环节相互关联、相互依存,共同构成了职业教育的动态化反馈机制。江苏经贸职业技术学院非常重视教学质量和学习反馈,采用多种动态评价方式来评估学生的学习情况和需求以及学校的管理水平。

学生评价内容如下:每学期末,学校会组织学生通过校园网或手机客户端对教师进行评价。评价内容包括教学内容、教学方法、教师态度等,以及提出自己的意见和建议。学校会认真分析评价结果,及时调整教学策略,更好地帮助学生提高职业素质和技能。

同行评价内容如下:每学期中,学校会组织本专业的其他教师对主讲教师进行评价。评价内容包括教学内容、教学方法、教师态度等,以及提出自己的意见和建议。学校会认真分析评价结果,及时调整教学策略,更好地帮助学生提高职业素质和技能。

期中教学质量评价内容如下:在每个学期的中间时段,学校会对教学质量进行评估,包括教学内容、教学方式、教师态度等方面,同时还会考虑学生的参与度和平时成绩。

毕业生跟踪调查内容如下:为了了解毕业生的就业情况、薪资水平、企业反馈等信息,学校会定期进行毕业生跟踪调查。通过对调查结果的分析,学校可以评估毕业生的质量以及学校的培养效果,并为今后的教学工作提供参考。

座谈会和问卷调查内容如下:为了更好地了解学生的学习情况和需求,以及学校的管理水平,学校会定期组织座谈会和问卷调查。学生可以提出自己的意见和建议,学校会认真分析并积极响应,及时调整教学策略和管理方式,以更好地帮助学生提高职业素质和技能。

4.7 小结

本章主要结合职业院校高质量发展的各种要求,完成职业本科背景下“五步五优”大学生课外科技创新工作建设路径构建,主要包括搭建科创平台、建立科创梯队、探索多维举措、落实增值评价、形成动态反馈“五步”,以实现创新生态、师生共融、发展布局、成果创效、策略监督“五优”。本章内容为下一步评价指标体系的构建奠定基础并明确了评价方向。

5 职业本科建设背景下大学生课外科技创新工作建设水平评价体系

5.1 课外科技创新工作建设水平评价原则

为了全面、客观地评估课外科技创新工作建设水平，必须建立合适的评价指标体系。在选择评价指标时，必须遵循以下原则：

1. 合理性原则：评价指标应该能够科学、合理地反映课外科技创新工作的整个过程、成果和评估。

2. 综合性原则：课外科技创新工作建设水平的评价体系应该全面、可靠地反映其性能效益和影响。

3. 实用性原则：在设置评价指标时，应确保指标的实用性和有效性，优先利用现有或常规的统计数据和调查方法。

4. 可比性原则：基于一致的评价体系，对各个个体之间以及个体与标准之间的优劣进行比较。

5. 层次性原则：为了有效地衡量系统方案的效果和确定评价指标的权重，评价指标系统需要根据评价目的进行多层次的划分。

6. 简明性原则：在设置反映课外科技创新工作建设水平的特征指标时，应紧密围绕评价目的进行有针对性的选择，确保指标含义清晰明确、科学合理且具有代表性，避免交叉或重叠。

5.2 课外科技创新工作建设水平评价内容及评价指标体系的构建

结合前述研究，为进一步落实大学生课外科技创新工作建设水平，拟构建“增值评价＋综合评价”两层评价结构（图 5-1），即实施中的增值评价，实施后的综合评价，实现“多步骤、多维度、多主体”评价角度，体现“动态性、统计性、跟踪性”的评价特点。其中，分析职业本科背景下大学生课外科技创新工作建设影响因素是重点内容。

在评价主体方面，评价体系从学校、教师和学生三个角度开展评价。在维度方面，从制度保障、人才队伍、实施过程、成果成效等角度构建综合评价内容。在步骤方面，开展学校总体评价，学生增值评价，教师动态评价。

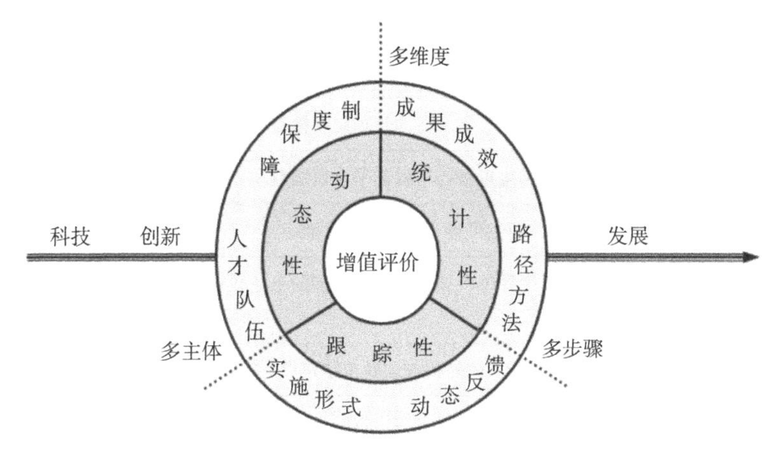

图 5-1 评价体系建立思路

5.2.1 评价指标的选择

构建课外科技创新工作评估指标体系时，需要确立合适的评估指标及其相互结构关系。这一过程需结合定性分析与定量研究，确保指标的科学性和合理性，遵循完备性、针对性、稳定性、独立性和协调性等原则，主观确定指标及其结构，并通过检验优化评价指标体系。整个构建过程可分为初步筛选和指标优化和完善两个阶段。

1. 指标的初步筛选

为了确保评价的全面性，在初步筛选评价指标时，应从整体结构出发，充分考虑评价涉及面广、内容丰富等因素，并综合运用多种方法，如范围法、目标法、部门法、问题法等。收集相关资料建立备选指标集，再通过构建树状关系结构，将总目标逐步展开为子目标，进一步细化为更具体的目标，直至达到可进行定量或定性分析的指标层。这一系统化的方法可以确保评价指标的科学性和合理性，为后续的评价工作奠定坚实的基础。

2. 指标的优化和完善

为了确保课外科技创新工作建设水平评价指标体系的科学性和准确性，需要对初步筛选得到的指标进行深入的研究和分析，这可以通过对各项指标进行分析、比较和权衡，根据实际需求进行调整和改进来实现。综合评价和优化的目的是确保评价结果的可靠性和有效性，从而为决策者和相关人员提供有价值的参考信息。

5.2.2 学校课外科技创新工作建设水平总体评价指标体系

结合前期调研结果分析，建立以下四维评价指标，一共 2 个级别 28 个指标，所有指标都是定量化评价指标(表 5-1)。

表 5-1　总体评价指标体系

序号	一级指标	二级指标	性质	相关性
1	制度保障	课外科技创新活动管理制度数量	定量	正相关
2		课外科技创新活动管理制度覆盖率	定量	正相关
3		师生可参与的科创平台层级数	定量	正相关
4		师生可参与的科创平台数量	定量	正相关
5		参与学生课外科技创新活动开展的企业数量	定量	正相关
6	人才队伍	指导学校开展课外科技创新工作建设专家数量	定量	正相关
7		硕士及以上学历教师占比	定量	正相关
8		副教授及以上教师占比	定量	正相关
9		学生课外科技创新团队生均数	定量	正相关
10		参与学生课外科技创新活动开展的企业技术人员数量	定量	正相关
11	实施过程	课外科技创新活动的类型数量	定量	正相关
12		举办的课外科技创新活动的场次数	定量	正相关
13		举办的课外科技创新活动中面向学生的培训场次数	定量	正相关
14		参与课外科技创新活动的学生总人次	定量	正相关
15		参与课外科技创新活动的教师总人次	定量	正相关
16		参加课外科技创新活动学生占学生总人数百分比	定量	正相关
17		担任课外科技创新活动指导教师占教师总人数百分比	定量	正相关
18		大一学生参与课外科技创新活动的人数占学生总人数百分比	定量	正相关
19		教师指导课外科技创新活动的跟踪评价平均值	定量	正相关
20	成果成效	学生参加课外科技创新活动获奖总数量	定量	正相关
21		学生参加课外科技创新活动获省级以上奖项百分比	定量	正相关
22		学生课外科技创新竞赛学生获奖奖励总金额	定量	正相关
23		学生课外科技创新竞赛教师获奖奖励总金额	定量	正相关
24		企业参与的学生课外科技创新项目占比	定量	正相关
25		参与竞赛项目企业反馈学生创新能力满意度	定量	正相关
26		学生就职企业反馈学生创新能力满意度	定量	正相关
27		教师对学校创新教育总体工作满意度平均值	定量	正相关
28		学生参与课外科技创新活动的增值评价平均值	定量	正相关

对于学校总体水平的评价，以学年为单位进行数据统计。各个指标的具体计算方法如下：

涉及制度保障方面的有5项：

(1) 课外科技创新活动管理制度数量指学校及二级部门为强化学生科技创新活动所出台的管理、建设、奖励等文件的数量总和，单位为个。

(2) 课外科技创新活动管理制度覆盖率指学校及二级部门建立的科技创新活动管理文件，其中包括对科技创新活动领导组织、部门间统筹协调、申报/举办协调、师生激励奖励、经费来源及使用、活动成效跟踪评价、特殊事项处理等内容规定的百分比，单位为%。

(3) 师生可参与的科创平台层级数。为扩大师生参与科技创新活动的范围和覆盖率，学校在科技创新教育和实践需求下会建设不同类型及层级的科创平台，一般包括学院层面的、二级部门层面的、专业层面的、学生科技创新小组4个层级。层级越多，师生可参与科创活动的机会越多，单位为个。

(4) 师生可参与的科创平台数量。这个指标的计算方法类同指标(3)。不同学校，科创平台数量不同。平台数量越多，覆盖率越高，师生可参与科创活动的机会越多，单位为个。

(5) 参与学生课外科技创新活动开展的企业数量。本指标考量的是校企合作的程度和深度，职业教育尤其是职业本科，校企深度合作是更重要的指标。职业教育科创活动同样旨在解决行业企业技术瓶颈或生产需求，越多的企业参与科创活动，越有利于科创活动的落地实施及推广，单位为个/年。

涉及人才队伍方面的有5项：

(6) 指导学校开展课外科技创新工作建设专家数量。引入他们旨在提高外部支持和指导，以提高科创活动的质量和水平，单位为位。

(7) 硕士及以上学历教师占比。

(8) 副教授及以上教师占比。

指标(7)和(8)占比越高，一定程度上越能提高在校教师对学生课外科创活动指导的质量和水平，单位为%。

(9) 学生课外科技创新团队生均数。

$$\text{学生课外科技创新团队生均数}=\frac{\text{成立的学生课外科技创新团队的总人数}}{\text{成立的学生课外科技创新团队数}}$$

生均数越多，覆盖率越高，可参与科创活动的学生越多。但各学生科技创新团队要根据各团队实际工作需要，合理配置人数，而不能盲目追求团队的人数，单位为位。

(10) 参与学生课外科技创新活动开展的企业技术人员数量。包括兼职教师、企业教师等，旨在提高企业对学生课外科技创新活动的重视和深入指导程度，单位为位/年。

涉及实施过程方面的有9项：

(11) 课外科技创新活动的类型数量。大学生科技活动主要包括专家学术讲座、大学生课外科研立项、科技论文报告会、大学生论坛、“挑战杯”大学生课外学术科技作品及创业计划竞赛、数学建模大赛等。每个学校开设专业不同，可参与的课外科技创新活动的类型也不同，按实际类型统计。类型越多，可辐射的学生越多，学生可参与程度越高，单位为个。

(12) 举办的课外科技创新活动的场次数。场次越多，学生可参与的机会越大，可覆盖的学生范围越广，营造的校园科创氛围越浓，单位为场/年。

(13) 举办的课外科技创新活动中面向学生的培训场次数。为学生提供的培训场次数越多，学生得到的指导越多，科创活动总体质量越高，单位为场/年。

(14) 参与课外科技创新活动的学生总人次，等于全学年举办的各场次课外科技创新活动的学生人次的总和。

(15) 参与课外科技创新活动的教师总人次，等于全学年举办的各场次课外科技创新活动中参与指导的教师的人次的总和。

(16) 参加课外科技创新活动学生占学生总人数百分比。

$$\frac{\text{全学年举办的课外科技创新活动参与的学生总数(不重复计算)}}{\text{全校学生总数}} \times 100\%$$

(17) 担任课外科技创新活动指导教师占教师总人数百分比。

$$\frac{\text{全学年举办的课外科技创新活动参与指导的教师总数(不重复计算)}}{\text{全校教师总数}} \times 100\%$$

参与的学生和参与指导教师百分比越大，说明活动吸引的师生数量越大，活动对全校师生的影响越大，单位为%。

(18) 大一学生参与课外科技创新活动的人数占学生总人数百分比。

$$\frac{\text{全学年举办的课外科技创新活动参与的大一学生总数(不重复计算)}}{\text{全校学生总数}} \times 100\%$$

按以往职业院校课外科技活动开展情况，大一学生参与度较低。为提高大一学生的参与程度，为后续深度参与打好基础，需要重视对大一学生科创意识和基础能力的培养，单位为%。

(19) 教师指导课外科技创新活动的跟踪评价平均值。为更好地了解指导教师在课外科技创新活动中的指导力度，在后续的“教师指导科技创新活动的跟踪评价指标体系”中将计算参与教师的跟踪评价平均值。

$$\text{跟踪评价平均值} = \frac{\sum \text{每位参与指导的教师的跟踪评价值}}{\text{参与指导的教师人数总和}}$$

涉及成果成效方面的有9项：

(20) 学生参加课外科技创新活动获奖总数量为全学年各项课外科技活动的学生获奖数量总和。本指标关注的是总量，单位为项。

(21) 学生参加课外科技创新活动获省级以上奖项百分比。本指标关注的是获奖的质量和水平，一般统计省级以上奖励。

$$\frac{\text{省级以上获奖的数量}}{\text{获奖总数量}} \times 100\%$$

(22) 学生课外科技创新活动学生获奖奖励总金额。

(23) 学生课外科技创新活动教师获奖奖励总金额。

上述两个指标表征各学校在激励学生、教师参与课外创新活动上的投入力度。投入越高,可激发的积极性越高,也表明当年科技创新成果越多。

(24) 企业参与的学生课外科技创新项目占比。

$$\frac{\text{全学年所有学生课外科技创新项目}}{\text{总项目数}} \times 100\%$$

(25) 参与竞赛项目企业反馈学生创新能力满意度。企业满意度相对较难定量化,为实现本指标的定量化计算,规定以下统计规则:

	分值				
学生创新能力满意度	1	2	3	4	5

按满分 5 分计,分值越高,表明企业满意度越高。本指标的取值 = $\frac{\text{所有企业满意度总和}}{\text{参与测评的企业数总和}}$。

(26) 学生就职企业反馈学生创新能力满意度。本指标的量化规则和计算方式同第 25 项,只是本指标参与测评的对象是本校学生毕业后就职的企业,建议可扩大测评的企业数量。

(27) 教师对学校创新教育总体工作满意度平均值。本指标的计算方式在后续的"教师对学校创新教育总体工作满意度评价指标体系"中给出。本指标的取值 = $\frac{\text{所有老师对学校创新教育总体工作满意度总和}}{\text{老师总人数}}$。

(28) 学生参与课外科技创新活动的增值评价平均值。本指标的计算方式在后续的"学生参与科技创新活动的增值评价指标体系"中给出。本指标的取值 = $\frac{\text{所有参与科技创新活动的学生的增值评价值总和}}{\text{参与科技创新活动的学生总人数}}$。

以上为学校课外科技创新工作建设水平总体评价指标体系。

5.2.3 教师对课外科技创新活动评价指标体系

本指标体系主要从教师满意度评价和对教师指导的跟踪性评价两方面进行归纳。

1. 教师对学校创新教育总体工作满意度评价

该评价主要从制度保障、人才队伍、实施过程、成果成效四个方面开展指标体系的构建。设计指标共 9 个,具体见表 5-2。所有指标按定性评价并打分量化的方式给予评价值。打分区间为 1～5 分,分值越高表明各指标满意度越高。

表 5-2　教师对学校创新教育总体工作满意度评价指标体系及量化值

序号	一级指标	二级指标	相关性	分值				
1	制度保障	对学校管理制度的满意度	正相关	1	2	3	4	5
2		对学校奖励机制的满意度	正相关	1	2	3	4	5
3		对学校鼓励企业参与科技创新建设的满意度	正相关	1	2	3	4	5
4	人才队伍	对学校加强科技创新培训或学习的满意度	正相关	1	2	3	4	5
5		对学校科技创新总体人才结构布局的满意度	正相关	1	2	3	4	5
6	实施过程	对本学期学校开展的科技创新活动的满意度	正相关	1	2	3	4	5
7	成果成效	对学生获奖级别和数量的满意度	正相关	1	2	3	4	5
8		对学生能力提升的满意度	正相关	1	2	3	4	5
9		对学校创新教育工作总体满意度	正相关	1	2	3	4	5

2. 教师指导科技创新活动的跟踪评价

跟踪评价主要针对具体的科技创新活动，即某位老师参与一项指导学生的课外科技创新活动，在活动启动前和活动结束后均要做一次本项评价，考察参与前后的评价变化，主要从参与意愿、参与过程、培养成效三个方面来构建评价指标。设计指标共 11 个，具体见表 5-3。所有指标按定性评价并打分量化的方式给予评价值。大部分指标打分区间为 1～5 分，指标 1～2、6～11 的分值越高表明各指标满意度越高，与总体结果是正相关；指标 4(指导学生开展科技创新活动的困难度)的分值越高表明难度越大，与总体结果负相关。对于指导学生的时长取具体时长值。培养成效指学生参与本项活动之前表现的能力和参与完本项活动后培养得到的成效。

增值值＝教师指导学生开展科技创新活动后的评价分－教师指导学生开展科技创新活动前的评价分。

表 5-3　教师指导科技创新活动的跟踪评价指标体系及量化值

序号	一级指标	二级指标	相关性	取值				
1	参与意愿	职业院校开展科技创新活动的重要性	正相关	1	2	3	4	5
2		指导学生开展科技创新活动的意愿度	正相关	1	2	3	4	5
3	参与过程	指导学生时间(平均每周投入时长)	正相关	具体时长/小时				
4		指导学生开展科技创新活动的困难度	负相关	1	2	3	4	5
5	培养成效	主动思考及解决问题的能力	正相关	1	2	3	4	5
6		创新思维能力	正相关	1	2	3	4	5
7		实践动手能力	正相关	1	2	3	4	5
8		团队合作能力	正相关	1	2	3	4	5
9		沟通表达能力	正相关	1	2	3	4	5
10		任务执行能力	正相关	1	2	3	4	5
11		社会交往能力	正相关	1	2	3	4	5
增值评价＝后一次的值减去前一次的值								

5.2.4 学生对课外科技创新活动评价指标体系

本指标体系主要旨在考查学生在参加课外科技创新活动前后的自我在参与意愿、参与过程感受、综合能力的增值情况。共设计评价指标 12 个，具体见表 5-4。本项评价与"教师指导科技创新活动的跟踪评价"都属于跟踪性评价，即评价学生在参与某项课外科技创新活动前后的表现和能力提升情况，也是对学生参与情况和能力提升的增值评价。增值用前后两次的评价值相减，即后一次的值减去前一次的值。

表 5-4 学生参与科技创新活动的多维评价指标体系及量化值

序号	一级指标	二级指标	相关性	分值				
1	参与意愿	重要性认识	正相关	1	2	3	4	5
2		参与兴趣度	正相关	1	2	3	4	5
3	参与过程	参与时间(平均每周投入时长)	正相关	具体时长				
4		参与过程中完成任务的难度感受	负相关	0	1	2	3	4
5		对自己参与过程中表现的满意度	正相关	1	2	3	4	5
6	能力培养	主动思考及解决问题的能力	正相关	1	2	3	4	5
7		创新思维能力	正相关	1	2	3	4	5
8		实践动手能力	正相关	1	2	3	4	5
9		团队合作能力	正相关	1	2	3	4	5
10		沟通表达能力	正相关	1	2	3	4	5
11		任务执行能力	正相关	1	2	3	4	5
12		社会交往能力	正相关	1	2	3	4	5
增值评价＝后一次的值减去前一次的值								

5.3 课外科技创新工作建设水平评价方法

评估手段的多样性在现代社会中得以充分展现，传统方法如专家咨询法、层次分析法、数据包络分析法等仍广泛应用。遗传算法、神经网络算法、模糊综合评价、主成分分析法(Principal Components Analysis，PCA)和灰色关联度分析法等新兴方法也受到欢迎，这些方法都为精确、客观评估提供有效帮助，使评估结果更准确可靠。

在评价课外科技创新工作建设水平时，由于目标和层次众多，单一评价方法难以全面反映实际情况，为确保评价结果更具说服力，需要采用多种方法进行综合评价。在多目标评价中，各因素相互影响，评价过程较为复杂，选择科学、合理、可行的评价方法至关重要。

本书提出的评价指标存在以下特点：

(1) 与当前现有研究结果相比，本指标体系在评价指标定义和筛选上有较大的创新，考虑了学生、教师、企业、社会等多方面的评价因素。

（2）三级评价指标数量较多。

（3）部分三级评价指标在短时间内较难获取，需要在日常工作中注意数据的收集。

为有效开展评价并从多角度对研究成果进行试验，选择模糊综合评价、主成分分析法开展相关评价计算，以实现定量化评价并对评价对象开展相关对比分析。

1. 模糊综合评价法

模糊综合评价法依托模糊数学的丰富工具，对研究对象实施全面评估。其核心基础为隶属度理论，具备将模糊的、定性评估转化为精确的、定量结果的能力。该评价方法呈现出严谨的系统性和明确的结果，有效解决了模糊和难以量化的问题。模糊综合评价法在处理各类不确定性问题上表现出显著优势，其广泛的应用价值和实用性使其成为评估领域的一大利器。

主要计算步骤如下：

（1）设定评价指标因素；

（2）设定评价集；

（3）确定评价指标权重集；

（4）取值或专家评价；

（5）建立单因素评价矩阵；

（6）构造综合评价矩阵；

（7）综合评判，根据隶属度最大原则进行评判；

（8）计算得分、分析结果。

2. 主成分分析法

主成分分析是一种统计方法，用于将多个变量简化为少数几个综合变量，这些综合变量称为主成分。该方法由 Hotelling 在 1933 年首次提出，也被称为主分量分析。

通过 PCA，可以减少数据的维度，保留数据中的主要信息。PCA 的主要优点在于能够自动生成权重系数，避免了人为确定权重的主观性。在处理高度相关的评价指标时，PCA 能够有效地消除信息冗余，提高评估效率和准确性。PCA 在许多领域，如统计分析、数据挖掘、市场分析、质量控制和机器学习等，都得到了广泛的应用。

以下是主成分分析法的计算流程[70]：

（1）将数据进行标准化处理，从而获取标准化矩阵 X；

（2）基于标准化矩阵 X，计算出其协方差矩阵 $\sum$，并进一步获得相关矩阵 R；

（3）通过求解相关矩阵 R 的特征根 λ 及其对应的特征向量（也就是载荷），能够得出主成分 y；

（4）根据特征根的数值，计算出不同特征根的相对贡献率和累积贡献率，以确定主成分的数量；

（5）选择出主成分并进行实际应用。

5.4 课外科技创新工作建设水平评价模型构建

5.4.1 模糊综合评价计算模型

1. 确定评价指标和评价集

(1) 评价指标 U

根据表 5-1 评价指标体系，一级指标有 4 个，二级指标共有 28 个，组成因素集 U。

评价层分为两层：

第一层：C＝{制度保障，人才队伍，实施过程，成果成效}

第二层：C_1＝{课外科技创新活动管理制度数量，课外科技创新活动管理制度覆盖率，师生可参与的科创平台层级数，师生可参与的科创平台数量，参与学生课外科技创新活动开展的企业数量}；C_2＝{指导学校开展课外科技创新工作建设专家数量，硕士及以上学历教师占比，副教授及以上教师占比，学生课外科技创新团队生均数，参与学生课外科技创新活动开展的企业技术人员数量}；C_3＝{课外科技创新活动的类型数量，举办的课外科技创新活动的场次数，举办的课外科技创新活动中面向学生的培训场次数，参与课外科技创新活动的学生总人次，参与课外科技创新活动的教师总人次，参加课外科技创新活动学生占学生总人数百分比，担任课外科技创新活动指导教师占教师总人数百分比，大一学生参与课外科技创新活动的人数占学生总人数百分比，教师指导课外科技创新活动的跟踪评价平均值}；C_4＝{学生参加课外科技创新活动获奖总数量，学生参加课外科技创新活动获省级以上奖项百分比，学生课外科技创新竞赛学生获奖奖励总金额，学生课外科技创新竞赛教师获奖奖励总金额，企业参与的学生课外科技创新项目占比，参与竞赛项目企业反馈学生创新能力满意度，学生就职企业反馈学生创新能力满意度，教师对学校创新教育总体工作满意度平均值，学生参与课外科技创新活动的增值评价平均值}。

(2) 评价集 V

定义大学生课外科技创新工作建设水平评价有优、良、合格、差。则评价集为 V＝{优、良、合格、差}。

2. 确定权重向量矩阵 C 和构造权重判断矩阵 R

(1) 权重向量矩阵 C

本书旨在通过采用权重向量的方式，对各类评价指标的优先级差异进行量化评估。为实现这一目标，将采用一系列科学的方法来确定各指标的权重，包括但不限于层次分析法(AHP)、德尔菲法(Delphi)、加权平均法以及专家评估法。在本书中，将以专家估计法作为主要手段，对各相关指标的权重进行合理分配，以确保评估结果的客观性和准确性。

(2) 权重判断矩阵 R

进行专家打分，得到 i 学校的因素评判集 r_i。用各专家对所有院校的打分取均值，得到所有评价指标的评价集 R。

3. 模糊综合评判矩阵 B

$$B = A * R$$

通过第二层评判、综合评判得到矩阵 B 的值，通过 B 的值判定该学校大学生课外科技创新工作建设水平评价结果。

5.4.2 基于SPSS的主成分分析模型

采用SPSS软件实施主成分分析，输入待评估学校课外科技创新工作建设水平评价指标的原始数据，格式为每行一个样本，每列一个变量。对于5.2节提到的三种不同的评价体系，需要分别建立评价指标并获取相关数据，然后将这些数据分别带入主成分分析法中进行计算。

其具体操作步骤如下：

1. 数据的标准化处理

鉴于各项指标的量纲存在差异，纵向对比变得复杂，故需消除量纲差异以实现准确比较。鉴于此，需要对原始数据进行无量纲化处理，本书采用极差变换方法来处理。对于正向指标，值越大，表明某学校的课外科技创新工作建设水平越高；对于反向指标，值越大，表明某学校的课外科技创新工作建设水平越低。具体处理方法如下：

$$X_{ij} = \begin{cases} \dfrac{x_{ij} - \min(x_j)}{\max(x_j) - \min(x_j)} (\text{当第 } j \text{ 个指标是正向指标时}) \\ \dfrac{\max(x_j) - x_{ij}}{\max(x_j) - \min(x_j)} (\text{当第 } j \text{ 个指标是反向指标时}) \end{cases} \tag{5-1}$$

其中，x_{ij} 表示第 i 个学校课外科技创新工作建设水平的第 j 个指标的原始数据；X_{ij} 表示第 i 个学校课外科技创新工作建设水平的第 j 个指标的无量纲化数据；$\max(x_j)$ 为所有学校课外科技创新工作建设水平的第 j 个指标原始数据的最大值；$\min(x_j)$ 为所有学校课外科技创新工作建设水平的第 j 个指标原始数据的最小值；其中 $i=1,2,\cdots,n$；$j=1,2,\cdots,m$ [70]。

为了减小不同指标数据之间的数量级差异，以确保数据分析的准确性，需对各指标数据进行标准化处理。这可以通过以下公式实现：

$$X_{ij}^{*} = \frac{X_{ij} - E(X_j)}{\sqrt{Var(X_j)}} (i=1,2,\cdots,n; j=1,2,\cdots,11) \tag{5-2}$$

其中：X_{ij}^{*} 为第 i 校第 j 项课外科技创新建设水平规范处理数数据；$E(X_j)$ 为学校课外科技创新第 j 指标无量纲化数据均值；$\sqrt{Var(X_j)}$ 为各学校课外科技创新工作建设水平的第 j 项指标的无量纲化数据的离散程度，通过标准差进行量化评估。

2. SPSS的主成分分析

主成分分析处理标准化数据，通过SPSS软件得到Total Variance Explained的降序排列数据，包括主成分特征值、贡献率和累积贡献率。所有主成分累积贡献率总和为1。

当特征值大于 1 的主成分累积方差贡献率达到 85%时,可充分反映该校课外科技创新工作建设水平的内在关联。

3. 服务水平主成分综合得分

SPSS 输出因子载荷,但不足以全面理解分析结果。为深入了解数据集并评估学校课外科技创新工作建设水平,需利用主成分分析结果计算综合得分。这将提供更准确、全面的评价依据。

利用公式:

$$f_k = \frac{\beta_k}{\sum_{k=1}^{m} \beta_k}, k \in \{1,2,\cdots,m\} \tag{5-3}$$

$$Y(i,j) = X(i,j) * \rho(kj)(\text{矩阵 } X \text{ 与矩阵 } \rho \text{ 相乘}) \tag{5-4}$$

$$Z_i = \sum_{k=1}^{m} f_k + Y_{ik}, i \in \{1,2,\cdots,n\} \tag{5-5}$$

k 为前 m 个特征值大于 1 的主成分的编号 $k \in \{1,2,\cdots,m\}$;β_k 第 k 个主成分的贡献率;f_k 为第 k 个主成分的权重。矩阵 $X(i,j)$ 为某学校的课外科技创新工作建设水平的标准化数据矩阵。ρ_{kj} 表示第 k 个主成分对应的载荷量构成的矩阵的第 j 个元素。λ_i 是相关矩阵的第 i 个特征值。Y_i 为第 i 个学校的课外科技创新工作建设水平的在第 i 个主成分上的得分。f_k 为各个主成分的权重,Z_i 为第 i 个学校的课外科技创新工作建设水平的综合得分。

6 职业本科建设背景下大学生课外科技创新工作建设案例分析

6.1 案例介绍

为对上述评价体系和评价方法进行检验，综合考量调研工作的复杂性和数据获取的难度以及课题研究时限，最终选取贵州省 2 所、广东省 1 所高职院校进行职业本科背景下课外科技创新工作建设案例评价及对比分析，具体编号如表 6-1。

表 6-1 对各院校编号

序号	院校名称	简称代码
1	GZJTZYJSXY	E
2	GZGSZYXY	F
3	GDJTZYJSXY	G

结合第 5 章的内容，以 5.2.2 节内容为基础对上述学校开展针对学校层面的总体情况访问调查，以 5.2.3 和 5.2.4 节内容为基础对各院校教师和学生开展抽样调查，如果条件允许，可做全样本数据调查。

其中学校 E 为贵州省内的中国特色高水平高职学校和专业建设学校，学校 F 为贵州省民办高职院校，学校 G 为广东省高水平建设学校。三所学校分别代表不同类型和性质的高职院校，具有较强的区别性。

6.2 数据搜集

根据 5.2 所列评价指标体系，收集各院校在大学生课外科技创新工作开展过程中的相关数据。

1. 根据 5.2.2 指标体系要求，面向三所院校收集相关数据，对于部分短时间难以收集到的数据，取相应时间内可搜集到的数据。后期根据后续研究需要，可开展以年为单位的跟踪调查，以获取较准确的数据。

2. 为保障对教师群体、学生群体的评价指标值的获取，即完成 5.2.3 和 5.2.4 的评价分析，选取参与大学生课外科技创新活动的指导老师 10 名、学生 10 名进行小样本实验分析（后期如研究需要，可扩大访问和调查的对象范围）。得到教师指导课外科技创新活动的跟踪评价平均值、学生参与课外科技创新活动的增值评价平均值。调查问卷如图 6-1：

关于大学生参加课外科技创新活动成效的增值评价问卷调查

亲爱的同学：您好！为有效推进实践育人工作课题研究，现诚挚邀请您参加此次调研。调研旨在了解当前高等职业院校大学生参与课外科技创新活动前后成效的情况。恳请您真实填写以下问卷。对于您的参与，我们由衷地表示感谢！我们将努力为职业院校创新发贡献自己的力量！

*1. 您所在学校的名称：

*2. 所在省份为：

*3. 您的性别：

*6. 您对参加课外科技创新活动的重要性认识评分：

1 2 3 4 5

参与科技创新活动前：

参与科技创新活动后：

*7. 您对参与课外科技创新活动的兴趣度评分：

1 2 3 4 5

参与科技创新活动前：

参与科技创新活动后：

*8. 在参加课外科技创新活动期间，您平均每周投入时间：

图 6-1 数据收集过程

3. 为了应用模糊评价法和主成分分析法进行对比研究。同时邀请多位专家对三所学校的建设过程和成果进行打分评价。

基于上述数据要求，得到初步数据结果如下：

以 E 学校为例，对 10 名老师关于教师指导课外科技创新活动的跟踪评价平均值见表 6-2～表 6-5。

表 6-2 基于 10 名教师对学校创新教育总体工作满意度评价的调查数据

序号	一级指标	二级指标	1	2	3	4	5	6	7	8	9	10
1	制度保障	对学校管理制度的满意度	4	4	2	4	4	3	4	3	4	4
2		对学校奖励机制的满意度	3	4	3	2	4	3	4	3	3	4
3		对学校鼓励企业参与科技创新建设的满意度	3	4	2	3	4	3	4	3	4	3
4	人才队伍	对学校加强科技创新培训或学习的满意度	2	4	4	3	4	3	4	2	3	3
5		对学校科技创新总体人才结构布局的满意度	3	4	3	3	4	3	4	2	4	2

续表

序号	一级指标	二级指标	1	2	3	4	5	6	7	8	9	10
6	实施过程	对本学期学校开展的科技创新活动的满意度	3	4	3	3	2	3	4	2	4	3
7	成果成效	对学生获奖级别和数量的满意度	4	3	2	3	2	2	4	3	4	2
8		对学生能力提升的满意度	3	3	2	3	2	3	4	3	3	2
9		对学校创新教育工作总体满意度	4	4	3	3	2	3	4	3	3	3
总分			29	34	24	27	28	26	36	24	32	26
本评价体系　考评得分为:28.6												

表 6-3　基于 10 名教师指导科技创新活动的跟踪评价(指导前的评价)

参与指导前的评价值												
序号	一级指标	二级指标	1	2	3	4	5	6	7	8	9	10
1	参与意愿	职业院校开展科技创新活动的重要性	4	3	2	3	2	4	3	2	3	4
2		指导学生开展科技创新活动的意愿度	3	3	2	3	2	3	4	2	3	2
3	参与过程	指导学生时间(平均每周投入时长)	2	1	2	3	2.5	2	3	2	1	1
4		指导学生开展科技创新活动的困难度	4	3	2	5	5	2	3	3	4	4
5	培养成效	主动思考及解决问题的能力	2	3	2	3	2	3	2	3	2	2
6		创新思维能力	2	3	2	3	2	2	2	3	3	2
7		实践动手能力	2	3	2	3	2	3	3	2	3	2
8		团队合作能力	3	3	2	3	2	3	2	2	2	3
9		沟通表达能力	2	3	2	3	2	3	3	2	2	3
10		任务执行能力	2	3	2	3	2	2	2	2	2	2
11		社会交往能力	2	3	2	3	2	3	2	3	3	3

表 6-4　基于 10 名教师指导科技创新活动的跟踪评价(指导后的评价)

参与指导后的平均值												
序号	一级指标	二级指标	1	2	3	4	5	6	7	8	9	10
1	参与意愿	职业院校开展科技创新活动的重要性	5	4	3	3	3	4	3	3	3	4
2		指导学生开展科技创新活动的意愿度	3	3	3	3	3	4	4	4	4	3
3	参与过程	指导学生时间(平均每周投入时长)	2	2	3	3	3	2	3	3	2	2
4		指导学生开展科技创新活动的困难度	3	3	2	3	4	2	2	2	3	3
5	培养成效	主动思考及解决问题的能力	3	3	3	4	3	4	2	3	2	2
6		创新思维能力	2	4	3	3	2	3	3	3	3	
7		实践动手能力	3	3	3	3	3	3	2	3	3	3
8		团队合作能力	3	3	2	3	4	3	3	4	3	3
9		沟通表达能力	3	3	4	3	3	3	3	3	3	4
10		任务执行能力	4	3	3	3	3	3	3	3	3	3
11		社会交往能力	3	3	4	3	3	4	3	3	4	3

表 6-5　基于 10 名教师指导科技创新活动的增值评价结果

增值评价结果												
序号	一级指标	二级指标	1	2	3	4	5	6	7	8	9	10
1	参与意愿	职业院校开展科技创新活动的重要性	1	1	1	0	1	0	0	1	0	0
2		指导学生开展科技创新活动的意愿度	0	0	1	0	1	1	0	2	1	1
3	参与过程	指导学生时间(平均每周投入时长)	0	1	1	0	0.5	0	0	1	1	1
4		指导学生开展科技创新活动的困难度	−1	0	0	−2	−1	0	−1	−1	−1	−1
5	培养成效	主动思考及解决问题的能力	1	0	1	1	1	1	0	0	0	0
6		创新思维能力	0	1	1	0	0	1	1	0	0	−2
7		实践动手能力	1	0	1	0	1	0	−1	1	0	1
8		团队合作能力	0	0	0	0	2	0	1	2	1	0
9		沟通表达能力	1	0	2	0	1	0	0	1	1	1
10		任务执行能力	2	0	1	0	1	1	1	1	1	1
11		社会交往能力	1	0	2	0	1	1	1	0	1	0
总分			6	3	11	−1	8.5	5	2	8	5	2
增值评价平均值:4.95												

10 名学生关于学生参与课外科技创新活动的增值评价平均值见表 6-6～表 6-8。

表 6-6　基于 10 名学生参与科技创新活动的跟踪评价(指导前的评价)

序号	一级指标	二级指标	1	2	3	4	5	6	7	8	9	10
1	参与意愿	重要性认识	2	3	4	4	3	3	4	5	5	5
2		参与兴趣度	2	3	4	3	3	3	3	3	5	3
3	参与过程	参与时间(平均每周投入时长)	4	3	3	2	3	2	2	5	3	3
4		参与过程中完成任务的难度感受	5	5	4	5	3	5	2	3	4	2
5		对自己参与过程中表现的满意度	3	3	4	2	3	3	2	3	4	3
6	能力培养	主动思考及解决问题的能力	3	4	3	2	3	2	3	4	4	3
7		创新思维能力	3	3	3	2	3	2	3	3	4	3
8		实践动手能力	3	4	4	2	3	3	4	5	4	4
9		团队合作能力	3	3	3	3	3	3	3	3	4	3
10		沟通表达能力	2	3	3	3	3	3	3	3	4	3
11		任务执行能力	3	3	3	2	3	3	3	3	4	3
12		社会交往能力	2	3	3	3	3	4	4	4	5	4

表 6-7　基于 10 名学生参与科技创新活动的跟踪评价(指导后的评价)

序号	一级指标	二级指标	1	2	3	4	5	6	7	8	9	10
1	参与意愿	重要性认识	3	3	4	4	5	5	5	5	5	5
2		参与兴趣度	2	3	3	2	2	3	4	4	5	3

续表

序号	一级指标	二级指标	1	2	3	4	5	6	7	8	9	10
3	参与过程	参与时间(平均每周投入时长)	4	3	3	2	3	2	2	5	3	3
4		参与过程中完成任务的难度感受	3	3	2	3	3	2	0	0	0	1
5		对自己参与过程中表现的满意度	3	3	4	3	4	4	5	5	4	3
6	能力培养	主动思考及解决问题的能力	4	4	4	5	4	3	4	5	5	3
7		创新思维能力	4	4	3	3	4	3	3	3	5	3
8		实践动手能力	4	4	4	4	5	3	4	5	5	4
9		团队合作能力	4	4	4	4	4	4	4	5	4	4
10		沟通表达能力	3	3	3	4	3	4	3	4	5	3
11		任务执行能力	4	4	4	4	3	4	3	5	4	4
12		社会交往能力	3	4	4	4	3	4	4	4	5	5

表 6-8　基于 10 名学生参与科技创新活动的增值评价结果

序号	一级指标	二级指标	1	2	3	4	5	6	7	8	9	10
1	参与意愿	重要性认识	1	0	0	0	2	2	1	0	0	0
2		参与兴趣度	0	0	−1	−1	−1	0	1	1	0	0
3	参与过程	参与时间(平均每周投入时长)	0	0	0	0	0	0	0	0	0	0
4		参与过程中完成任务的难度感受	−2	−2	−2	−2	0	−3	−2	−3	−4	−1
5		对自己参与过程中表现的满意度	0	0	0	1	1	1	3	2	0	0
6	能力培养	主动思考及解决问题的能力	1	0	1	3	1	1	1	1	1	0
7		创新思维能力	1	1	0	1	1	1	0	0	1	0
8		实践动手能力	1	0	0	2	2	0	0	0	1	0
9		团队合作能力	1	1	1	1	1	1	1	2	0	1
10		沟通表达能力	1	0	0	1	0	1	0	1	1	0
11		任务执行能力	1	1	1	2	0	1	0	2	0	1
12		社会交往能力	1	1	1	1	0	0	0	0	0	1
总分			6	2	1	9	7	5	5	6	0	2
增值评价平均值:5.3												

专家对各指标的权重设定及调查得到各院校指标体系数据见表 6-9。

表 6-9　专家对各指标的权重设定及各院校指标体系数据

序号	一级指标	二级指标	权重	E	F	G
1	制度保障	课外科技创新活动管理制度数量	0.20	4	10	2
2		课外科技创新活动管理制度覆盖率	0.18	80%	1	0.5
3		师生可参与的科创平台层级数	0.18	3	4	1
4		师生可参与的科创平台数量	0.20	6	10	3
5		参与学生课外科技创新活动开展的企业数量	0.24	23	75	15

续表

序号	一级指标	二级指标	权重	E	F	G
6	人才队伍	指导学校开展课外科技创新工作建设专家数量	0.20	5	5	3
7		硕士及以上学历教师占比	0.10	53%	45%	38%
8		副教授及以上教师占比	0.20	33%	31%	11%
9		学生课外科技创新团队生均数	0.15	6	6	5
10		参与学生课外科技创新活动开展的企业技术人员数量	0.35	23	52	15
11	实施过程	课外科技创新活动的类型数量	0.08	6	8	5
12		举办的课外科技创新活动的场次数	0.12	51	20	11
13		举办的课外科技创新活动中面向学生的培训场次数	0.10	14	8	2
14		参与课外科技创新活动的学生总人次	0.12	8 090	6 800	7 350
15		参与课外科技创新活动的教师总人次	0.10	233	183	70
16		参加课外科技创新活动学生占学生总人数百分比	0.12	51%	54%	20%
17		担任课外科技创新活动指导教师占教师总人数百分比	0.10	46%	50%	18%
18		大一学生参与课外科技创新活动的人数占学生总人数百分比	0.12	8%	13%	6%
19		教师指导课外科技创新活动的跟踪评价平均值	0.14	4.95	8.45	3.21
20	成果成效	学生参加课外科技创新活动获奖总数量	0.05	130	258	111
21		学生参加课外科技创新活动获省级以上奖项百分比	0.13	3%	20%	11%
22		学生课外科技创新竞赛学生获奖奖励总金额	0.10	1.3	5.4	2.3
23		学生课外科技创新竞赛教师获奖奖励总金额	0.10	4.5	6.5	3.2
24		企业参与的学生课外科技创新项目占比	0.12	18%	29%	14%
25		参与竞赛项目企业反馈学生创新能力满意度	0.10	3	4	2
26		学生就职企业反馈学生创新能力满意度	0.13	3	3	3
27		教师对学校创新教育总体工作满意度平均值	0.12	28.6	30.5	23.1
28		学生参与课外科技创新活动的增值评价平均值	0.15	5.3	7.5	3.2

将上述原始数据带入5.4的评价方法中开展计算。

6.3　计算过程

6.3.1　模糊综合评价法计算过程

1. 确定评价指标和评价集

（1）评价指标U

以E学校的计算过程为例展示计算过程。评价层分为两层：

第一层：$C=\{0.25, 0.25, 0.3, 0.2\}$。

第二层：

$C_1=\{0.2, 0.18, 0.18, 0.2, 0.24\}$；

$C_2=\{0.2,0.1,0.2,0.15,0.35\}$；

$C_3=\{0.08,0.12,0.1,0.12,0.1,0.12,0.1,0.12,0.14\}$；

$C_4=\{0.05,0.13,0.1,0.1,0.12,0.1,0.13,0.12,0.15\}$。

（2）权重判断矩阵 R

邀请三所高职院校团委书记及大学生课程及创新领域专家，结合 E、F、G 三所院校在大学生课外科技创新工作上所做的工作和取得的成绩，进行专家打分。比如对 E 学校，“课外科技创新活动管理制度数量”指标的评价：有 30%的专家认为“优”，40%的专家认为“良”，20%的专家认为“合格”，10%的专家认为“差”。所以，该因素的评判集：$r_1=\{0.3,0.4,0.2,0.1\}$。同理，结合各专家对所有院校打分取均值，为了得到所有评价指标的评价集 R，可以通过对数据进行适当的处理，计算归一化指标对不同等级的隶属度。

如下为专家对 E 学校的评价分取平均后得到的评价集 R_{E}，仅保留一位小数。

$$R_E=\begin{bmatrix} r_1 \\ r_2 \\ r_3 \\ r_4 \\ r_5 \\ r_6 \\ r_7 \\ r_8 \\ r_9 \\ r_{10} \\ \cdots \\ r_{27} \\ r_{28} \end{bmatrix}=\begin{bmatrix} 0.3 & 0.4 & 0.2 & 0.1 \\ 0.2 & 0.4 & 0.3 & 0.1 \\ 0.1 & 0.5 & 0.3 & 0.1 \\ 0.1 & 0.3 & 0.4 & 0.2 \\ 0.4 & 0.2 & 0.4 & 0 \\ 0.2 & 0.4 & 0.2 & 0.2 \\ 0.3 & 0.4 & 0.2 & 0.1 \\ 0.2 & 0.3 & 0.3 & 0.2 \\ 0.3 & 0.5 & 0.1 & 0.1 \\ 0.1 & 0.4 & 0.3 & 0.2 \\ 0.3 & 0.4 & 0.3 & 0 \\ 0.2 & 0.3 & 0.3 & 0.2 \\ 0.3 & 0.3 & 0.4 & 0 \\ 0.1 & 0.6 & 0.2 & 0.1 \\ 0.3 & 0.4 & 0.2 & 0.1 \\ 0.3 & 0.2 & 0.4 & 0.1 \\ 0.1 & 0.5 & 0.3 & 0.1 \\ 0.1 & 0.4 & 0.4 & 0.1 \\ 0.2 & 0.4 & 0.4 & 0 \\ 0.4 & 0.4 & 0.1 & 0.1 \\ 0.3 & 0.4 & 0.2 & 0.1 \\ 0.3 & 0.4 & 0.2 & 0.1 \\ 0.3 & 0.4 & 0.2 & 0.1 \\ 0.3 & 0.4 & 0.2 & 0.1 \\ 0.2 & 0.4 & 0.2 & 0.2 \\ 0.2 & 0.4 & 0.3 & 0.1 \\ 0.2 & 0.5 & 0.2 & 0.1 \\ 0.3 & 0.3 & 0.3 & 0.1 \end{bmatrix}$$

其中：$R_1=(r_1,r_2,r_3,r_4,r_5)$，$R_2=(r_6,r_7,r_8,r_9,r_{10})$，$R_3=(r_{11},r_{12},r_{13},\cdots,r_{19})$，$R_4=(r_{20},r_{21},r_{22},\cdots,r_{28})$。

2. 模糊综合评判矩阵 B

$$B=A*R$$

(1) 第二层评判

$$B_1=A_1*R_1$$

$$B_1=C_1*R_1=[0.2,0.18,0.18,0.2,0.24]*\begin{bmatrix}0.3 & 0.4 & 0.2 & 0.1\\0.2 & 0.4 & 0.3 & 0.1\\0.1 & 0.5 & 0.3 & 0.1\\0.1 & 0.3 & 0.4 & 0.2\\0.4 & 0.2 & 0.4 & 0\end{bmatrix}$$

$$=[0.23 \quad 0.35 \quad 0.324 \quad 0.096]$$

同理，

$$B_2=A_2*R_2$$

$$B_2=C_2*R_2=[0.2 \quad 0.1 \quad 0.2 \quad 0.15 \quad 0.35]*\begin{bmatrix}0.2 & 0.4 & 0.2 & 0.2\\0.3 & 0.4 & 0.2 & 0.1\\0.2 & 0.3 & 0.3 & 0.2\\0.3 & 0.5 & 0.1 & 0.1\\0.1 & 0.4 & 0.3 & 0.2\end{bmatrix}$$

$$=[0.19 \; 0.395 \; 0.24 \; 0.175]$$

$$B_3=A_3*R_3$$

$$B_3=C_3*R_3=[0.08 \quad 0.12 \quad 0.1 \quad 0.12 \quad 0.1 \quad 0.12 \quad 0.1 \quad 0.12 \quad 0.14]*\begin{bmatrix}0.3 & 0.4 & 0.3 & 0\\0.2 & 0.3 & 0.3 & 0.2\\0.3 & 0.3 & 0.4 & 0\\0.1 & 0.6 & 0.2 & 0.1\\0.3 & 0.4 & 0.2 & 0.1\\0.3 & 0.2 & 0.4 & 0.1\\0.1 & 0.5 & 0.4 & 0.1\\0.1 & 0.4 & 0.4 & 0.1\\0.2 & 0.4 & 0.40 & 0\end{bmatrix}$$

$$=[0.206 \; 0.388 \; 0.326 \; 0.08]$$

$$B_4=A_4*R_4$$

$$B_4 = C_4 * R_4 = [0.05\ \ 0.13\ \ 0.1\ \ 0.1\ \ 0.12\ \ 0.1\ \ 0.13\ \ 0.12\ \ 0.15] * \begin{bmatrix} 0.4 & 0.4 & 0.1 & 0.1 \\ 0.3 & 0.4 & 0.2 & 0.1 \\ 0.3 & 0.4 & 0.2 & 0.1 \\ 0.3 & 0.4 & 0.2 & 0.1 \\ 0.3 & 0.4 & 0.2 & 0.1 \\ 0.2 & 0.4 & 0.2 & 0.2 \\ 0.2 & 0.4 & 0.3 & 0.1 \\ 0.2 & 0.5 & 0.2 & 0.1 \\ 0.3 & 0.3 & 0.3 & 0.1 \end{bmatrix}$$

$$= [0.27\ 0.397\ 0.223\ 0.11]$$

(2) 综合评判

权重集合 $C, R = \{B_1, B_2, B_3\}^T$

$$B = C * R = C * (B_1, B_2, B_3)^T$$

即

$$B = [0.25\ \ 0.25\ \ 0.3\ \ 0.2] * \begin{bmatrix} 0.23 & 0.35 & 0.324 & 0.096 \\ 0.19 & 0.395 & 0.24 & 0.175 \\ 0.206 & 0.388 & 0.326 & 0.08 \\ 0.27 & 0.397 & 0.223 & 0.11 \end{bmatrix}$$

$$= [0.2208\ \ 0.3821\ \ 0.2834\ \ 0.1137]$$

由此得到E学校的评价值中“良”得到最高，即E学校大学生课外科技创新工作建设水平评价结果为“良”。

同理，将专家对F、G校的评价集带入上述计算过程，分别得到F、G校大学生课外科技创新工作建设水平评价结果为良和合格。

6.3.2 基于SPSS的主成分分析法计算过程

Step1：数据的标准化处理

将原始数据进行标准化处理后，得到以下处理结果（表6-10）。

表6-10 标准化处理结果

指标	E	F	G
1	0.25	1.00	0.00
2	0.60	1.00	0.00
3	0.67	1.00	0.00
4	0.43	1.00	0.00
5	0.13	1.00	0.00

续表

指标	E	F	G
6	1.00	1.00	0.00
7	1.00	0.47	0.00
8	1.00	0.91	0.00
9	1.00	1.00	0.00
10	0.22	1.00	0.00
11	0.33	1.00	0.00
12	1.00	0.23	0.00
13	1.00	0.50	0.00
14	1.00	0.00	0.43
15	1.00	0.69	0.00
16	0.91	1.00	0.00
17	0.88	1.00	0.00
18	0.29	1.00	0.00
19	0.33	1.00	0.00
20	0.13	1.00	0.00
21	1.00	0.47	0.00
22	0.13	1.00	0.00
23	0.39	1.00	0.00
24	0.27	1.00	0.00
25	0.50	1.00	0.00
26	1.00	1.00	0.00
27	0.74	1.00	0.00
28	0.57	1.00	0.00

Step2:SPSS 的主成分分析

在 SPSS 中进行因子分析，选择主成分分析法，并将规范化数据输入，经计算，得到以下结果：

(1) 对指标的描述统计如表 6-11。

表 6-11 描述统计

评价指标	平均值	标准偏差	分析个案数
课外科技创新活动管理制度数量	0.416 7	0.520 42	3

续表

评价指标	平均值	标准偏差	分析个案数
课外科技创新活动管理制度覆盖率	0.533 3	0.503 32	3
师生可参与的科创平台层级数	0.556 7	0.509 54	3
师生可参与的科创平台数量	0.476 7	0.501 63	3
参与学生课外科技创新活动开展的企业数量	0.376 7	0.543 72	3
指导学校开展课外科技创新工作建设专家数量	0.666 7	0.577 35	3
硕士及以上学历教师占比	0.49	0.500 3	3
副教授及以上教师占比	0.636 7	0.553 2	3
学生科技创新团队生均数	0.666 7	0.577 35	3
参与学生课外科技创新活动开展的企业技术人员数量	0.406 7	0.525 48	3
课外科技创新活动的类型数量	0.443 3	0.509 54	3
举办的课外科技创新活动的场次数	0.41	0.523 74	3
举办的课外科技创新活动中面向学生的培训场次数	0.5	0.5	3
参与课外科技创新活动的学生总人次	0.476 7	0.501 63	3
参与课外科技创新活动的教师总人次	0.563 3	0.511 89	3
参加课外科技创新活动学生占学生总人数百分比	0.636 7	0.553 2	3
担任课外科技创新活动指导教师占教师总人数百分比	0.626 7	0.546 02	3
大一学生参与课外科技创新活动的人数占学生总人数百分比	0.43	0.514 49	3
教师指导课外科技创新活动的跟踪评价平均值	0.443 3	0.509 54	3
学生参加课外科技创新活动获奖总数量	0.376 7	0.543 72	3
学生参加课外科技创新活动获省级以上奖项百分比	0.49	0.500 3	3
学生课外科技创新竞赛学生获奖奖励总金额	0.376 7	0.543 72	3
学生课外科技创新竞赛教师获奖奖励总金额	0.463 3	0.504 02	3
企业参与的学生课外科技创新项目占比	0.423 3	0.517 33	3
参与竞赛项目企业反馈学生创新能力满意度	0.5	0.5	3
学生就职企业反馈学生创新能力满意度	0.666 7	0.577 35	3
教师对学校创新教育总体工作满意度平均值	0.58	0.518 84	3
学生参与课外科技创新活动的增值评价平均值	0.523 3	0.501 63	3

(2) 总方差解释结果

特征值大于1的主成分累积方差贡献率超过85%时，可认为这些主成分充分反映了服务水平指标间的关系(表6-12)。

表 6-12 总方差解释

成分	初始特征值			提取载荷平方和		
	总计	方差百分比	累积/%	总计	方差百分比	累积/%
1	21.272	75.973	75.973	21.272	75.973	75.973
2	6.728	24.027	100	6.728	24.027	100
3	2.88E-15	1.03E-14	100			
4	1.74E-15	6.23E-15	100			
5	9.31E-16	3.33E-15	100			
6	6.16E-16	2.20E-15	100			
7	5.58E-16	1.99E-15	100			
8	4.40E-16	1.57E-15	100			
9	3.71E-16	1.32E-15	100			
10	3.01E-16	1.08E-15	100			
11	2.06E-16	7.35E-16	100			
12	1.72E-16	6.15E-16	100			
13	1.09E-16	3.89E-16	100			
14	7.13E-17	2.55E-16	100			
15	−1.88E-17	−6.70E-17	100			
16	−8.50E-17	−3.04E-16	100			
17	−9.11E-17	−3.25E-16	100			
18	−1.32E-16	−4.73E-16	100			
19	−2.19E-16	−7.83E-16	100			
20	−2.22E-16	−7.93E-16	100			
21	−2.26E-16	−8.09E-16	100			
22	−2.90E-16	−1.04E-15	100			
23	−3.55E-16	−1.27E-15	100			
24	−3.88E-16	−1.39E-15	100			
25	−5.36E-16	−1.91E-15	100			
26	−6.49E-16	−2.32E-15	100			
27	−7.29E-16	−2.61E-15	100			
28	−2.49E-15	−8.90E-15	100			

(3) 成分矩阵

表 6-13 为 2 个主成分在各个指标上的表现：

表 6-13　成分矩阵

评价指标	成分	
	1	2
课外科技创新活动管理制度数量	0.912	−0.411
课外科技创新活动管理制度覆盖率	1	−0.028
师生可参与的科创平台层级数	0.999	0.051
师生可参与的科创平台数量	0.975	−0.221
参与学生课外科技创新活动开展的企业数量	0.854	−0.52
指导学校开展课外科技创新工作建设专家数量	0.928	0.372
硕士及以上学历教师占比	0.59	0.807
副教授及以上教师占比	0.895	0.446
学生科技创新团队生均数	0.928	0.372
参与学生课外科技创新活动开展的企业技术	0.898	−0.44
课外科技创新活动的类型数量	0.944	−0.33
举办的课外科技创新活动的场次数	0.356	0.934
举办的课外科技创新活动中面向学生培训	0.618	0.786
参与课外科技创新活动的学生总人次	−0.296	0.955
参与课外科技创新活动的教师总人次	0.772	0.635
参加课外科技创新活动学生百分比	0.955	0.295
担任课外科技创新活动指导教师百分比	0.964	0.268
大一学生参与课外科技创新活动的人数百分比	0.928	−0.371
教师指导课外科技创新活动的跟踪评价平均值	0.944	−0.33
学生参加课外科技创新活动获奖总数量	0.854	−0.52
学生参加课外科技创新活动获省级以上百分比	0.59	0.807
学生课外科技创新竞赛学生获奖奖励总金额	0.854	−0.52
学生课外科技创新竞赛教师获奖奖励总金额	0.964	−0.266
企业参与的学生课外科技创新项目占比	0.92	−0.391
参与竞赛项目企业反馈学生创新能力满意度	0.99	−0.142
学生就职企业反馈学生创新能力满意度	0.928	0.372
教师对学校创新教育总体工作满意度平均值	0.992	0.127
学生参与课外科技创新活动的增值评价平均值	0.998	−0.062

（4）成分得分系数矩阵如表 6-14。

表 6-14 系数矩阵

评价指标	成分	
	1	2
课外科技创新活动管理制度数量	0.043	−0.061
课外科技创新活动管理制度覆盖率	0.047	−0.004
师生可参与的科创平台层级数	0.047	0.008
师生可参与的科创平台数量	0.046	−0.033
参与学生课外科技创新活动开展的企业数量	0.04	−0.077
指导学校开展课外科技创新工作建设专家数量	0.044	0.055
硕士及以上学历教师占比	0.028	0.12
副教授及以上教师占比	0.042	0.066
学生科技创新团队生均数	0.044	0.055
参与学生课外科技创新活动开展的企业技术	0.042	−0.065
课外科技创新活动的类型数量	0.044	−0.049
举办的课外科技创新活动的场次数	0.017	0.139
举办的课外科技创新活动中面向学生培训	0.029	0.117
参与课外科技创新活动的学生总人次	−0.014	0.142
参与课外科技创新活动的教师总人次	0.036	0.094
参加课外科技创新活动学生百分比	0.045	0.044
担任课外科技创新活动指导教师百分比	0.045	0.04
大一学生参与课外科技创新活动的人数百分比	0.044	−0.055
教师指导课外科技创新活动的跟踪评价平均值	0.044	−0.049
学生参加课外科技创新活动获奖总数量	0.04	−0.077
学生参加课外科技创新活动获省级以上百分比	0.028	0.12
学生课外科技创新竞赛学生获奖奖励总金额	0.04	−0.077
学生课外科技创新竞赛教师获奖奖励总金额	0.045	−0.039
企业参与的学生课外科技创新项目占比	0.043	−0.058
参与竞赛项目企业反馈学生创新能力满意度	0.047	−0.021
学生就职企业反馈学生创新能力满意度	0.044	0.055
教师对学校创新教育总体工作满意度平均值	0.047	0.019
学生参与课外科技创新活动的增值评价平均值	0.047	−0.009

（5）结果计算

利用公式：

$$f_k = \frac{\beta_k}{\sum_{k=1}^{m} \beta_k}, k \in \{1,2,\cdots,m\} \tag{6-1}$$

$$Y(i,j) = X(i,j) * \rho(k,j)（矩阵 X 与矩阵 \rho 相乘） \tag{6-2}$$

$$Z_i = \sum_{k=1}^{m} f_k + Y_{ik}, i \in \{1,2,\cdots,n\} \tag{6-3}$$

k 为前 m 个特征值大于 1 的主成分的编号 $k \in \{1,2,\cdots,m\}$；β_k 为第 k 个主成分的贡献率；f_k 为第 k 个主成分的权重。矩阵 $X(i,j)$ 为某学校的课外科技创新工作建设水平的标准化数据矩阵，即将表 6-2 的结果转置可得。ρ_{kj} 表示第 k 个主成分对应的载荷量构成的矩阵的第 j 个元素，矩阵 $\rho(k,j)$ 即表 6-13 所得结果。λ_i 是相关矩阵的第 i 个特征值，如表 6-12。Y_i 为第 i 个学校的课外科技创新工作建设水平的在第 i 个主成分上的得分。f_k 为各个主成分的权重，Z_i 为第 i 个学校的课外科技创新工作建设水平的综合得分。三所学校的综合得分如表 6-15。

表 6-15 综合得分

学校	1	2	综合得分
E	13.78	5.96	11.91
F	22.02	−0.49	16.62
G	−0.13	0.41	0.001 8

可见 F 校的得分最高，即 F 校课外科技创新工作建设水平最高。

6.4 评价结果分析

经计算可知，通过模糊综合评价法得到 E、F、G 学校的课外科技创新工作建设水平评价结果为良、良、合格。

通过主成分分析法得到的 E、F、G 学校的课外科技创新工作建设水平评价结果为 11.91，16.62，0.001 8。即 F 学校的建设水平最高，其次是 E 学校，最后是 G 学校。总体结果与模糊综合评价计算的结果一致，但主成分分析法的结果比模糊综合评价结果更细致。在模糊综合评价得到同等结果中，还区分了 E、F 校的排名。

综合以上结果可知，F 学校的课外科技创新工作建设水平最高。从获得的原始数据分析其原因可知，F 学校的 28 个评价指标值中有 18 个指标是 3 个学校中最高的，无论从制度保障、经费投入、师生的参与还是获得奖项的质量来看，该学校的过程性建设和建设成果都优于 E、G 学校。因此，其最终评价结果也是最好的。

6.5 小结

结合第五章提出的评价体系，对 E、F、G 院校进行案例分析，验证了评价指标体系和方法的可行性。但在本案例计算过程中存在几个问题，还需要在后续的研究中不断调整和完善。其问题主要表现为以下两点：一、由于本课题研究周期短，不能有效获得部分评价指标数据，包括需要长时间跟踪获得的数据，这需要后续研究或实证分析中给予足够的数据收集时间；二、存在调查对象范围较小的缺陷，如增值评价相关的指标，由于研究时间和经费所限，不能大范围地跟踪调研，因此本案例只在各学校选取了 10 名教师和 10 名学生进行小范围的增值评价，存在一定的局限性，需要在后续的研究中扩大调查范围，提高数据和结果的可靠性。

7 “挑战杯”全国大学生系列科技学术竞赛分析

7.1 竞赛介绍

7.1.1 竞赛背景

“挑战杯”全国大学生系列科技学术竞赛(简称“挑战杯”),是一项重要的国家级大学生科技竞赛活动,由共青团中央和中国科学技术协会共同组织举办。自 1989 年首届在清华大学启动以来,该竞赛始终致力于激发和培育全国大学生的创新精神和科技实践能力,为推动我国高等教育质量提升和科技创新发展做出了积极贡献。“挑战杯”每两年举办一届,已成为国内大学生最关注的学术科技活动之一。

“挑战杯”全国大学生系列科技学术竞赛是大学生科技创新领域的顶级赛事,仅次于“互联网+”创新创业大赛,对促进大学生科技创新和学术实践有重要意义。“挑战杯”活动以崇尚科学、追求真知、勤奋学习、锐意创新、迎接挑战为核心价值观。其目标是引导大学生坚持实事求是、刻苦钻研、积极创新,提升个人素质,并推动大学生课外学术科技活动的蓬勃发展,发现和培养优秀人才。除了“挑战杯”全国大学生课外学术科技作品竞赛(简称“大挑”)还有“挑战杯”中国大学生创业计划竞赛(简称“小挑”),两个活动在全国范围内交叉展开,相互促进,共同发展。

7.1.2 竞赛分支

“挑战杯”全国大学生课外学术科技作品竞赛是国内重要的学术科技竞赛,得到各大学和主流媒体的支持。该竞赛具有明确的导向性、示范性和广泛的群众性,旨在激发大学生的创新精神,提升学术科技能力,为国家科技进步和社会发展做出贡献。该竞赛在奇数年举办,注重学术科技发明创作带来的实际意义与特点,赛事时间如图 7-1 所示。

“挑战杯”全国大学生课外学术科技作品竞赛参赛主题分为以下三类:

1. 自然科学类学术论文

自然科学类学术论文创作群体包括专科生和本科生,涉及多个领域,如机械、工程、计算机、电信、电子、数学、物理、生物、药学、医学、食品、能源、材料等。评估这些作品时,注重其前沿性、学术性和实用性。每篇论文应控制在 8 000 字以内,以确保内容的精炼和

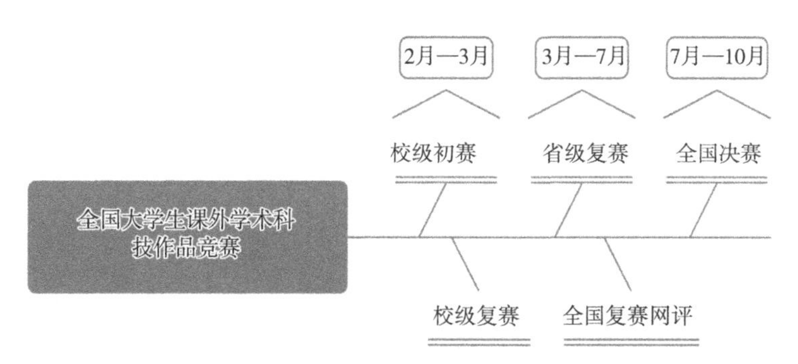

图 7-1 “挑战杯”全国大学生课外学术科技作品竞赛赛事时间安排

深入。

2. 哲学社会科学类社会调查报告和学术论文

哲学社会科学类支持围绕发展成就、文明文化、美丽中国、民生福祉、中国之治和战疫行动等 6 个组别形成社会调查报告，也可按照哲学、经济、社会、法律等 6 个学科报送社会调查报告和学术论文。侧重考核与经济社会发展热点、难点问题的结合程度和前瞻意义。哲学社会科学类学术论文字数每篇限制在 8 000 字以内，调查报告类论文字数每篇限制在 15 000 字以内。

3. 科技发明制作类

科技发明制作作品分为 A、B 两类。A 类作品需展现高度的科技含量与合理的成本投入，以彰显技术底蕴与创新能力。而 B 类作品则聚焦于低成本、高实用的发明与制作，以满足现实生活中的实际需求。在评审环节，将全面评估作品的实际应用价值与转化潜力，旨在推动科技成果的落地与应用，为社会进步与发展贡献力量。

“挑战杯”中国大学生创业计划竞赛每两年一届，遵循偶数年举办的传统。该竞赛强调市场与技术服务的结合，凸显商业性质，旨在激发大学生创新创业精神，赛事时间安排如图 7-2 所示。该竞赛主要分为三个赛种：大学生创业计划竞赛、创业实践挑战赛、公益创业赛，三者主要区别如下：

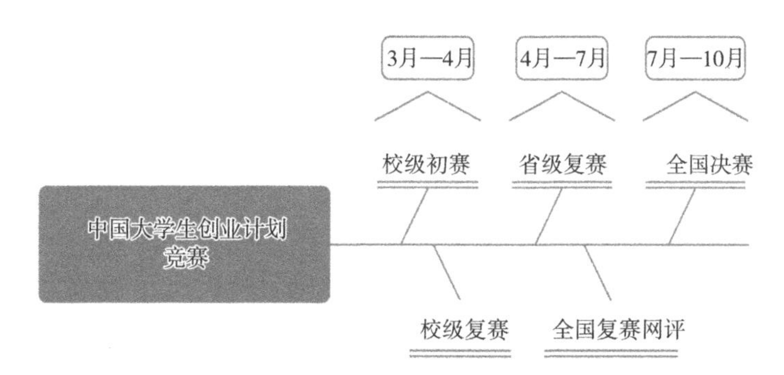

图 7-2 “挑战杯”中国大学生创业计划竞赛赛事时间安排

大学生创业计划竞赛是针对高校在校生的竞赛，通过商业计划书评审和现场答辩评价。

创业实践挑战面向在校生或毕业五年内的高校毕业生，要求实际创业运营三个月以上，评价聚焦经营状况和发展前景。

公益创业赛针对高校在校生，评估参赛者在非营利社会组织创办方面的计划与实践能力。

“挑战杯”中国大学生创业计划竞赛参赛主题分为以下五类：

1. 科技创新和未来产业

围绕创新驱动发展战略，推动数字经济健康发展，在智能制造、信息技术、大数据、人工智能、生命科学、新材料、军民融合等领域，结合实践观察设计项目。

2. 乡村振兴和农业农村现代化

围绕实施乡村振兴战略，在农林牧渔、电子商务、乡村旅游、城乡融合等领域，结合实践观察设计项目。

3. 社会治理和公共服务

为推进国家治理现代化，在多个领域如政务服务、消费生活、公共卫生、金融法务、教育培训、交通物流、人力资源等，结合实际情况，策划设计针对性项目。这些项目的目的是提升国家治理效能，满足人民需求，促进社会和谐稳定与持续发展。通过这些项目的实施，国家治理体系和治理能力将不断向现代化迈进，为人民群众提供更优质、高效的服务，为社会的和谐稳定与持续发展奠定坚实基础。

4. 生态环保和可持续发展

围绕可持续发展战略和碳达峰碳中和目标，在环境治理、可持续资源开发、生态环保、清洁能源应用等领域，结合实践观察设计项目。

5. 文化创意和区域合作

突出共融、共享，紧密围绕“一带一路”和京津冀地区、长三角地区、成渝地区及粤港澳大湾区等经济合作建设，在工业设计、动漫广告、体育竞技和国际文化传播、对外交流培训、对外经贸等领域，结合实践观察设计项目。

结合往届情况对比来看，“挑战杯”全国大学生课外学术科技作品竞赛比“挑战杯”中国大学生创业计划竞赛难度稍高，两者在参赛项目和比赛侧重点上有所不同，具体区别如下：

1. 参赛作品不同

(1)“大挑”参赛作品分为三类：自然科学类学术论文深入探究自然科学领域；哲学社会科学类社会调查报告和学术论文关注社会现象和人类行为；科技发明制作展示创新技术和实用发明。

(2)“小挑”作品指为完成商业项目而制定的商业计划，参赛作品为商业计划书，需围绕具有市场潜力的技术、产品或服务，展示商业模式、市场分析、竞争策略、财务预测等，以吸引风险投资。

2. 比赛侧重点不同

(1)“大挑”关注学术科技发明创作，强调作品的实际价值和应用潜力。评审时，重视参赛者的科技创新能力和解决社会问题的能力。

(2)“小挑”更注重市场与技术服务的结合,偏重考察参赛人员商业性与商业嗅觉敏感性。

3. 所设奖项不同

在奖项上,“大挑”设置有特等奖、一等奖、二等奖、三等奖,“小挑”则设置有金奖、银奖、铜奖。“大挑”比赛证书由共青团中央、中国科协、教育部、全国学联、举办地人民政府联合颁发,体现了比赛的权威性和公信力。而“小挑”比赛证书则由共青团中央、中国科协、教育部、全国学联共同盖章,这充分证明了比赛的正式性和规范性。

7.1.3 竞赛历程

“挑战杯”的主要目的是通过竞赛提高大学生的创新能力和实践能力,为学术界提供一个交流和合作的平台。通过“挑战杯”,参赛者能展示自己的科研成果和创新思维,接受来自评委和观众的反馈和指导,进一步提升自己的学术素养和综合能力。以下是“大挑”和“小挑”竞赛历程(表 7-1、表 7-2):

表 7-1 历届“大挑”竞赛赛况[71]

届事	时间	地点	承办单位	成果
第一届	1989	北京	清华大学	全国范围内共有 52 所高校参与了本次展览与竞赛,共提交了 430 件作品,最后 396 个参赛项目参与终审。这些作品展示了高校师生的创新能力和学术水平,为活动增添了学术氛围
第二届	1991	浙江	浙江大学	本次竞赛起正式命名为“挑战杯”,充分展示了我国大学生的学术科技与创新能力。本次竞赛共有 168 所高校参与,共提交了 553 件作品
第三届	1993	上海	上海交通大学	本次竞赛全国 240 所高等院校提交了 760 余件作品参赛,充分展示了高校师生的才华和创造力,体现了我国高等教育在培养创新人才方面的卓越成果和水平。这些获奖作品为我国高等教育的发展注入了新的活力和动力
第四届	1995	湖北	武汉大学	全国各地的 254 所高校参与了本次大赛,共收到 863 件作品,经过筛选,821 件作品晋级终审决赛。本届竞赛章程创新,纳入了哲学社会科学科目,进一步丰富了竞赛的内涵和广度
第五届	1997	江苏	南京理工大学	本次竞赛吸引了 267 所高等院校参与,包括香港特别行政区的 5 所知名学府,共有 942 件作品进入终审。香港高校首次以团队形式参赛,体现了对学术科研的积极态度和高度重视,为竞赛注入了新活力
第六届	1999	重庆	重庆大学	本次竞赛吸引了 290 所高校参与,共收到 651 件作品。其中,香港 9 所高校提交的 40 件作品直接晋级决赛。本届竞赛共确定了 43 个具有市场潜力的竞赛协议项目,总转让金额超过 1 亿元,凸显了竞赛的实际应用价值
第七届	2001	陕西	西安交通大学	本届竞赛共吸引来自全国 205 所高校的 1 500 余名师生前来参赛,共收到 933 件(含港澳作品 54 件)作品
第八届	2003	广东	华南理工大学	本次竞赛吸引了 375 所高校参与,收到 1 159 件作品。经过评审,18 件作品成功转让,总成交额为 1 300 万元
第九届	2005	上海	复旦大学	本届竞赛参赛作品数量 1 171 件,海峡两岸暨香港、澳门共同参与项目竞争。本届竞赛首次以公开答辩的方式进行最后的评审

续表

届事	时间	地点	承办单位	成果
第十届	2007	天津	南开大学	本次竞赛吸引了600余所高校参与，决赛项目1 100件。本次竞赛首次向海外高等学府开放，邀请全球顶尖学府的青年精英参与，展现了国际化的发展眼光和社会影响力
第十一届	2009	北京	北京航空航天大学	本次竞赛汇聚了507所高校参与，决赛环节涵盖了1 387个项目。竞赛的评审过程实现了信息化，开幕式则展示了高科技元素，作品展览展示设计也体现了深厚的文化底蕴
第十二届	2011	辽宁	大连理工大学	本次竞赛首次推行逐级上报备案机制，以完善三级竞赛体系。创新性地设立“主宾国”制度，旨在扩大海外高校参与，促进国际交流与合作
第十三届	2013	江苏	苏州大学和苏州工业园区	本次竞赛首次由“211”高校承办，提高竞赛权威性和影响力。竞赛在地级市举办，为地方青年提供展示平台。采用校地合作承办模式，加强高校与地方政府合作，确保竞赛顺利举办
第十四届	2015	广东、香港	广东工业大学和香港科技大学	本届竞赛采用“1+2”的赛制设计，其中“1”为主体赛事，旨在选拔优秀人才和项目；“2”则为两项附加赛事，包括香港地区选拔赛和科技创新专项赛，以进一步拓宽竞赛的参与度和影响力
第十五届	2017	上海	上海大学	本届赛事采取“1+2+X”模式，其中“1”为主体赛，为竞赛核心；“2”包括“一带一路”国际专项和海峡两岸大学生创新挑战训练营，旨在促进国际交流与合作；“X”为外围辅助活动，提供全方位支持和帮助，推动创新创业教育深入发展
第十六届	2019	北京	北京航空航天大学	本次竞赛吸引1 573所高校参与，共有1 513件作品进入终审，共评出1 217件获奖作品
第十七届	2021	四川	四川大学	本次竞赛评选出1 233件优秀作品。首次设立的“红色专项活动”吸引了众多内地参赛者，共收到139件作品，27件获奖。竞赛还设“揭榜挂帅”和“黑科技”两个专项赛，分别评选出特等奖和最高荣誉“星系级”奖项，展现了参赛者的才华和创新实力
第十八届	2023	贵州	贵州大学	本届竞赛以主体赛、专项赛、红色专项活动和“黑科技”展示为主，吸引了2 000余所高校参与，共有40余万件作品。主体赛有713件作品进入终审，697件获奖。红色专项活动选出46个特等奖和92个一等奖

表7-2 历届“小挑”竞赛赛况[72-73]

届事	时间	地点	承办单位	成果
第一届	1999	北京	清华大学	本次赛事聚集120所高校近400件作品，展现高等教育创新与创业活力。大赛推动创业热潮，催生高科技创业公司，为经济发展注入新活力
第二届	2000	上海	上海交通大学	本届活动汇集了137所高校455件佳作。部分创业计划已顺利进入实际运行阶段，实现技术、资本与市场的融合，推动创新创业深入发展
第三届	2002	杭州	浙江大学	本届聚集了全国各地244所高校的参赛作品共542件。部分参赛作品开赛前就吸引了风险投资，金额达10 400万元，其中签订合同的项目6件，签约金额4 640万元。决赛期间，正式签约项目4件，金额达5 760万元
第四届	2004	厦门	厦门大学	台湾首次组队参赛，港澳大学受邀观摩。终审决赛参赛者超千人，吸引近两千名各界观摩人士

续表

届事	时间	地点	承办单位	成果
第五届	2006	济南	山东大学	本次竞赛香港地区首次参赛，赛项有 16 个项目获得 29 家企业的投资意向，总投资额达到近 8 000 万元
第六届	2008	成都	四川大学	本次竞赛全国 356 所高校初步选拔有近 200 件进入终审决赛。参赛作品主要分布在农林、生物农药、化工技术及环境科学、电子信息、材料类、机械能源、服务咨询等七大学科领域
第七届	2010	长春	吉林大学	本次竞赛近 400 所高校参与“挑战杯”竞赛，提交近 700 项作品。新增“创业之星”网络虚拟运营环节，推动大赛从单一撰写与答辩向注重实施转变
第八届	2012	上海	同济大学	本次竞赛近 150 所高校 200 件作品脱颖而出，晋级决赛。经过专业评审，共评选出金奖 65 件、银奖 135 件、铜奖 450 件
第十二届	2020	黑龙江	东北林业大学	本届有 144 个项目获金奖，288 个项目获银奖，1 007 个项目获铜奖。北京理工大学等 50 所普通高校、金华职业技术学院等 10 所职业院校获“优胜杯”。本届大赛充分发挥互联网的扁平化优势，以线上为主的形式举办全国决赛和各项交流活动
第十三届	2022	北京	北京理工大学	本届竞赛设置了科技创新和未来产业、乡村振兴和农业农村现代化、社会治理和公共服务、生态环保和可持续发展、文化创意和区域合作 5 个组别，463 个项目进入全国决赛终审答辩

7.1.4 组织架构

主办单位：共青团中央、中国科协、教育部、全国学联、中国社会科学院。

承办单位：根据“挑战杯”每两年举办一届的规则，承办单位确定为每年确定一所承办学校。

参赛单位：各高等院校有资格参加“挑战杯”，需要成立相应的机构负责校级竞赛的组织领导、评审等相关工作。

评审委员会：由主办单位、承办单位的有关负责人组成，负责竞赛组织领导工作。各高等院校要成立相应机构，负责校级竞赛的组织领导、评审等相关工作。

“挑战杯”的组织架构是一个以主办单位为核心，以承办单位为支持，以参赛单位为基础，以评审委员会为保障的全面体系，为“挑战杯”的成功举办提供了坚实的组织保障，如图 7-3 所示。

7.1.5 竞赛形式

“挑战杯”采用初赛、复赛和决赛的选拔方式，评选出优秀的项目和个人。在初赛阶段，参赛者需要提交项目报告和相关材料，经过专家评审后，优秀的项目进入复赛阶段。在复赛阶段，参赛者需要进行项目展示和答辩，经过进一步的评审后，优秀的项目进入决赛阶段。在决赛阶段，参赛者需要进行项目路演和现场答辩，最终评选出获奖项目和个人。“挑战杯”还积极引入现代化的技术手段和管理模式，如网上报名和在线评审等，以提升比赛的效率。“挑战杯”还建立了完善的监督机制和管理制度，确保比赛的公正性和透明度。

在赛事的初期，“挑战杯”主要关注学术论文的评选和展示，参赛者需要在规定的时

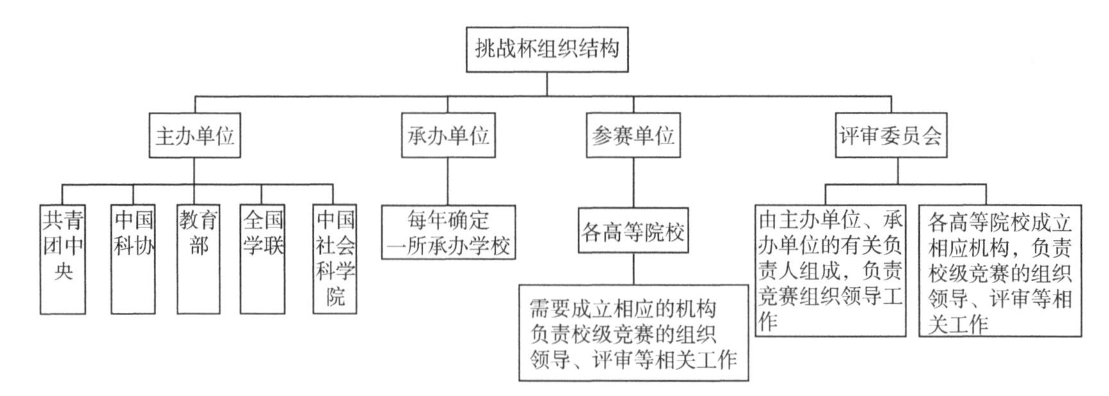

图 7-3 "挑战杯"组织结构图

间内提交一篇高质量的学术论文。这一阶段的发展为"挑战杯"奠定了坚实的基础，为未来的发展提供了重要的支撑。随着时间的推移，"挑战杯"的比赛内容逐渐丰富，除了学术论文外，还增加了创业计划、科技制作、社会调查等多种形式。这一变化使得不同领域和背景的参赛者能够参与"挑战杯"，为"挑战杯"注入了新的活力和动力。

"挑战杯"竞赛具体流程(图 7-4)如下：

(1) 报名阶段：参赛者团队在规定时间内完成线上报名，提交项目简介和相关材料；

(2) 初赛阶段：各高校自行组织校内初赛，选拔出优秀项目晋级全国初赛；

(3) 全国初赛阶段：由"挑战杯"组委会组织，评选出晋级复赛的项目；

(4) 复赛阶段：各省级组委会组织省赛，选拔出优秀项目晋级全国赛；

(5) 全国赛阶段：由"挑战杯"组委会组织，评选出晋级决赛的项目；

(6) 决赛阶段：由"挑战杯"组委会组织，评选出一等奖、二等奖、三等奖和优秀奖等奖项；

(7) 后续支持阶段：获奖项目能获得资金支持、专业指导和创业孵化等后续支持，帮助项目落地和发展。

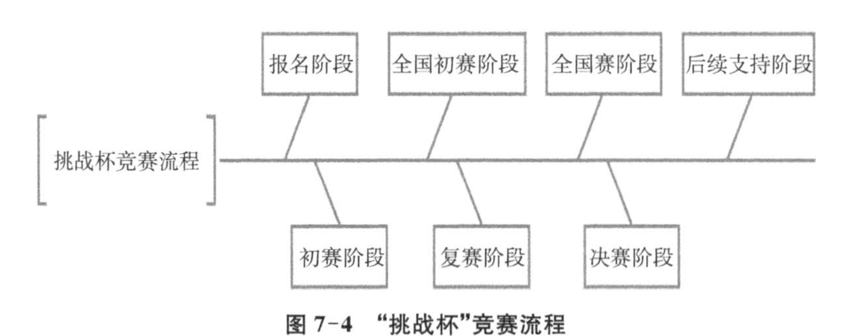

图 7-4 "挑战杯"竞赛流程

7.1.6 评审标准

在具体评审过程中，评委会根据项目的实际情况对各项标准进行适当的调整和补充。评委还会对参赛作品的全面完整程度、方案可行性、技术含量或创新性、效益评价、资金筹措方案合理性、市场前景广阔程度等方面进行评估。评委还会关注参赛作品的逻辑清晰度、现场展示和答辩环节的表现等,评审标准可能因比赛和评委的不同而有所不同,以下为该赛大致评审标准及占比。

1.“挑战杯”全国大学生课外学术科技作品竞赛(“大挑”)评审标准及占比

评审标准如图 7-5 所示:

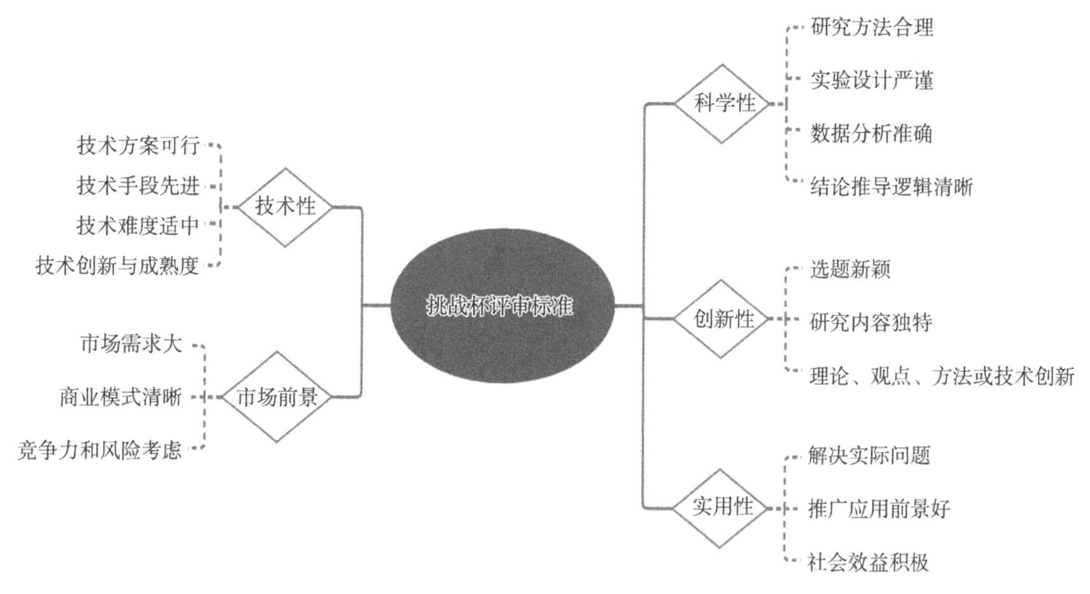

图 7-5 “大挑”评审标准

(1)科学性

研究方法:评委将考察作品是否采用了被公认的科学研究方法,如实验设计、问卷调查、案例研究等。这些方法的选择和应用是否合理,是否能有效地验证假设或得出结论。

实验设计:对于涉及实验的作品,评委将考察实验设计是否严谨,实验样本的选择和处理是否得当,实验过程是否合理,实验结果是否可靠。

数据分析和结论推导:作品中的数据分析方法是否合适,是否能准确地解读和分析数据,是否能支持研究结果。作品的结论推导过程是否逻辑清晰,是否能有效地得出结论。

学术价值与领域推进:作品的研究成果是否具有学术价值,是否能为相关领域的研究提供新的视角或推动该领域的发展,作品的研究是否能够填补现有研究的空白或者对现有理论进行改进和拓展。

(2)创新性

选题新颖:作品的选题是否新颖,是否为该领域带来了新的思考和研究方向。评委将考察作品的研究主题是否具有独特性和前瞻性。

内容独特性:作品的研究内容是否具有独特性,是否提供了新的见解或改进了现有的理论。作品的研究成果是否具有突破性和创新性。

理论、观点、方法或技术的创新性:作品是否提出了新的理论、观点、方法或技术,是否填补了某一领域的研究空白。作品的创新性表现在对现有理论或技术的改进和提升。

(3) 实用性

解决实际问题:作品的研究成果是否能够解决现实生活中的实际问题,或改善现有的社会状况。作品的实用性表现在其是否能被广泛应用于解决实际问题。

推广应用前景:作品的实践意义和推广应用的前景如何,是否能广泛应用于相关领域。作品的实用性还表现在其是否能被成功地推广和应用到其他领域或地区。

社会效益:作品是否能产生积极的社会效益,如提高生活质量、改善环境等。作品的实用性还表现在其是否能产生积极的社会影响或提高生活质量。

(4) 技术性

技术方案可行性:作品的技术方案是否可行、合理,是否能有效地支持研究目标。评委将考察作品所采用的技术手段是否符合行业标准和规范,是否能有效地支持研究目标。

技术手段先进性:是否采用了先进的技术手段,如人工智能、大数据分析等。评委将考察作品所采用的技术手段是否具有先进性和前瞻性,是否能代表该领域的最新技术水平。

技术难度与水平:作品的技术难度和整体技术水平是否符合相关领域的技术要求。评委将考察作品的技术难度和整体技术水平是否达到该领域的领先水平。

技术创新与成熟度:作品在技术方面是否有创新性,技术的成熟度和可复制性如何。评委将考察作品在技术方面的创新性和成熟度,以及技术的可复制性和推广性如何。

(5) 市场前景

市场需求与规模:评委将考察作品的市场需求情况以及市场规模的大小。作品的研究成果是否符合市场需求,以及市场规模的大小都是评判作品市场前景的重要因素。

商业模式与盈利能力:作品的商业模式是否清晰,是否有明确的盈利路径。评委将考察作品的商业模式是否可行和具有竞争力,是否能有效地实现商业化并获得盈利。

市场推广策略的可行性:作品的市场推广策略是否具有可行性和可持续性。评委将考察作品的市场推广策略是否具有针对性和可操作性,是否能有效地推广作品并实现市场占有率提升。

市场竞争与风险:作品在市场上的竞争力和可能面临的市场风险。评委将考察作品在市场上的竞争力和可能面临的市场风险,如其他竞争对手的产品是否存在类似功能等风险因素。

各类参赛作品的评审标准和得分占比如下:

(1) 自然科学类学术论文的评审标准和得分占比如图 7-6 所示:

先进性:先进程度 10%、创新程度 10%、难度 10%。

现实意义:应用价值 15%、影响范围 15%。

科学性:科学意义 15%、研究方法合理性 10%、结论重要性 15%。

(2) 哲学社会科学类社会调查报告和学术论文的评审标准和得分占比如图 7-7 所示:

先进性:创新难度 10%、难易程度 10%、学术水平 10%。

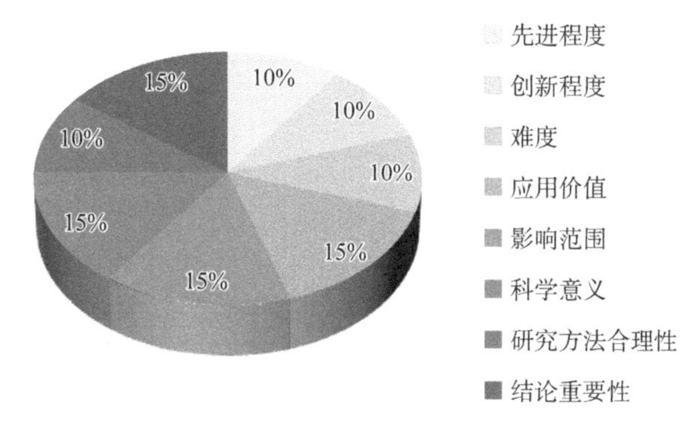

图 7-6 自然科学类学术论文的评审标准和得分占比图

现实意义：经济效益和社会效益 20%、影响范围 20%。

科学性：论证的严密性和可靠性以及论证的准确性 15%、理论基础和研究方法 15%。

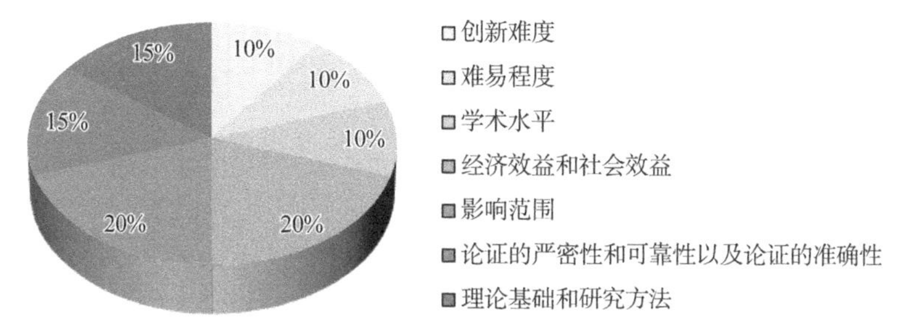

图 7-7 哲学社会科学类社会调查报告和学术论文的评审标准和得分占比图

(3) 科技发明制作的评审标准和得分占比如图 7-8 所示：

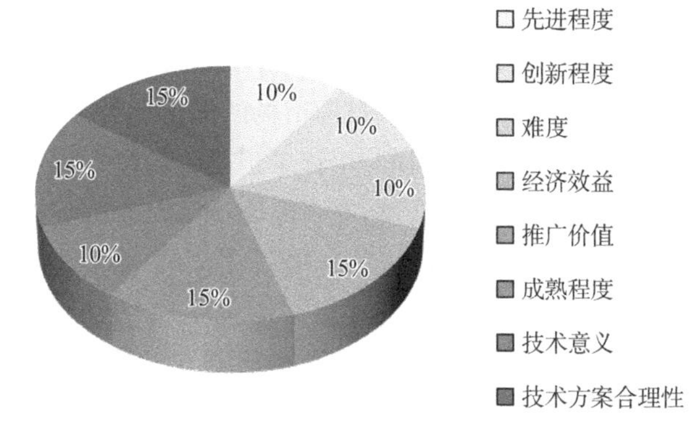

图 7-8 科技发明制作的评审标准和得分占比图

先进性：先进程度 10%、创新程度 10%、难度 10%。

现实意义：经济效益 15%、推广价值 15%、成熟程度 10%。

科学性：技术意义 15%、技术方案合理性 15%。

2. “挑战杯”中国大学生创业计划竞赛(“小挑”)评审标准和得分占比

评审标准如图 7-9 所示:

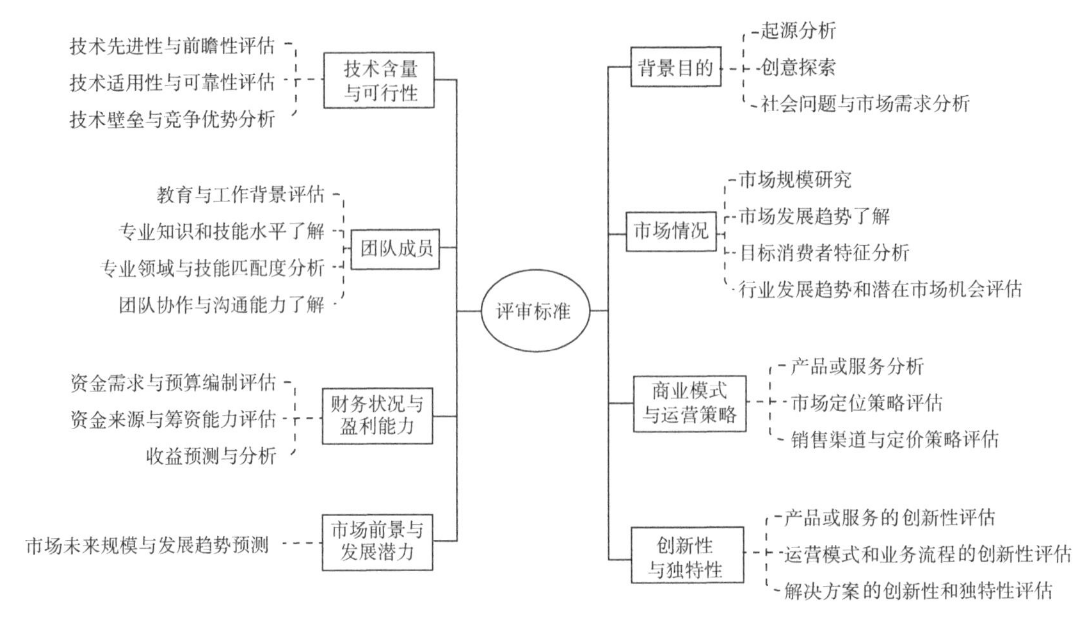

图 7-9 “小挑”评审标准

(1) 项目背景及目的:了解参赛项目的起源,探究项目的创意是如何产生的,并理解其创新性和独特性。分析参赛项目背后的社会问题和市场需求,理解项目的目标和意图。

(2) 相关市场情况:深入研究参赛项目所在市场的规模,了解市场的发展趋势,以便评估项目的市场潜力。分析目标消费者的特征,包括年龄、性别、收入水平、地理位置等,以确定项目的市场定位。了解行业的发展趋势和潜在的市场机会,以评估项目的成长性和可行性。

(3) 商业模式和运营策略:明确参赛项目提供的产品或服务是什么,分析其特点、优势以及与目标消费者需求的匹配度。详细了解目标市场的需求和特点,分析项目的市场定位策略是否准确、独特。评估参赛项目所选择的销售渠道是否合理、有效,能否满足目标市场的需求。分析参赛项目的定价策略是否合理,能否保证项目的盈利能力和市场竞争力。

(4) 参赛项目的创新性和独特性:评估参赛项目在产品或服务方面的创新程度和创新点,是否具有突破性和领先性。分析参赛项目在运营模式、业务流程等方面的创新性,是否具有高效、独特的优势。考察参赛项目提供的解决方案是否具有创新性和独特性,是否能有效解决社会问题或满足市场需求。

(5) 技术含量和可行性:深入了解参赛项目所采用的技术是否具有先进性和前瞻性,是否能满足市场的技术需求。评估参赛项目所采用的技术是否适用于解决实际问题或满足需求,其可靠性和稳定性如何。分析参赛项目的技术壁垒和竞争优势,判断项目在技术领域的领先地位和可替代性。

(6) 团队成员:评估团队成员的教育和工作背景,了解其专业知识和技能水平,判断其是否具备成功执行项目的实力。分析团队成员的专业领域和技能是否与项目需求相匹配，其专业知识和技能是否能支持项目的实施。了解团队成员之间的协作能力和沟通能力，以评估团队的凝聚力和工作效率。

(7) 财务状况和盈利能力：详细了解参赛项目所需的资金量及用途，评估其资金需求的合理性和预算编制的准确性。分析参赛项目的资金来源和筹资能力，包括自筹、融资、政府资助等，判断其资金来源是否可靠。对参赛项目的收益进行预测和分析，了解项目的成本构成和效益情况，以评估其盈利潜力和投资回报率。

(8) 市场前景和发展潜力：预测参赛项目所在市场的未来规模和发展趋势，分析市场的增长潜力和发展空间。

评审标准和得分占比，如图 7-10 所示：

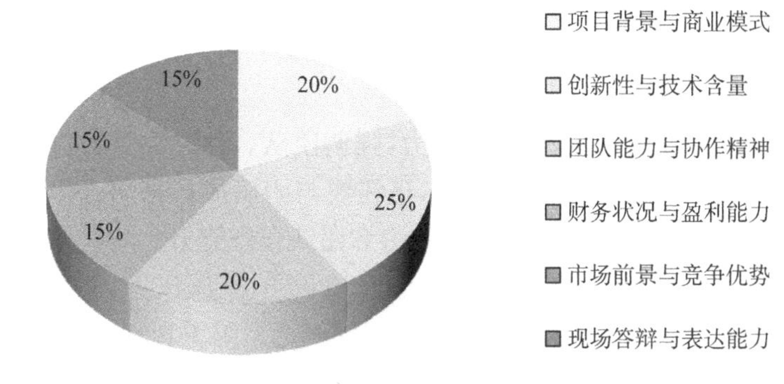

图 7-10 “小挑”竞赛的评审标准和得分占比

项目背景与商业模式(20%)：了解参赛项目的背景和目的，包括项目的起源、相关市场情况和社会问题等，以及参赛项目的商业模式和运营策略。

创新性与技术含量(25%)：考察参赛项目的创新性和独特性，包括在产品、服务或运营模式等方面的创新，以及技术的先进性、适用性和可靠性等。

团队能力与协作精神(20%)：了解参赛团队成员的背景、专业能力和优势，以及团队的组织结构和协作能力。

财务状况与盈利能力(15%)：评估参赛项目的财务状况和盈利能力，包括资金需求、资金来源、收益预测、成本控制等。

市场前景与竞争优势(15%)：评估参赛项目的市场前景和发展潜力，包括市场规模、竞争情况、政策环境等，以及参赛项目在市场中的竞争优势。

现场答辩与表达能力(15%)：考察参赛者在现场答辩环节的表现，包括演讲技巧、沟通能力、应变能力和创新思维等。

需要注意的是，以上比例仅供参考，实际比赛中可能会有所不同。评委的背景和偏好也会对评审标准产生一定的影响。在参加比赛前，建议参赛者充分了解比赛的评审标准和要求，以便更好地准备和展示自己的作品。

7.2 现状及问题分析

1. 所处的现状

(1) 竞赛规模逐年扩大，参与人数持续增长

“挑战杯”作为一项全国性的科技创新竞赛，吸引了越来越多的参赛者参与。参赛队伍数量也在逐年增加，涵盖了更多的学校和地区。“挑战杯”在激发参赛者的创新精神和实践能力方面发挥着积极作用。

(2) 竞赛内容日益丰富，涉及领域广泛

随着“挑战杯”的发展，竞赛内容日益丰富，涉及领域广泛。除了传统的自然科学、工程技术等科技类项目外，“挑战杯”还涵盖了人文社科、艺术体育等多个领域。这种多元化为参赛者提供了更多的选择，有助于培养全面发展的创新人才。

(3) 重视创新和实践，强调团队合作

“挑战杯”强调参赛者的创新和实践能力，强调团队合作。在竞赛过程中，参赛者需要具备一定的独立思考和解决问题的能力，还需要与团队成员密切合作，共同完成参赛项目，有助于培养参赛者的创新思维、实践能力和团队合作能力。

(4) 组织管理逐渐完善，竞赛流程更加规范

“挑战杯”的组织管理逐渐完善，竞赛流程更加规范。组织者制定了详细的竞赛章程和实施方案，明确了参赛条件、评审标准、奖励措施等方面的规定。在竞赛期间还设立了相关的工作委员会和志愿者团队，负责竞赛的组织、协调和实施工作，有助于确保竞赛的公平、公正和顺利进行。

(5) 媒体宣传力度加大，社会影响力不断提升

“挑战杯”的媒体宣传力度不断加大，社会影响力不断提升。组织者通过与主流媒体合作，对竞赛进行广泛宣传和报道。通过社交媒体平台积极开展线上宣传活动，吸引更多人关注和参与“挑战杯”，有助于提高“挑战杯”的知名度和影响力，促进科技创新和社会进步。

2. 面临的问题

(1) 商业化程度过高，影响竞赛公正性

随着“挑战杯”的发展，商业化程度越来越高。一些赞助商和广告商的加入可能会影响竞赛的公正性和纯粹性。一些项目的评价标准可能受到影响，使得商业化气息加重。这可能降低参赛者的兴趣和参与热情，也可能影响整个竞赛的质量。

为了克服商业化程度过高的问题，评价标准应更加强调创新和实践的平衡。在评价过程中，除了关注项目的商业价值，还应重视项目的创新性、实用性和技术含量。制定更加科学的评价标准，能更好地衡量参赛项目的质量和价值，也有助于提高竞赛的公正性和纯粹性。

(2) 评价标准不够科学，过于依赖评委主观判断

尽管“挑战杯”已经建立了初步的评价体系，但在实际操作中仍然存在评价标准不够

科学、过于依赖评委主观判断的问题。由于不同评委对项目的理解、认知和喜好存在差异，可能导致评价结果的不公正和不客观，这可能会打击一些优秀参赛团队的积极性，影响整个竞赛的质量，需要进一步完善评价标准，提高其科学性和客观性。

减少评委主观因素的影响可建立多维度的评价方式。除了评委的评分，引入公众投票、团队互评等多种评价方式，以综合评估参赛项目的质量和价值，这样能更好地反映参赛项目的实际情况，提高评价的客观性和公正性。

(3) 缺乏实际应用价值，与市场需求脱节

尽管“挑战杯”鼓励创新和实践，但部分参赛项目仍存在缺乏实际应用价值、与市场需求脱节的问题。一些团队可能更注重技术实现而忽略了市场需求和实际应用场景，导致项目难以转化为具有市场竞争力的产品或服务，这不仅可能浪费创新资源，还可能影响参赛者的创新和实践成果的转化和应用。

为此需多举齐下解决此问题。增加市场调研环节，在竞赛筹备阶段邀请企业界人士参与市场调研，了解市场需求和产业发展趋势，为参赛者提供更有针对性的指导和建议。建立校企合作机制，积极推动校企合作，鼓励企业与参赛者建立联系，共同开发和推广具有实际应用价值的项目，为参赛者提供更多的实践机会和资源支持。加强成果转化支持，在竞赛结束后，积极帮助参赛者将成果转化为实际产品或服务，并为其提供必要的资金、技术和市场支持，有效提高参赛项目的实际应用价值，推动科技创新和社会进步。

(4) 区域发展不平衡，参赛机会不均等

“挑战杯”的参与学校和地区存在不平衡的现象。一些地区的参赛学校数量较多，而一些地区则相对较少。这可能导致一些地区的创新资源和人才培养机会不足，影响其发展潜力。

促进区域均衡发展，加大对薄弱地区的支持和指导力度，与当地教育部门、科研机构等合作，为参赛者提供更多的培训、实践和资源支持。通过设立分赛区或扩大赛区范围的方式，降低地域因素对参赛机会的影响，确保各地参赛者均等参与竞赛。这样能有效提高竞赛的公平性和广泛性，促进各地区之间的交流和合作。

(5) 竞赛项目重复，缺乏创新性

在一些“挑战杯”的参赛项目中，存在项目重复的情况。一些团队可能在相同的领域或主题上进行创新，导致项目的创新性和独特性不足。这可能会影响整个竞赛的质量和创新性，需要鼓励参赛者进行更具有创新性的项目设计和研究。

建立项目预审机制，在竞赛筹备阶段，邀请相关领域的专家和学者对报名项目进行预审。对于重复或缺乏创新性的项目，能提前进行筛选和淘汰，以提高竞赛的质量和创新性。鼓励跨学科的合作，促进不同领域之间的交流和碰撞。通过不同学科的交叉融合，能产生更多具有创新性的项目，避免单一领域内的重复。在竞赛章程中，增加对创新性的要求。对于项目的选题、研究方法、技术应用等方面，都应强调创新性和独特性，从而引导参赛者进行更具有创新性的项目设计和研究。

(6) 参赛者缺乏指导，项目质量参差不齐

尽管“挑战杯”为参赛者提供了丰富的资源和支持，但在实际操作中，一些参赛者仍

然可能缺乏必要的指导和支持。这可能导致项目质量参差不齐，一些团队可能会在项目方向、技术实现等方面遇到困难，需要加强对参赛者的指导和支持，帮助参赛者更好地完成参赛项目。

建立完善的导师制度，为参赛者提供必要的指导和支持。通过与专业导师的合作，参赛者能得到更专业的指导和帮助，提高项目的质量和完成度。在竞赛期间，组织相关的培训和讲座，邀请专家和学者对参赛者进行指导和培训，这样能提高参赛者的技能和知识水平，帮助参赛者更好地完成参赛项目。为参赛者提供必要的资源支持，如实验设备、场地、资金等。通过提供这些支持，能帮助参赛者解决实际困难和问题，提高项目的质量和完成度。

(7) 竞赛压力过大，影响参赛者身心健康

“挑战杯”作为一项高水平的竞赛，对参赛者的要求较高，给参赛者带来了较大的压力。一些参赛者在备赛过程中需要投入大量的时间和精力，甚至需要放弃其他机会来专心备赛。这种压力可能导致参赛者身心疲惫，影响其发挥和表现，因此需要关注参赛者的身心健康，合理安排赛程和时间节点，避免给参赛者带来过多的压力。

优化赛程安排，组织者合理安排赛程和时间节点，也能避免给参赛者带来过多的压力。如采取分阶段比赛的方式，将整个竞赛分为多个阶段进行，让参赛者有更多的时间和空间准备每个阶段的比赛，为参赛者提供心理辅导和支持，帮助参赛者应对竞赛压力和紧张情绪。邀请专业的心理咨询师为参赛者提供心理咨询服务，帮助参赛者调整心态、缓解压力。在竞赛宣传和培训中，要强调身心健康的重要性。鼓励参赛者在备赛过程中注意保持身体健康和良好的心理状态，提供必要的放松和休息的场所，帮助参赛者保持身心健康。

(8) 缺乏后续支持

“挑战杯”结束后，一些参赛者可能会继续对参赛项目进行开发和研究，但缺乏后续的支持和指导，这可能导致一些优秀的项目无法得到进一步的发展和应用，浪费了创新资源。这就需要建立持续支持机制，为参赛者在项目后续的开发和研究过程中提供必要的支持和指导。可设立专门的后续支持团队或平台，为参赛者提供技术咨询、市场推广等方面的帮助。积极与企业合作，推动参赛项目与产业界的对接和转化。通过与企业合作，能为参赛者提供更多的实践机会和资源支持，帮助参赛者将项目转化为具有市场竞争力的产品或服务。设立后续发展基金，为优秀的参赛项目提供资金支持。该基金能用于项目的进一步研发、市场推广和其他相关活动，帮助参赛者将项目推向更高的层次。搭建一个交流平台，为参赛者提供一个互相学习和交流的空间。在这个平台上，参赛者能分享项目的进展、遇到的问题和经验教训，寻求合作伙伴和支持。这样能促进参赛者之间的合作和交流，共同推动项目的后续发展。

7.3 意义及价值

“挑战杯”是一项备受瞩目的科技竞赛，其价值和意义得到了社会各界的广泛认可。

许多学者认为，这一赛事不仅能够有效提升大学生的创新能力和实践能力，还为学科交叉和学术交流提供了良好的平台。通过参与“挑战杯”，大学生能接触到前沿的科研成果和技术应用，激发创新思维，锻炼实践能力，将所学知识运用到实际项目中，提高实践能力。来自不同专业和领域的参赛者相互交流、通力合作，有效促进了学科交叉和学术交流。这种交流不仅能够拓宽参赛者的视野，提升其学术素养和综合能力，还能够增强其综合素质，为未来的学术研究和职业生涯打下坚实的基础。

“挑战杯”对于培养参赛者的团队协作能力和领导力也有着重要的意义。在比赛中，参赛者需要组成团队，分工合作，共同解决问题和完成任务。这一过程不仅锻炼了参赛者的团队协作能力，还有助于培养参赛者的领导力和创新精神。

具体意义可归纳为如下四点(图 7-11)：

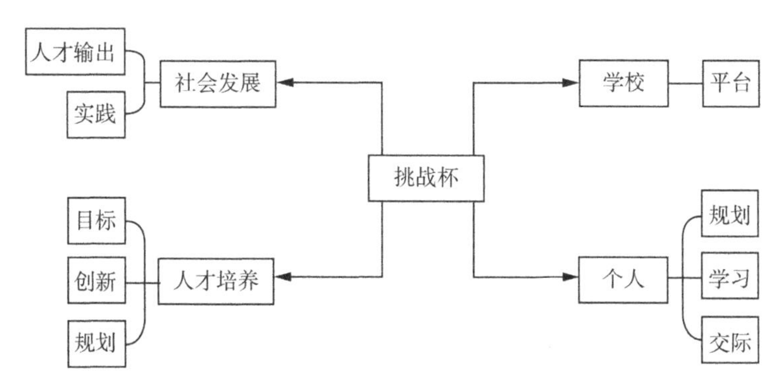

图 7-11 “挑战杯”的意义

1. 推动了传统学习模式的转变

“挑战杯”竞赛以促进参赛者主动学习为目标，推动了从以教师为中心的模式转向以参赛者为中心的模式。“挑战杯”竞赛旨在锤炼参赛者探寻、分析和解决问题的能力，提升创新能力和逻辑思维能力，并强化团队协作精神。参赛者通过竞赛积极学习项目需求，整理和分析信息，激发创新思维，最终提交项目计划书，为学术素养和职业发展奠定坚实的基础。

2. 激发了参赛者的创新思维和创造力

在“大众创业，万众创新”的社会趋势下，创新已成为每个人的追求。通过参与“挑战杯”竞赛，大学生们展现出强烈的创新热情。在竞赛中，参赛者不仅锤炼了创新思维和实践能力，还为未来的职业发展或创业之路打下了坚实基础。作为竞赛的积极参与者，还将成为推动科技成果转化和社会科技进步的重要力量，并在专利和论文等创新能力上展现卓越实力。

3. 增强了理论与实践的相互依存关系

“挑战杯”竞赛要求参赛者准备项目计划书，论证创新转化为生产力的方法，并评估项目的经济价值和投资可行性。与企业家交流后，参赛者更深入地理解科技对社会进步的作用。企业家则从多个角度评估参赛作品，促进产学研结合。参赛者还需关注社会热点，推动学术成果转化为社会应用，为社会进步贡献力量。

4. 推动培养跨学科的综合性人才

“挑战杯”竞赛旨在激发和培育大学生的创新思维和科研能力，其难度远超日常课程，通过挑战和检验，拓展学生知识边界，激发内在潜能。该竞赛是自主学习与实践的平台，要求参赛者掌握科研知识，提升能力。在教师指导下，参赛者广泛阅读、实地调研，优化创新点。这一过程可拓宽知识面，提升实践能力、逻辑思维和创新能力，培养组织能力和团队合作精神。

“挑战杯”竞赛的具体价值有如下四点：

1. 学术价值

“挑战杯”论文要求参赛者在特定领域内进行深入研究，这个过程需要参赛者对相关理论、研究方法、数据分析等方面进行全面而深入的了解和掌握。通过这种研究过程，参赛者能提升自己的学术素养和研究能力，通过对特定领域的深入研究，能更深入地理解该领域的基本理论和实践方法，从而增强其理论基础。“挑战杯”论文的撰写过程需要参赛者进行独立的研究、分析和思考，这有助于提升参赛者的研究技能和研究方法。通过深入研究和分析，参赛者能发现新的研究问题和研究方向，提出新的观点和见解，从而推动相关领域的知识创新和发展。

2. 实用价值

“挑战杯”论文不仅要求参赛者具备一定的学术素养和研究能力，还需要将研究成果应用于实际问题解决中。这种应用导向的研究过程有助于提高参赛者解决实际问题的能力和创新意识，为相关领域的发展提供实用性的支持。通过对实际问题的研究和解决，参赛者能为相关领域提供新的解决方案和方法，从而推动该领域的发展。“挑战杯”论文的研究成果能应用于实践，促进相关领域的实际应用和发展。应用导向的研究过程能培养实用人才，提高参赛者的实践能力和创新意识，为相关领域的发展提供人才支持。

3. 创新价值

“挑战杯”论文要求参赛者提出新颖、独特的研究思路和方法，这种创新性的研究和交流过程有助于激发创新思维，培养创新人才。为相关领域的发展注入新的动力和活力。通过提出新颖、独特的研究思路和方法，参赛者能激发创新思维，打破传统思维模式，从而推动相关领域的发展。“挑战杯”论文的交流过程能培养参赛者的创新意识和创新能力，提高其综合素质和创新能力。通过创新性的研究和交流，参赛者能为相关领域带来新的思路和方法，从而推动该领域的创新发展。

4. 社会价值

“挑战杯”论文的研究成果能应用于社会各个领域，如经济发展、环境保护、医疗卫生等。这种应用能为社会带来实际效益，提高公众对相关领域的认识和关注度。通过研究经济发展中的新问题和新趋势，参赛者能提出新的经济政策和发展战略，从而促进经济的发展和繁荣。研究环境保护中的新问题和新趋势，参赛者能提出新的环保政策和技术创新，从而改善环境状况和提高环境质量，提高公众对环境保护的认识和关注度，改善环境状况和提高环境质量。“挑战杯”论文的研究成果能通过各种渠道向公众传播和推广，从而增进公众对相关领域的认识度和关注度。

7.4 影响与成果

“挑战杯”对参赛者和社会各界都具有重要的意义和作用。首先，对于参赛者来说，“挑战杯”是一个展示自己才华的平台。通过参加“挑战杯”，参赛者能展示自己的创新成果和实践能力，从而获得更多的认可和机会。“挑战杯”还能够为参赛者提供宝贵的经验和教训，帮助参赛者更好地规划未来的人生道路。

其次，对于社会各界来说，“挑战杯”是一个促进学术交流和学科交叉的平台。在“挑战杯”的比赛中，不同专业和领域的参赛者能相互交流和合作，从而促进学科交叉和学术交流，这样的交流不仅能够拓宽参赛者的视野，还能够增强参赛者的学术素养和综合能力，具体影响主要涉及如下六个方面。

1. 科技创新推动

“挑战杯”作为一项全国性的大学生科技竞赛，对于推动科技创新的发展起到了重要的作用。在比赛中，参赛者们的创新思维和科技实践能力得到了充分的展示和锻炼。“挑战杯”的参赛作品涵盖了广泛的领域，从人工智能到生物科技，从新能源到环保科技，每一项作品都代表了参赛者们对科技创新的探索和实践。在人工智能领域，有团队开发出了智能家居系统，通过语音识别和图像识别技术，实现了对家居设备的智能化控制；在生物科技领域，有团队研究了新型药物筛选方法，为新药研发提供了新的途径；在新能源领域，有团队设计出了高效能太阳能电池，为绿色能源的发展提供了新的可能；在现代化农业领域，有团队展示了所开发的智能农业系统，该系统通过物联网技术和大数据分析，实现了对农田环境的实时监测和精准管理，不仅推动了农业领域的科技创新，还提高了农业生产的效率和质量。

这些作品不仅展示了参赛者们在科技创新方面的才华和潜力，也推动了科技创新的发展。这些项目的实施，不仅需要理论知识，更需要实践能力和创新思维。通过“挑战杯”的比赛，参赛者们得以将理论知识应用到实践中，提高了参赛者的科技素养和实践能力。通过比赛的推广和宣传，这些优秀的科研项目得以在社会上得到更多的关注和支持，进一步推动了科技创新的发展，为我国科技创新的发展提供了新的思路和方向。

[**案例：浙江大学医学院：“CART plus——细胞免疫治疗研发与转化领航者”项目**]

在浙江省第十八届“挑战杯”大学生课外学术科技作品竞赛中，浙江大学医学院竞赛团队的“CART plus——细胞免疫治疗研发与转化领航者”项目获得黑科技专项赛金奖。这个项目是细胞免疫治疗研发和转化的创新项目，由一群充满激情和创造力的年轻人完成，参赛者具有不同的学科背景，包括生物学、医学、化学和工程学等。项目的目标是开发一种新型的细胞免疫治疗方法，通过利用患者自身的免疫细胞来攻击癌症细胞。参赛者希望通过这种方法，能够为癌症患者提供更有效、更安全的治疗方案。

该团队研发的 CAR-T plus 产品是基于 CRISPR/Cas9 工程的通用型 CD19/CD22 双靶向 CAR-T 细胞疗法。利用 CRISPR/Cas9 破坏 TRAC 区域和 CD52 基因，从而制备通用型 CAR-T 以减少排斥反应。通过 CD19/CD22 双靶点覆盖，提高清除肿瘤效率。通过给CAR-T细胞安装“RQR8”安全开关，外用CD20单抗，可降低重度炎症风暴的发生率，减少副反应。利用健康人来源T细胞制备产品，实现“现货供应”，患者随到随用，能批量生产，降低成本。本团队参赛者以一作或共一在*Blood*、*Journal of Hematology & Oncology*等国际权威期刊上发表研究型论文14篇，累计影响因子达140多分。该产品得到中国工程院院士郑树森、李兰娟、朱利中在内的10余位两院院士的关注和推荐。依托浙大一院平台，相关CART产品已成功救治上千例国内外患者。

这个项目的创新性和实用性得到了评委和观众的高度认可，这次比赛不仅展示了团队研究成果，团队成员还获得了与行业领袖和专家交流的机会。这些经验和资源的积累为参赛者的进一步研究和项目的商业化打下了坚实的基础。

2. 人才培养

“挑战杯”对于培养大学生的创新精神和实践能力起到了积极的促进作用。在比赛中，参赛者需要独立思考、动手实践，这不仅提高了参赛者的科技素养，还培养了参赛者的团队合作精神和创新意识。“挑战杯”的比赛过程要求参赛者自主选题、自行设计实验方案、完成实验操作、分析实验数据、撰写科技论文等。这个过程不仅需要参赛者掌握扎实的理论知识，更需要参赛者具备独立思考、动手实践的能力。在比赛中，参赛者们需要不断地解决问题、克服困难，这不仅锻炼了参赛者的实践能力，还培养了参赛者的创新精神。

“挑战杯”的比赛还强调团队合作。参赛团队需要共同完成课题研究、论文撰写、答辩展示等一系列任务。在这个过程中，参赛者们需要学会相互协作、分工合作，这不仅提高了参赛者的团队合作能力，还培养了参赛者的集体荣誉感和团队合作精神，这些经历对参赛者未来的发展产生了深远的影响。许多参赛者在比赛中获得了宝贵的经验。通过“挑战杯”的比赛，大学生能够更好地培养创新精神和实践能力，提高自身的综合素质和竞争力。

3. 高校学科建设和教学改革

“挑战杯”的比赛内容和形式与高校学科建设和教学改革紧密相关。“挑战杯”的比赛内容涵盖了各个学科领域，包括自然科学、社会科学、工程技术等。“挑战杯”的比赛形式也多样化，包括学术论文报告、海报展示、答辩演讲等。这些比赛形式能更好地展示参赛者的学术成果和创新思维，为高校学科建设和教学改革提供新的思路和方向。通过“挑战杯”的比赛平台，高校能更好地了解社会对人才的需求和科技创新的发展趋势。通过观察比赛中的优秀作品和项目，高校能了解到当前社会对人才的要求和需求，以及科技创新的发展趋势和前沿。这些信息能帮助高校调整和优化学科专业设置和课程体系改革，使人才培养更加符合社会需求和科技创新的发展趋势。

不仅如此，“挑战杯”还为高校教师提供了更广阔的教学和研究平台。参与“挑战杯”比赛的教师能通过指导参赛者完成比赛项目，获得更多的教学和研究经验。这些经验能帮助教师提高自身的专业素养和综合能力，将比赛中的优秀项目转化为教学案例或科研项目，推动高校教学和科研的发展。

［案例：北京科技大学：(ISET)机器人辅助农业现代化智能化生产产业链］

在第十七届“挑战杯”全国大学生课外学术科技作品竞赛中，北京科技大学能源与环境工程学院的参赛作品“‘臭腐神奇’——一种臭气自净化多层塔式好氧堆肥装置”获大赛一等奖。该作品是针对传统好氧堆肥过程中温室气体排放量大、氧气利用率低、臭气产生量大、处理成本高等问题，本团队设计多层塔式好氧堆肥装置，旨在提高堆肥系统氧气利用率、实现堆肥臭气自净化，减少温室气体排放。该作品装置展现出卓越的泛化能力、高效的氧气利用率、低廉的运行成本、紧凑的占地面积以及近零排放的环保特性。该作品设计理念与国家倡导的减污降碳和可持续发展战略相契合，预示着其在多领域应用中具有广阔前景和巨大潜力。其成功研制为相关领域技术进步提供了有力支撑，为实现绿色和可持续发展提供了保障。

通过参与“挑战杯”比赛，北京科技大学了解到当前社会对环保科技的需求和趋势，看到了在能源问题日益严峻的背景下，社会对绿色、可再生能源的需求越来越高。因此，学校决定将“挑战杯”比赛中的优秀项目转化为教学案例和科研项目，以推动该校环保科技方面的教学和科研发展。首先，学校将比赛中的优秀项目引入课堂教学。再将这些项目作为案例，帮助参赛者深入了解环保科技的发展现状和趋势。学校也积极开展了相关的科研项目，进一步深入研究绿色能源转换与利用的关键技术，这不仅提高了教师的科研水平，也为参赛者的实践和创新提供了更广阔的平台。除了将“挑战杯”比赛的优秀项目转化为教学案例和科研项目外，北京科技大学还根据“挑战杯”比赛的反馈情况调整了学科专业设置和课程体系改革。参赛者加强了环保科技方面的人才培养，开设了更多的环保科技相关课程和专题讲座。学校还积极与企业合作，为参赛者提供实习机会和就业导向，帮助参赛者更好地将理论知识应用到实践中。

通过参与“挑战杯”比赛，北京科技大学不仅提高了自身的办学实力和人才培养质量，还为社会提供了更多具备环保意识和创新能力的优秀人才资源。这些人才将在未来的职业生涯中发挥重要作用，推动社会的可持续发展。

4. 社会影响力

“挑战杯”作为一项全国性的大学生科技竞赛，具有广泛的社会影响力。“挑战杯”的比赛吸引了来自全国各地的优秀高校参赛者参与，比赛过程中涌现出了许多优秀的科研项目和创意作品。这些作品不仅展示了参赛者们在科技创新方面的才华和潜力，也向社会展示了高校在人才培养和科技创新方面的成果。

通过“挑战杯”的比赛平台，社会能更好地了解高校的育人成果和科技创新的发展情况。“挑战杯”的比赛结果和获奖名单成为社会评价高校办学水平和科研能力的重要参考依据。“挑战杯”为社会提供了更多的优秀人才资源和发展机会。许多参赛者在比赛中获得了宝贵的经验，这些经历对参赛者未来的职业发展产生了深远的影响。一些参赛者通过“挑战杯”的平台获得了实习机会、创业投资和社会资源，为参赛者的职业发展提供了有力的支持。

“挑战杯”还具有增强社会对高校的认知度和信任度的作用。通过参与“挑战杯”的比赛，高校向社会展示了自身的办学实力和人才培养质量。许多企业在招聘时更加青睐有“挑战杯”经历的毕业生，认为这些参赛者在创新思维、实践能力和团队合作精神方面具有优势。这种认知度和信任度的提升，对于高校的声誉和未来的招生就业工作都有积极的影响。

5. 创业孵化

“挑战杯”不仅是一个展示和竞赛的平台，也是一个孕育和孵化创业项目的平台。在“挑战杯”的历史上，许多优秀的创业项目在比赛中得到了充分的展示和推广，获得了来自投资者和孵化器的关注和支持。这些创业项目涉及各个领域，如互联网、电子商务、文化创意等。一些项目在比赛中获得了投资和孵化机会，成功实现了从创意到创业的转化。这些项目的成功孵化，不仅为参赛者提供了更多的就业机会，也为社会带来了新的经济增长点和发展动力。

“挑战杯”的比赛过程给更多的优秀人才提供了社会资源和发展机会。一些参赛者在比赛中获得了宝贵的经验，这些经历对参赛者未来的职业发展产生了深远的影响。一些参赛者通过“挑战杯”的平台获得了实习机会、创业投资和社会资源，为自身的职业发展提供了有力的支持。

［**案例：北京航空航天大学：(ISET)机器人辅助农业现代化智能化生产产业链**］

在第十二届“挑战杯”中国大学生创业计划竞赛中，北京航空航天大学竞赛项目ISET以智慧农业为中心，利用机器人技术打造现代化多功能流水生产线、智能喷灌自主导航转运平台[无人机，自动导向车(AGV)等]、智能农作物识别采摘机器人，及定制机器人辅助农业生产产品服务为分支的产业链，助力国内农业生产从劳动密集型产业向技术密集型产业转型。该项目融合物联网和人工智能等先进技术，构建智能化的农业生产管理系统，旨在优化生产流程、提升效率并保障产品质量。在比赛中，这个项目获得了多个奖项，并吸引了来自农业科技企业和投资机构的关注。一家农业科技企业与该团队进行了深入的交流，并表达了强烈的合作意愿。

图 7-12　项目研究基地

在比赛结束后，这家企业与团队达成了一项合作协议。企业为团队提供实习机会和资金支持，团队则将项目转化为实际应用，并在此基础上开发了新的产品和服务。通过这次合作，团队不仅能够将创新理念和科技能力转化为实际的应用成果，还能够借助企业的资源和市场优势，实现创业项目的快速成长和推广。这家企业通过与团队的合作为自身带来更多的创新思路和技术支持，进一步巩固了其在农业科技领域的领先地位。

6. 国际交流与合作

“挑战杯”的比赛规模不断扩大，影响力也逐渐延伸到国际范围。“挑战杯”的国际交流与合作，不仅增进了各国大学生之间的友谊，更为重要的是，它促进了国际科技创新合作与交流。这种合作与交流对于每一个参与其中的大学生来说都是一种难得的经历。一些优秀的中国高校参赛者参与了国际大学生科技竞赛并取得了优异成绩，展示了中国大学生的科技创新实力和水平。与国际高校和机构的交流与合作也促进了我国高等教育在国际上的认知度和影响力提升。

“挑战杯”的国际交流与合作还包括了与其他高校和机构的交流活动。这些交流活动为各国参赛者提供了更广泛的合作机会和更深入的交流平台。通过这些交流与合作，中国大学生不仅了解了其他国家的科技创新情况，也吸收了其他国家的优秀经验和资源，进一步推动了科技创新的发展。这种形式的国际交流与合作对于提升中国高等教育在国际上的认知度和影响力起到了积极的推动作用。通过与其他国家和地区的交流与合作，中国高等教育在国际上的地位逐渐提升，得到了更多国际认可和关注。这种影响力的提升不仅为中国高等教育走向世界奠定了基础，也为未来更多的国际合作与交流提供了有利条件。

“挑战杯”不仅为大学生提供了一个展示自己创新能力和实践能力的平台，也为学术界提供了一个促进学科交叉和学术交流的重要机会。在未来，期待“挑战杯”能够继续发挥其重要的作用和影响力，为培养更多具有创新精神和实践能力的人才做出更大的贡献。近年来，“挑战杯”的影响力进一步扩大，其比赛内容也更加丰富和全面，除了传统的学术论文和创业计划外，还增加了移动应用、互联网创新、社会公益等多个专项赛道，使得更多的参赛者能够在“挑战杯”中找到适合自己的舞台。

7.5 未来展望

1. 赛事规模和影响力

随着中国高等教育的不断发展，未来“挑战杯”的规模有望进一步扩大。更多的高校将参与“挑战杯”，赛事的影响力也将进一步扩大。通过加强宣传和推广，“挑战杯”将成为更受社会关注和认可的大学生科技竞赛。随着“挑战杯”的不断发展，它也将成为全球范围内最具影响力的大学生科技竞赛之一。通过与国际高校和机构的合作，“挑战杯”将吸引更多的国际优秀参赛者和项目参与其中，提高中国高等教育的国际影响力。这种合作也将促进各国之间的友谊和技术交流，为世界范围内的科技创新事业做出贡献。

除了扩大规模和提高影响力外，“挑战杯”需要注重提高比赛的质量和水平，通过制定更加严格的评审标准和提高评委水平，保证比赛的公平性和公正性，让更多优秀的参赛者和项目脱颖而出。赛事主办方还可以通过增加奖项种类、提供更多奖励和支持等方式，鼓励参赛者积极参与“挑战杯”，提高比赛的整体水平。

2. 比赛内容和形式

未来“挑战杯”的比赛内容和形式将更加注重科技创新和实践能力的结合，涉及更多前沿科技领域，如人工智能、生物技术、新能源等。赛事将更加鼓励跨学科合作和创新，推动多学科交叉的科技发展。“挑战杯”还将更加注重项目的实用性和社会价值，关注解决社会问题的项目，设立更多与产业合作相关的比赛项目，推动科技创新与经济社会发展的结合。

在比赛形式上，未来“挑战杯”将采用更加灵活多样的方式，以适应不同领域和不同需求的参赛者。比赛将包括理论创新、实践操作、综合报告等形式，全面考察参赛者的科技创新和实践能力。“挑战杯”还将设置小组赛、分区赛、全国总决赛等多层次的比赛形式，增加比赛的竞争性和参与度。

在评审方面，未来“挑战杯”将建立更加科学、公正、透明的评审机制。评委将由来自不同领域和背景的专家组成，以保障评审的专业性和多样性。评审将注重项目的创新性、实用性、社会价值以及参赛者的综合素质和实践能力。将建立完善的监督机制，以保证比赛的公正性和公平性。未来“挑战杯”的发展还将积极推动与国际赛事的交流与合作，通过参与国际赛事、组织国际交流活动等方式，加强与国际高校和机构的合作与交流，共同推动科技创新的发展，将借鉴国际赛事的成功经验，不断改进和提升“挑战杯”的比赛内容和形式。

3. 创业孵化和成果转化

未来“挑战杯”将进一步加强创业孵化和成果转化工作，以促进创新项目的实现和推动我国科技创新和经济的发展。“挑战杯”将建立更多与投资者、孵化器和企业合作的机会，为优秀创业项目提供更多的资金和资源支持。这些合作机会可能包括投资者的现场投资、孵化器的技术支持和业务指导，以及企业的市场渠道和产业链资源等。通过这些合作，优秀创业项目将获得更多的支持和帮助，有助于提高项目的成功率和市场竞争力。“挑战杯”还将积极推动与产业界的合作，为参赛项目提供更多的应用和市场机会。通过与产业界的合作，参赛项目将有机会获得实际应用场景和市场测试，从而更好地验证项目的可行性和市场需求，这不仅有助于提高项目的质量和市场前景，还能够促进科技创新与经济社会发展的结合。

“挑战杯”还将加强与高校、科研机构和科技园区的合作，推动科技成果的转化和产业化。通过与高校和科研机构合作，“挑战杯”将引入更多的科技创新资源，提高赛事的技术水平和创新性。与科技园区的合作也将为参赛项目提供更多的实践和应用机会，推动科技创新与产业发展的深度融合。“挑战杯”还将通过多种渠道和方式进行宣传和推广，提高赛事的影响力和知名度。通过在社交媒体、行业网站、电视节目等多种渠道进行宣传，“挑战杯”将吸引更多的人关注和支持优秀创业项目，为项目的孵化和成果转化提供更广泛的社会资源支持。

未来“挑战杯”将通过加强与投资者、孵化器和企业合作，积极推动与产业界的合作，加强与高校和科研机构及科技园区的合作，以及加强宣传和推广等方式，加强创业孵化和成果转化工作。这将促进更多的创新项目转化为现实生产力，为我国科技创新和经济发展注入新的活力。

4. 国际交流与合作

未来“挑战杯”的国际交流与合作将进一步提升其国际影响力。通过与国际高校和机构的紧密合作，“挑战杯”将吸引来自全球各地的优秀参赛者和高质量项目参与其中，这种国际参与将带来更广阔的视野、创新的思维以及不同文化背景的交流，从而促进科技创新的全球化发展。“挑战杯”将积极与国际知名科技赛事展开合作，如国际科学与工程大奖赛(ISEF)、全球创业挑战(GCE)等，通过建立合作伙伴关系，共享资源和经验，提高中国高等教育的国际影响力。这些国际合作将为参赛者和团队提供更广阔的舞台，让参赛者有机会接触世界级的科技赛事，提升自身的综合素质和竞争力。

国际交流与合作不仅是科技创新的桥梁，更是文化交流的纽带。“挑战杯”将借助赛事平台，促进不同国家和地区之间的文化交流和科技创新合作。这种跨文化交流将有助于拓宽参赛者的国际视野，增进对不同文化的理解和认识，培养具有全球背景、国际视野的高素质人才。随着“挑战杯”国际影响力的提升，中国高等教育也将获得更多的国际认可和关注，这将进一步推动中国高等教育的国际化发展，加强与世界各地高校的联系与合作。通过与国际高校和机构的紧密合作以及与国际知名科技赛事的互动交流，“挑战杯”将为全球范围内的科技创新发展做出贡献，有助于提升中国高等教育的国际地位和声誉。

5. 数字化和互联网技术的应用

未来“挑战杯”将进一步利用数字化和互联网技术来创新比赛形式和宣传方式，以提升赛事的互动性、参与度和影响力。“挑战杯”将引入先进的互联网技术，实现线上线下的全面互动和参与。通过在线直播、社交媒体、移动应用等渠道，观众能实时观看比赛实况，参与互动和讨论，分享创新项目和科技进展。这种互动模式将打破地域限制，吸引各方人士参与“挑战杯”，提高赛事的关注度和参与度。数字化技术还将为“挑战杯”提供更多的数据分析和管理支持。通过收集和分析比赛数据，主办方能更好地了解参赛项目的特点、需求以及发展趋势。这种精准的数据分析将帮助主办方优化比赛流程、提升服务质量，为参赛者提供更加个性化和全面的支持。

数字化技术还将助力“挑战杯”拓展国际合作与交流。通过建立数字化平台，“挑战杯”能与国际赛事、高校、科研机构等实现无缝对接，推动国际科技创新合作与交流。这种数字化合作将打破地域限制，拓展合作渠道，提高合作效率，为“挑战杯”的国际化发展提供有力支持。数字化技术还将促进“挑战杯”的可持续性发展。通过建立赛事数据库和资源共享平台，“挑战杯”能将比赛成果、经验和学习资源进行整合和分享，为后续的比赛提供持续的参考和支持。数字化技术也将促进“挑战杯”的环保和节能减排，实现绿色办赛的目标。

未来“挑战杯”将充分利用数字化和互联网技术，创新比赛形式和宣传方式，提高赛事的互动性、参与度和影响力。通过数据分析和管理支持，主办方将更好地了解参赛项目需求和发展趋势，提供更加精准的支持和服务。数字化技术还将助力“挑战杯”拓展国际合作与交流，促进可持续性发展，推动我国科技创新事业的进步和发展。

8 “挑战杯”全国大学生课外学术科技作品竞赛相关数据分析

8.1 参赛项目的分类和分布

1. 参赛作品的分类(图 8-1)

图 8-1　参赛项目分类

(1) 工程技术类:参赛项目涉及机械、电子、信息、计算机等学科的工程技术项目。这些项目通常注重解决实际工程问题,开发新技术和新产品,提高生产效率和产品质量。例如,机械学科的项目能开发新的机械装置和加工方法;电子学科的项目能研究新的电子器件和电路设计;信息学科的项目能研究新的计算机技术和信息系统等。

(2) 自然科学类:参赛项目涉及数学、物理、化学、生物、医学等学科的基础研究和应用研究项目。这些项目通常注重探索和发现新的科学原理和现象,研究新的实验技术和方法，为人类认识世界和解决实际问题提供科学依据。例如，物理学科的项目能研究新的材料、器件和物理现象，化学学科的项目能研究新的化学反应和合成方法，生物学科的项目能研究新的生物种类、生态系统和生物医学应用等。

(3) 社会科学类：参赛项目涉及经济、管理、法律、教育等学科的社会科学研究项目。这些项目通常注重研究社会现象和人类行为，探索社会规律和发展趋势，为政策制定和社会发展提供科学依据。例如，经济学科的项目能研究经济发展、产业升级和国际贸易等问题；管理学科的项目能研究企业战略、组织行为和人力资源管理等问题；法律学科的项目能研究法律制度、司法实践和社会问题等。

(4) 环保和可持续发展类：包括环境治理、可持续资源开发、生态环保、清洁能源应用等领域，旨在鼓励大学生关注环保和可持续发展问题，探索新的解决方案。例如，环境治理学科的项目能研究新的污水处理技术或空气污染控制方法等，而可持续资源开发学科的项目能研究可再生能源的开发和利用与资源的回收和再利用等。

(5) 健康与医疗类：包括生物医学工程、医学影像技术、医学检验技术等领域，旨在关注人类健康和医疗问题，探索新的解决方案。例如，生物医学工程学科的项目能研究新的生物材料、人工器官或医疗设备等，而医学影像技术学科的项目能开发新的医学影像处理技术和诊断方法等。

(6) 文化创意和区域合作类：包括工业设计、动漫广告、体育竞技和国际文化传播、对外交流培训、对外经贸等领域，旨在突出共融、共享，紧密围绕“一带一路”和京津冀地区、长三角地区、成渝地区及粤港澳大湾区等经济合作建设。例如，动漫广告学科的项目能创作具有文化特色的动漫作品或广告方案等，而国际文化传播学科的项目能研究跨文化交流和传播的策略和技巧等。

(7) 教育与培训类：包括教育教学改革、职业培训、语言学习等领域，旨在提高教育质量和培训效果，为个人和社会发展提供支持。例如，教育教学改革学科的项目能研究新的教学方法和教育模式等，而职业培训学科的项目能提供针对特定职业领域的培训课程和实践项目等。

(8) 创意设计类：包括产品设计、工业设计、艺术设计等项目，旨在鼓励大学生在设计领域进行创新和实践。例如，工业设计学科的项目能设计新的产品外观、用户界面或人机交互方式等，艺术学科的项目能创作新的艺术作品或设计新的视觉传达方案等。

(9) 创业计划类：主要是针对创业初期的项目，涉及商业模式、市场营销等方面。这些项目通常注重创新和创业精神，旨在开发新产品或服务，实现商业价值和社会价值。例如，商业模式的创新能改变市场竞争格局，提高产品或服务的效率和质量；市场营销的研究能了解消费者需求和市场趋势，为产品或服务的推广提供科学支持。

2. 参赛项目的分布

(1) 学科分布：在项目分布上，自然科学与工程技术类项目占据主导地位，相比之下，社会科学类项目则显得较为稀少。

(2) 学校分布：参赛项目来自全国各地的大学，其中985、211等重点高校的项目数量较多，一些地方高校的项目数量相对较少。

(3) 地区分布:参赛项目来自不同地区,其中东部地区的项目数量较多,西部地区和中部地区的项目数量相对较少。这在一定程度上反映了地区经济发展的不平衡对参赛项目的影响。

(4) 获奖分布:“挑战杯”获奖项目数量占参赛项目总数的一定比例,获奖项目集中在自然科学类和工程技术类项目,社会科学类项目获奖数量相对较少。这些获奖项目展示了参赛者的科技创新能力和综合素质,为社会发展提供了支持和推动。

从“挑战杯”参赛项目的分类和分布能看出,参赛项目涵盖了多个领域,但学科分布不均,自然科学类和工程技术类项目数量占比较大,社会科学类项目数量相对较少。学校和地区分布也存在不平衡现象,重点高校和东部地区的项目数量较多。获奖项目主要集中在自然科学类和工程技术类项目,社会科学类项目获奖数量相对较少。这种分布现象与当前社会发展和经济建设的实际情况有关。随着科学技术的不断发展,国家对自然科学类和工程技术类项目的投入较多,重点高校和东部地区也具有更多的资源和优势,因此这些领域的参赛项目数量较多。而社会科学类项目需要更多的社会实践经验和调查数据支持,相对而言发展较慢,因此数量较少。但是,社会科学类项目对于推动社会发展和解决实际问题也具有重要意义,因此应该加强对社会科学类项目的支持和鼓励。

8.2 近年参赛作品获奖数量趋势分析

8.2.1 第十六届—第十八届参赛作品获奖数量统计分析

近些年来,“挑战杯”全国大学生课外学术科技作品竞赛的获奖数量呈现出稳步上升的趋势。这一趋势的背后涉及多方面的因素,这些因素相互交织、共同作用,推动了获奖数量的增加,如图 8-2 所示。

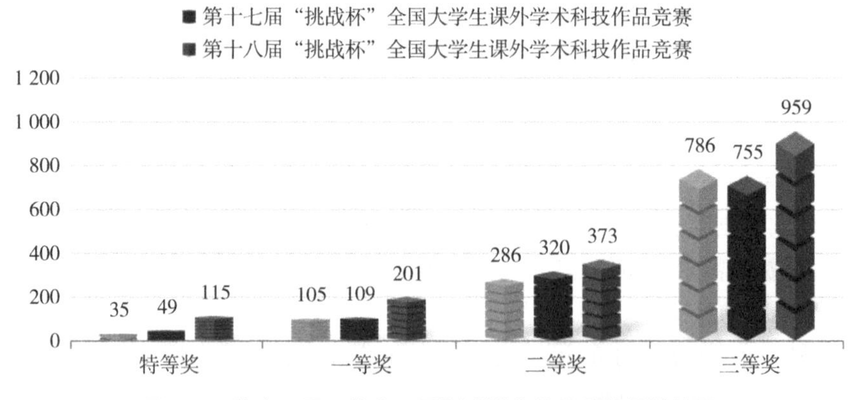

图 8-2 第十六届—第十八届“大挑”获奖作品数量统计图

随着社会的进步和科技的发展，学生们对科技创新的兴趣和热情得到了显著提升。在当今社会，科技创新被视为推动社会进步和发展的重要力量，这也激发了年轻一代对科技创新的浓厚兴趣。学校和相关部门也加大了对科技创新的投入和支持，提供了更多的机会和资源，鼓励学生参与科技创新活动。学生自身积极的态度和实际动手能力的提升，促使他们愿意参与“挑战杯”竞赛，努力争取获得好的成绩。

赛事影响力和奖励机制不断提升。每一届“挑战杯”竞赛都在扩大其知名度和影响力，通过各种宣传手段和社交媒体平台，吸引了越来越多的学生和教师的关注。这种关注度使得竞赛能够吸引到更多优秀的参赛者，从而提高了获奖作品的质量。赛事的奖励机制也在不断完善，除了奖金、荣誉证书等传统奖励外，还为获奖者提供了更多的机会和资源支持，如创业资金、实习机会等，这些激励措施也激发了学生们参与竞赛并争取获得更好成绩的热情。

评审标准和评审流程不断完善。在过去的几年中，“挑战杯”竞赛的评审标准和流程得到了不断的完善和改进。评委们对作品的创新性、实用性、团队协作和研究深度等方面进行了更全面、更客观的评价，使得一些优秀的作品能够脱颖而出，获得更好的成绩。赛事组委会还加强了对评审过程的监督和管理，确保评审的公正性和公平性，这也有助于提高获奖作品的质量和数量。

奖项设置的多样化也为学生们提供了更多的机会和激励。除了传统的奖项设置外，“挑战杯”竞赛还设置了一些新的奖项，如创业类奖项等，这些奖项的设置为学生们提供了更多的机会和激励，从而吸引了更多的参赛者。一些学校还会对参赛作品进行分类和分组，使得更多的作品能够参与评比，增加了获奖的机会。

“挑战杯”竞赛的参与性和包容性得到进一步提升。这一竞赛不仅吸引了来自全国各地的优秀学生参加，还鼓励不同背景和领域的学生共同合作，通过科技手段解决现实问题。这种多元化的参与方式有助于培养学生的创新思维和实践能力，同时为优秀作品的产生提供了更广阔的平台。

“挑战杯”竞赛具有广泛的覆盖面和影响力。每一届竞赛都有来自全国各地的学校和团队参与，这使得竞赛能够汇集来自不同地域和文化背景的作品。这种多样性使得竞赛更加丰富和有意义，也为优秀作品的产生提供了更多的机会。“挑战杯”竞赛还具有很高的媒体曝光度和社会关注度，这进一步扩大了其影响力，吸引了更多的学生和教师参与其中。

8.2.2 第十六届—第十八届参赛作品获奖数量描述性分析

“挑战杯”全国大学生课外学术科技作品竞赛的参赛作品数量和获奖作品数量逐年增加，参赛作品的平均获奖情况和标准偏差也逐年提高，说明挑战杯比赛的影响力和参与度在不断提高，同时竞争也更加激烈。不同项目的获奖数量差距也在扩大，这表明了比赛的公平性和多样性，奖项设置有特等奖、一等奖、二等奖、三等奖，描述统计分析如表8-1所示。

表 8-1　第十六届—第十八届“大挑”获奖作品数量描述统计表

名称	奖项设置数量	最小值	最大值	合计	均值	标准偏差
第十六届“挑战杯”全国大学生课外学术科技作品竞赛	4	35	786	1 212	303.00	338.923
第十七届“挑战杯”全国大学生课外学术科技作品竞赛	4	49	755	1 233	308.25	319.705
第十八届“挑战杯”全国大学生课外学术科技作品竞赛	4	115	959	1 648	412.00	380.114

第十六届—第十八届“大挑”获奖作品数量情况的描述统计分析表明，“挑战杯”比赛具有较高的竞争力和吸引力，同时涉及的学科领域也较为广泛。不同学校在比赛中的表现存在一定差异，但总体来说，“挑战杯”比赛为广大学生提供了一个展示自己科技创新能力的平台，也促进了学生之间的交流和合作，具体分析如下：

1. 参赛作品数量和获奖作品数量

第十六届竞赛获得奖项的作品数量范围为 35 到 786，总计 1 212 个作品；第十七届竞赛获得奖项的作品数量范围为 49 到 755，总计1 233 个作品；第十八届竞赛获得奖项的作品数量范围为 115 到 959，总计 1 648 个作品。

2. 获奖作品的平均水平

第十六届竞赛的平均得分为 303.00，标准偏差为 338.923；第十七届竞赛的平均得分为 308.25，标准偏差为 319.705；第十八届竞赛的平均得分为 412.00，标准偏差为 380.114。

3. 对比各届竞赛的获奖情况

从各年总的获奖作品数可以看出，总获奖数和平均数逐年增加，且第十六届的增加速度明显较高。说明随着比赛效应不断呈现，全国高校及学生参与“挑战杯”的热情越来越高，且参赛作品的水平也在不断提高，竞争也更加激烈。这种发展趋势也激励更多的学生参与“挑战杯”比赛。

总的来看，第十六届至第十八届“挑战杯”全国大学生课外学术科技作品竞赛都呈现较高的参与度和影响力，同时随着时间的推移，比赛的竞争态势也在不断上升。这不仅鼓励了更多的学生参与科技创新，也为我国的科技创新事业输送了大量的人才。

8.3　近年参赛作品选题分析

应用微词云分词对第十六届至第十八届“挑战杯”全国大学生课外学术科技作品竞赛的 4 099 件国赛获奖作品进行选题分析，以跟踪近年来国赛作品的选题热点领域、主题，主要结果如下：

为不同词性的分词的频次统计，也可以看出近年的热点主要集中在智能、机器人、传感器等领域，热点讨论的角度主要在系统、技术、乡村等，期待实现的情景主要在高效、精准、健康等方面，主要采取的方法集中为调研、分析、设计、检测等，如图 8-3、图 8-4 所示。

对所有作品涉及的分词进行网络关系分析，得到如图 8-5 的结果，可以看出，"系统"与其他分词网络关系最密切，即联系的词语更多；而"乡村"和"背景"、"乡村"和"路径"、"系统"和"技术"节点间的度较大，即它们的研究联系程度更密切。将其关联程度用矩阵图表示得到图 8-6 的结果，其中"乡村"和"背景"节点间的度达到了 43，"乡村"和"路径"节点间的度达到了 32。

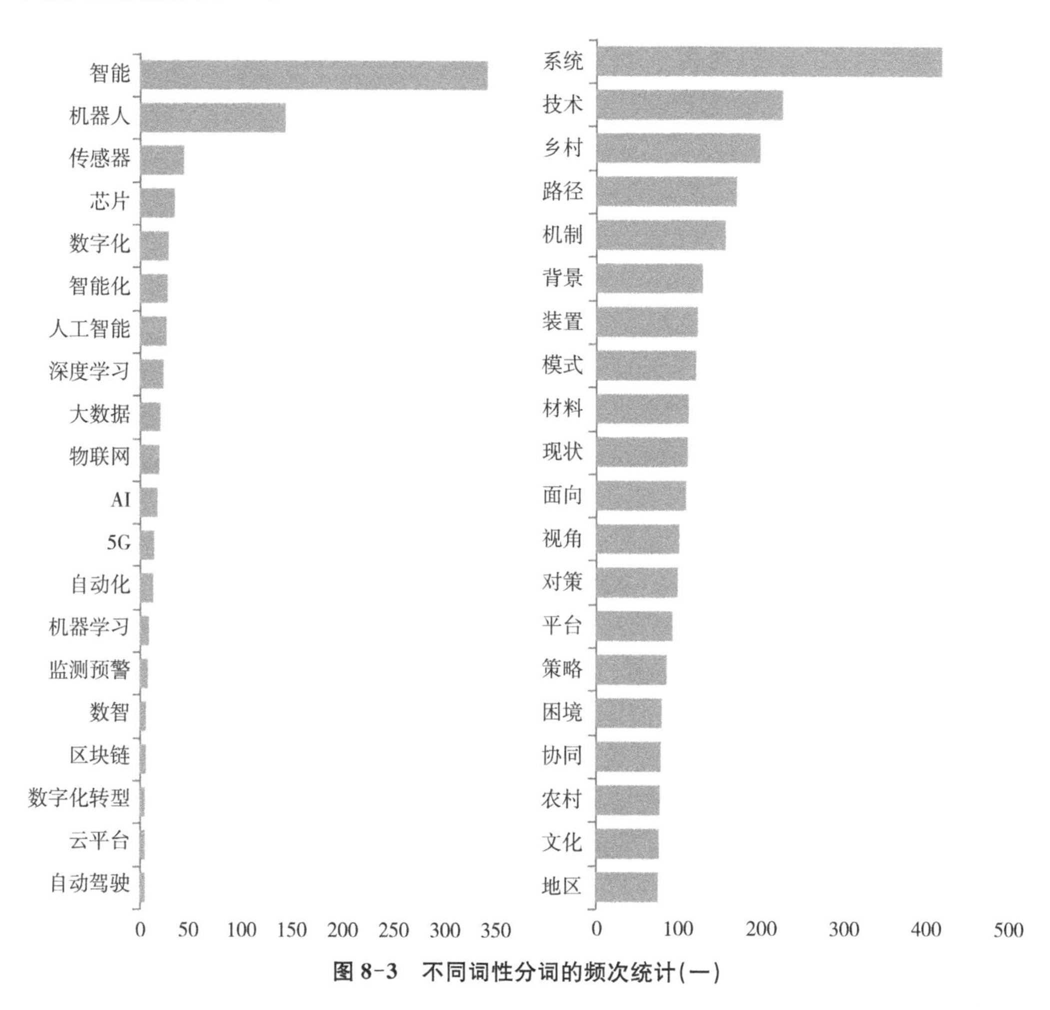

图 8-3 不同词性分词的频次统计(一)

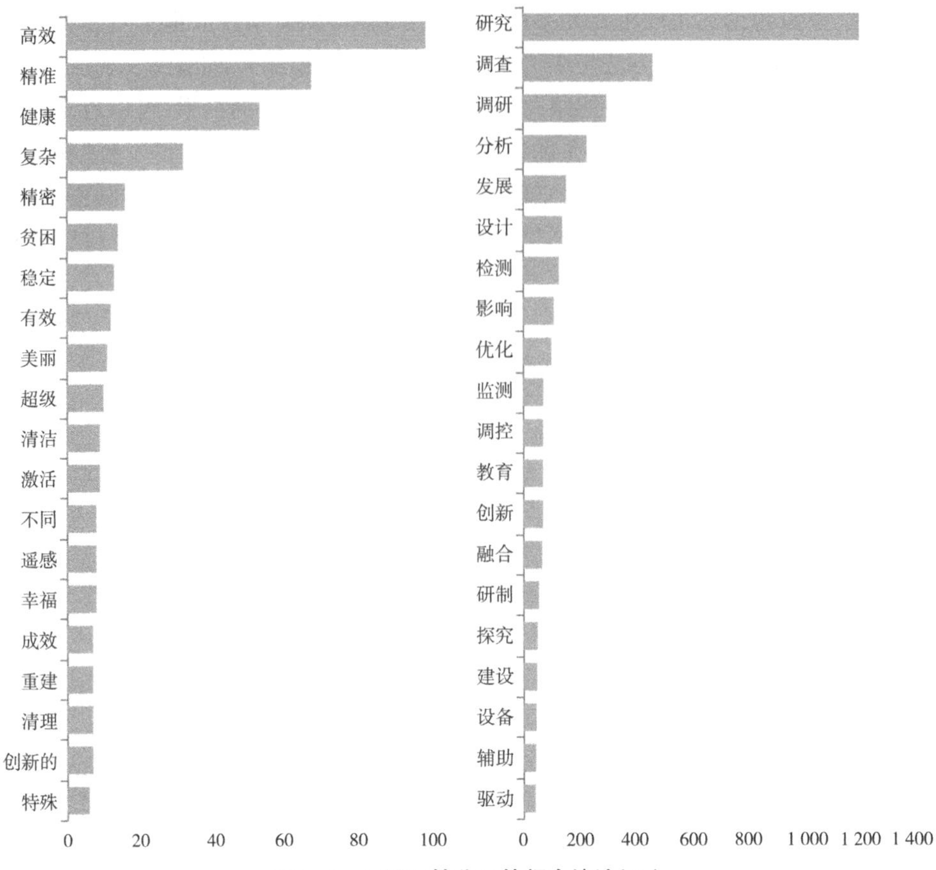

图 8-4　不同词性分词的频次统计(二)

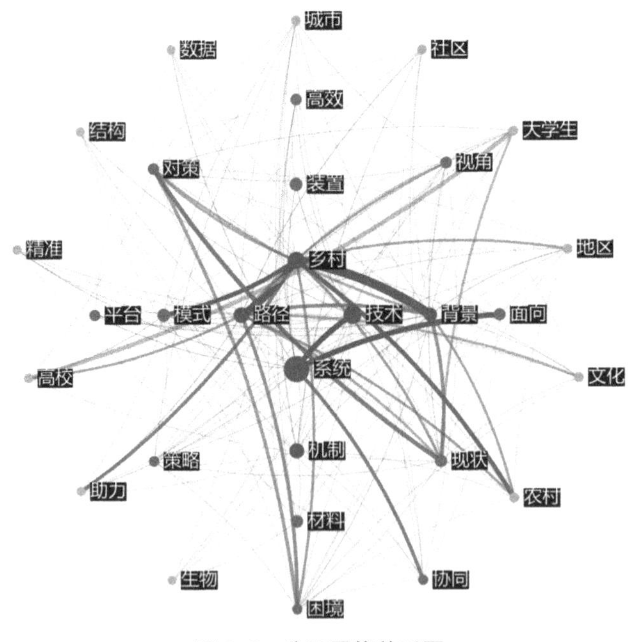

图 8-5　分词网络关系图

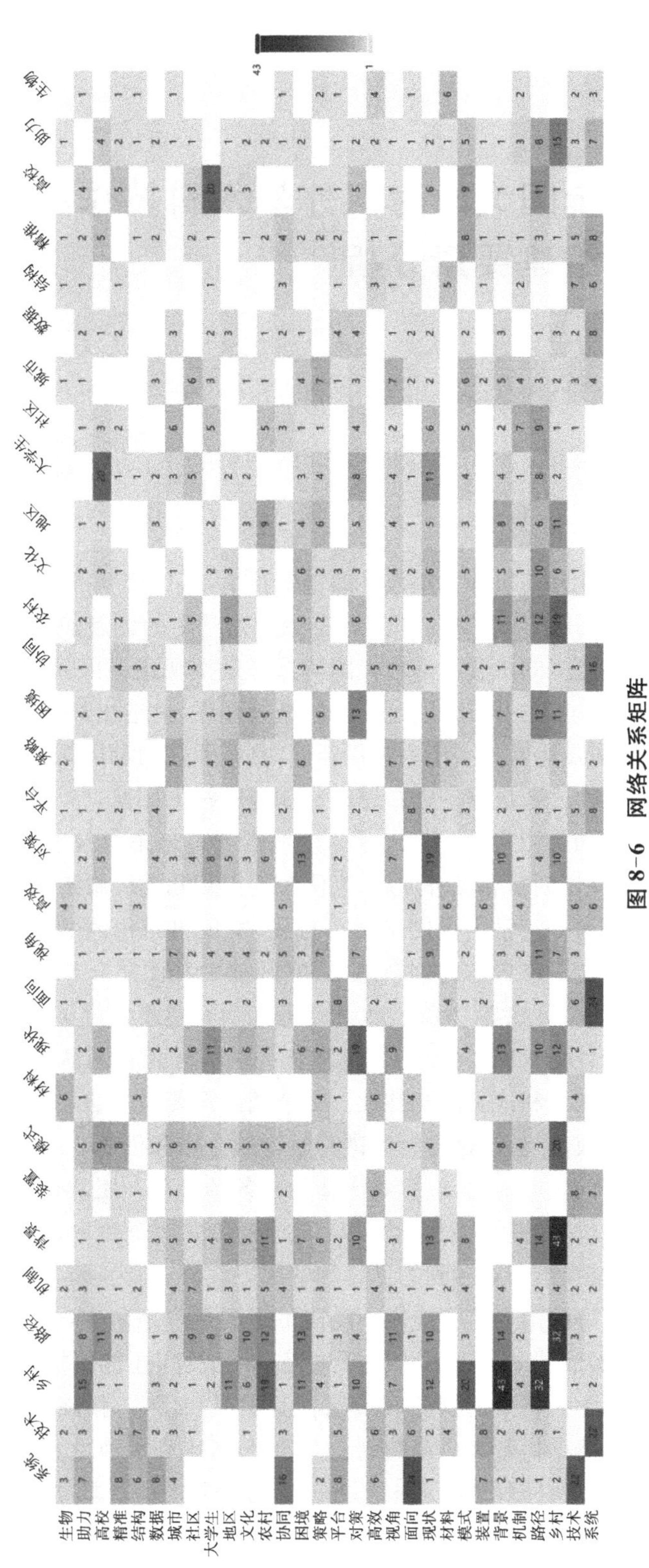
生物
助力
高校
精准
结构
数据
城市
社区
大学生
地区
文化
农村
协同
困境
策略
平台
对策
高效
视角
面向
现状
材料
模式
装置
背景
机制
路径
乡村
技术
系统

图 8-6 网络关系矩阵

9
“挑战杯”全国大学生课外学术科技作品竞赛项目团队组建要素分析

9.1 研究背景

“挑战杯”是一项旨在培养青年人才的重要赛事，其中创新意识和创业能力是比赛的核心目标。通过比赛的形式，“挑战杯”旨在激发大学生的创新热情和创业潜能，为参赛者的未来发展提供更多的机会和平台。团队选择是实现这一目标的关键环节。在“挑战杯”的团队选择过程中，主办方会通过严格的选拔程序，挑选出具备创新思维和创业精神的团队，这些团队成员通常具备出色的创新能力、实践能力和团队合作精神，能够为比赛做出重要的贡献。通过选拔具备创新思维和创业精神的团队，“挑战杯”能为社会培养更多具备创新意识和创业能力的青年人才。这些人才是未来科技创新和社会发展的重要力量，将积极推动科技创新和经济发展，为国家的繁荣和发展添砖加瓦。

“挑战杯”比赛为青年学生提供了展示自我、实现自我价值的平台。通过参与“挑战杯”比赛，青年学生能锻炼自己的创新思维、实践能力和团队合作精神，提升自身的综合素质和就业竞争力。“挑战杯”为高校人才培养和学科建设提供了有力的支持和参考，推动高校更好地适应社会发展需要，培养更多优秀的人才。在团队选择方面，“挑战杯”强调参赛团队的整体实力和成员的互补性。每个团队需要由来自不同学科背景、具备创新思维和实践能力的成员组成，这样能促进跨学科的合作和创新。团队成员还需要具备团队合作精神和良好的沟通能力，以应对比赛中的各种挑战。团队选择在“挑战杯”中具有重要的作用。一个优秀的团队对参赛项目的质量和成功至关重要。团队成员若具备创新实践能力，则能够提出新颖独到的见解和解决方案，从而为项目的成功奠定坚实基石。团队合作精神和良好的沟通能力能使团队成员之间更好地协作，共同应对比赛中的各种挑战，并取得更好的成绩。通过团队选择过程，“挑战杯”还能促进不同学科之间的交流和融合。来自不同学科背景的团队成员能相互学习和借鉴，拓展自己的视野和知识面。跨学科的合作为参赛项目带来更多的创新点和亮点，提高了项目的整体质量。

团队选择是“挑战杯”竞赛活动中至关重要的环节之一。通过科学、公正地选拔优秀的团队和项目，“挑战杯”能为科技创新和社会发展做出积极的贡献，为高校人才培养和学科建设提供有力的支持。

9.2 研究意义及价值

“挑战杯”团队选择的意义及价值在于通过严格的选拔过程，挑选出具备创新思维、实践能力和团队合作精神的优秀团队成员，以提升比赛的整体质量和公平性。这一过程不仅促进了跨学科交流与合作，推动了科技创新发展，还培养了参赛者的创新思维、实践能力和团队合作精神，提升了综合素质和就业竞争力。“挑战杯”为高校人才培养和学科建设提供了支持和参考，推动高校更好地适应社会发展需要。最终，通过“挑战杯”的选拔和比赛过程，能实现青年创新人才的培养和高校素质教育的发展，为科技创新和创业发展以及经济社会发展做出积极贡献，主要价值有如下七点(图 9-1)：

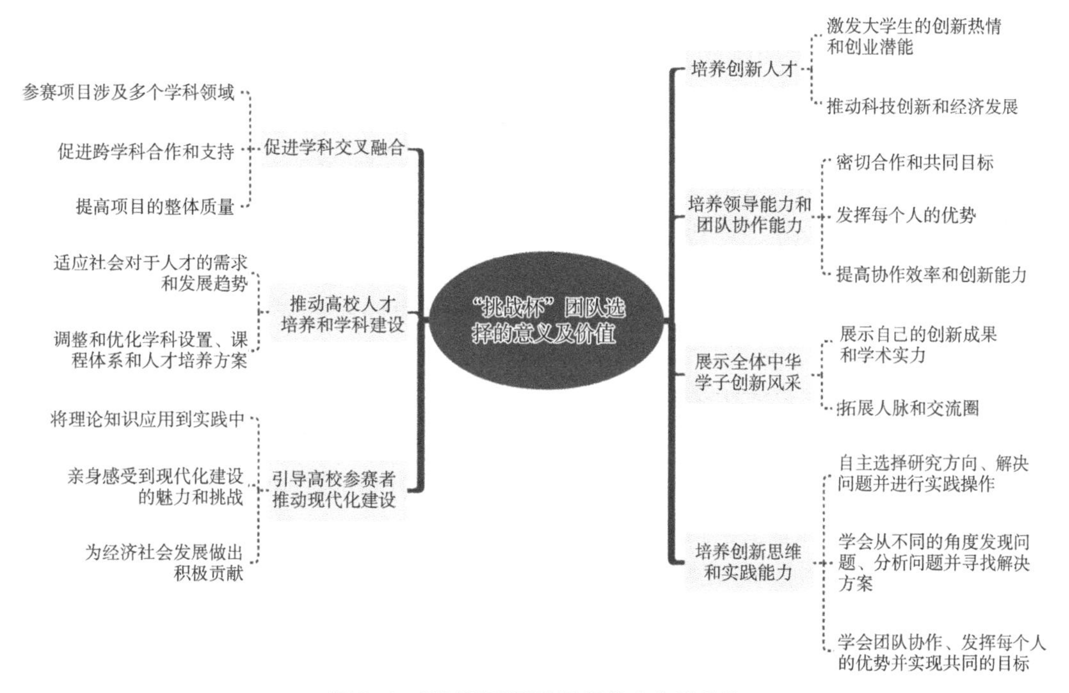

图 9-1 “挑战杯”团队选择的意义及价值

1. 促进学科交叉融合

“挑战杯”比赛的参赛项目往往涉及多个学科领域，需要跨学科的合作和支持。团队选择时，需要考虑团队成员的学科背景和专业知识，考虑不同学科背景的团队成员能促进学科交叉融合，力求组建具备跨学科能力和合作精神的团队，拓展团队的创新空间和思路，为参赛项目带来更多的创新点和亮点，提高项目的整体质量。

2. 培养创新人才

“挑战杯”旨在培养具有创新意识和创业能力的青年人才，通过比赛的形式激发大学生的创新热情和创业潜能。团队选择则是实现这一目标的重要环节。通过选拔具备创新思维和创业精神的团队，“挑战杯”能为社会培养更多具有创新意识和创业能力的人才，推动科技创新和经济发展。

3. 推动高校人才培养和学科建设

“挑战杯”比赛对于高校人才培养和学科建设具有重要的推动作用。一方面，通过参与“挑战杯”比赛，参赛者不仅得到了创新思维、实践能力和团队合作精神的锻炼，还提升了自身的综合素质和就业竞争力，这样的经历有助于参赛者在未来的职业生涯中更好地适应和应对各种挑战。另一方面，“挑战杯”为高校学科建设和人才培养提供了有力的支持和参考。高校能通过观察和分析“挑战杯”比赛中参赛者们的表现和成果，了解和掌握社会的需求和人才的发展趋势。这种了解使得高校能够更好地调整和优化学科设置、课程体系和人才培养方案，以培养出更多具备创新思维、实践能力和团队合作精神的优秀人才。

4. 培养领导能力和团队协作能力

“挑战杯”比赛需要团队成员之间的密切合作，每个成员都需要发挥自己的专长和优势，为团队的成功做出贡献。团队选择时，需要考虑团队成员的综合素质，包括创新能力、技术实力、沟通能力、团队合作精神等方面。通过选拔具备团队合作精神和沟通能力的团队成员，增强团队的凝聚力和合作精神，提高团队的协作效率和创新能力，为比赛的成功打下基础。“挑战杯”的团队选择过程也是一个培养领导能力和团队协作能力的机会。在选拔过程中，参赛者需要展示自己的领导能力和团队合作精神，与其他团队成员协作完成指定的任务和项目。这种经历能帮助参赛者更好地适应未来的工作环境和职业发展需要。

5. 引导高校参赛者推动现代化建设

“挑战杯”不仅仅是一个比赛，更是一个引导和激发高校参赛者积极参与现代化建设的重要平台。在这个平台上，参赛者能透过比赛了解到社会的真实需求和市场的发展趋势，从而将参赛者在课堂上学到的理论知识应用到实践中去，发挥参赛者的创造力和技术实力。通过参与“挑战杯”比赛，参赛者们能亲身感受到现代化建设的魅力和挑战。参赛者能运用自身的知识和技能，为现代化建设贡献独特的力量。无论是科技创新、文化传承还是社会服务，参赛者都能在“挑战杯”中找到自己的位置，发挥自己的优势。

“挑战杯”是一个引导高校参赛者参与现代化建设的重要平台。通过参与“挑战杯”比赛，参赛者能发挥自己的创造力和技术实力，促进高校科技成果的转化，为经济社会发展做出积极贡献。在这个平台上，参赛者能不断提升自己的综合素质和社会责任感，为自己的未来发展打下坚实的基础。

6. 展示全体中华学子创新风采

“挑战杯”是全国大学生展示自我、实现自我价值的重要平台，也是全体中华学子展示创新风采的重要舞台。在这个平台上，来自不同地区、不同类型、不同水平的高校参赛者汇聚一堂，展示自己的创新成果和学术实力，以及挑战自我极限的才华和勇气。在“挑战杯”的比赛中，参赛者能充分发挥自己的想象力和创造力，将所学知识运用到实践中，通过不断尝试、探索和创新，实现自己的目标。在这个过程中，参赛者不仅能锻炼自己的创新思维和实践能力，还能结交来自全国各地的优秀学子，拓展自己的人脉和交流圈。

通过参与“挑战杯”比赛，参赛者能获得宝贵的经验和教训，对自己的能力和潜力有更深刻的认识。这些经验和教训将对参赛者未来的学习和职业生涯产生积极的影响，让参赛者更加自信、更加坚定地走向成功的道路。

7. 培养创新思维和实践能力

“挑战杯”是一个旨在培养大学生创新思维和实践能力的重要赛事。在“挑战杯”的团队选择过程中，参赛者需要自主选择研究方向、解决问题并进行实践操作。这个过程不仅要求参赛者具备扎实的专业知识，还需要具备一定的创新思维和实践能力。通过参与“挑战杯”比赛，参赛者能学会如何从不同的角度发现问题、分析问题并寻找解决方案。参赛者们能学会如何进行团队协作、如何发挥每个人的优势并实现共同的目标。这些能力不仅对于参赛者未来的职业发展具有重要的意义，对其人生发展也具有重要的影响。

在“挑战杯”的团队选择过程中，参赛者需要充分发挥自己的创新思维和实践能力，从海量的信息中筛选出有价值的信息，并进行深入的分析和研究，这个过程能帮助参赛者锻炼自己的创新思维和解决问题的能力，提高实践能力。

9.3 团队的 PEST 分析

应用 PEST(政治、经济、社会、技术)分析方法评估“挑战杯”宏观环境。它涵盖了政治、经济、社会和技术四个维度，用以识别“挑战杯”外部环境中可能影响企业绩效的宏观因素，如图 9-2 所示

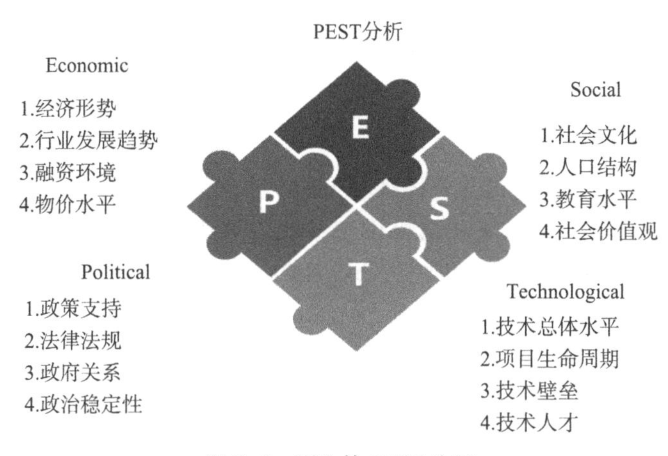

图 9-2 团队的 PEST 分析

1. 政治因素

1) 政策支持

“挑战杯”作为国家级别的创新创业大赛，得到了政府的大力支持和政策倾斜。政府通过出台一系列政策，包括财政补贴、税收优惠、创业扶持等，为“挑战杯”团队提供了良好的政策环境和发展机遇。这些政策旨在鼓励创新创业，推动科技成果转化，为团队提

供更多的资源和支持，促进业务发展。

2）法律法规

“挑战杯”团队需要遵守相关法律法规，涉及知识产权保护、商业登记、税务管理等。了解并遵守法律法规能保护团队的合法权益，避免法律风险和纠纷。法律法规的变化也可能会对团队的运营和发展产生影响。团队需要关注法律法规的变化，及时调整战略和计划，适应新的政策环境。

3）政府关系

与政府部门建立良好的关系能帮助“挑战杯”团队获取更多的政策支持和资源，促进项目落地和推广。通过与政府部门合作，团队能获得更多的市场机会和发展空间，为业务发展提供有力支持。

4）政治稳定性

政治稳定性和社会安定对“挑战杯”团队的发展至关重要。政治不稳定和社会动荡可能会对团队的项目实施和推广产生不利影响。政治稳定能提供良好的发展环境，促进经济的繁荣和社会的稳定，为“挑战杯”团队提供更多的发展机遇。

2. 经济因素

1）经济形势

当前的经济形势对“挑战杯”团队的业务发展具有重要影响。经济稳定增长能为团队提供更多的市场机会和资源，促进业务发展。相反，经济下行或不稳定可能会导致市场需求萎缩和资源紧张，给团队带来一定的压力和挑战。

2）行业发展趋势

了解所在行业的发展趋势能帮助“挑战杯”团队把握市场机遇和竞争格局。通过对行业发展趋势的分析，团队能制定更加符合市场需求的发展战略和技术路线，提高市场竞争力。

3）融资环境

融资环境的好坏直接影响“挑战杯”团队的创业和发展。良好的融资环境能提供更多的资金支持，降低融资成本，为团队提供更多的发展机遇。了解融资环境能帮助团队更好地制定融资策略和合作计划，提高资金运作效率。

4）物价水平

物价水平的波动可能会影响到“挑战杯”团队的运营成本和盈利水平。物价上涨可能会导致成本增加，降低团队的市场竞争力。因此，团队需要密切关注物价变化，合理控制成本，提高盈利能力和市场竞争力。

3. 社会因素

1）社会文化

社会文化是指一个国家或地区在历史、地理、风土人情、传统习俗、生活方式、文学艺术、行为规范等方面的社会现象。社会文化对“挑战杯”团队的业务发展和市场定位具有重要影响。了解社会文化能帮助团队更好地把握市场需求和消费者心理，制定更加符合市场需求的策略和方案。

2）人口结构

人口结构是指一个国家或地区的人口在年龄、性别、城乡、民族等方面的构成情况。人口结构的变化能帮助“挑战杯”团队更好地制定市场策略和业务规划。通过对目标市场的人口结构进行分析，团队能更加准确地把握消费者的需求和心理，提供更加符合市场需求的产品或服务，提高市场竞争力。人口结构的多变性也意味着团队需要密切关注市场动态和人口变化趋势，以便及时调整策略和方案，应对潜在的风险和挑战。

3）教育水平

教育水平的高低可能会影响到“挑战杯”团队的人才储备和技术创新能力。提高教育水平能为团队提供更多高素质的人才，提升技术创新能力，进而提高市场竞争力。因此，“挑战杯”团队应该关注当地教育水平的提高，与当地教育机构建立合作关系，共同培养人才，提升团队的整体素质和能力。“挑战杯”团队还应该注重自身人才的培养和提高，不断加强团队成员的技术培训和创新思维训练，以适应不断变化的市场需求和技术发展趋势。

4）社会价值观

社会价值观是指一个地区人们对社会问题的看法和价值取向。这些因素会影响人们对产品或服务的选择和消费行为，进而影响市场需求和竞争格局。了解社会价值观能帮助团队更好地了解当地市场的消费趋势和需求，提供更加符合市场需求的策略和方案。

4. 技术因素

1）技术总体水平

了解当前技术的总体水平和技术发展趋势能帮助“挑战杯”团队更好地把握市场趋势和发展方向。通过对技术的关注和分析，团队能制定更加符合市场需求和未来发展方向的策略和方案，提高产品的性能和质量，优化生产工艺和流程，精准制定市场营销策略，并及时调整策略和方案以应对市场风险和挑战。

2）项目生命周期

项目生命周期指的是一个项目从其初步概念的提出，直至最终完成的全部时间跨度。这一过程涵盖了项目的规划、实施、监控和收尾等各个阶段，确保了项目的顺利进行和高效完成。它的长短对“挑战杯”团队的业务发展和项目开发具有重要影响。随着技术的不断进步，项目的生命周期会不断缩短，团队需要密切关注市场动态和技术进步，及时更新项目或调整策略，以适应市场需求的变化并保持竞争优势。团队还需要在项目初期制订切实可行的计划，并在项目执行过程中根据市场反馈和需求变化及时调整策略和方案，以确保项目的顺利推进和成功完成。

3）技术壁垒

技术壁垒通常指在特定领域或行业中存在的技术难点、专利保护、标准制定等因素，它们限制了新技术或产品的进入和应用。了解技术壁垒能帮助“挑战杯”团队更好地规避技术风险和壁垒，实现更好的业务拓展和市场推广。具体来说，了解技术壁垒能使团队更好地了解行业内的技术现状和发展趋势，避免侵犯他人的专利权或技术权益，帮助团队发现和利用行业内的技术漏洞，创新性地解决问题，实现业务拓展和市场推广。

4）技术人才

了解技术人才的供需状况对“挑战杯”团队至关重要，因为它有助于团队更好地招聘和培养人才，进而提升技术创新能力。通过关注人才市场需求、供给状况、行业发展趋势以及人才流失问题，团队能制定精准的招聘策略、选拔优秀人才、制订培养计划以及留住优秀人才。这些举措有助于提高团队的综合素质和技术创新能力，更好地应对市场风险和挑战，实现业务发展和项目开发的成功。团队需要密切关注市场动态和行业发展趋势，建立完善的人才管理体系和激励机制，以吸引和留住优秀的技术人才。

9.4 团队的 SWOT 分析

SWOT（优势、劣势、机会、挑战）分析是一种综合评估方法，用于研究内外部竞争环境和条件。它系统分析研究对象的相关因素，揭示优势、劣势、机会和威胁，为制定发展战略提供依据。

图 9-3 团队 SWOT 分析

运用系统分析方法，对各类影响因素进行逻辑匹配和综合分析，旨在准确把握实际情况，为决策提供科学依据（如图 9-3），详细分析如下：

1. 优势

1）团队协作能力强

“挑战杯”团队成员之间相互信任、沟通顺畅，能够充分发挥各自的优势，实现资源共享和互补，提高团队的工作效率和创新力。

2）知识背景丰富

团队成员来自不同的学科和专业，具备广泛的知识背景和视野，能够为项目提供多角度的思路和方法，为项目的创新和发展提供强有力的支持。

3）实践能力较强

“挑战杯”团队的成员具备一定的实践经验和技能，能够将理论知识应用于实际操作中，提高项目的可行性和实用性，为项目的实施和推广提供保障。

4）创新能力突出

“挑战杯”团队注重创新和探索，善于发现新的研究问题和思路，提出新颖的解决方案和创新性成果，以利于在比赛中获得优势。

2. 劣势

1）知识储备有限

虽然团队成员来自不同的学科和专业，但仍然可能存在知识储备不足或缺乏某些领域的知识，需要加强学习和补充。团队能通过参加相关培训、阅读专业书籍和文献等方式来弥补知识储备的不足。

2）实践能力有待提高

虽然部分团队成员具备一定的实践经验，但总体来说，部分成员的实践能力还有待提高，需要加强实践训练和技能提升。团队需寻找更多的实践机会，如参与企业实习、开展社会实践等，来提高实践能力。

3）创新能力有待加强

虽然“挑战杯”团队注重创新和探索，但部分团队成员可能缺乏独立思考和创新精神，过于依赖指导老师或其他团队成员的指导，需要加强创新能力和思维的培养。团队能通过参加创新培训、创新竞赛等方式来提高创新能力和思维水平。

3. 机会

1）国家政策支持

国家对于“挑战杯”给予了大力支持和政策倾斜，为“挑战杯”团队提供了良好的发展环境和机会，充分利用国家政策支持，积极开展创新创业活动，提高项目的竞争力和实施效果。

2）市场需求大

随着社会发展和科技进步，创新性、实用性的需求越来越大，为“挑战杯”团队提供了广阔的发展空间和机会。参赛团队应关注市场需求和发展趋势，有针对性地开展项目研发和推广，提高项目的市场价值和影响力。

3）与企业合作机会多

“挑战杯”团队能与企业合作，通过实际项目和实践机会，提高团队的实践能力和创新水平。与企业合作能获得更多的实践经验和资源支持，扩大团队的影响力和知名度。

4. 威胁

1）竞争激烈

“挑战杯”比赛竞争激烈，需要具备一定的实力和优势才能脱颖而出。团队需要加强自身的创新能力和实践能力，提高项目的质量和竞争力。

2）技术门槛高

对于一些技术含量较高的项目，需要参与人员具备较高的技术水平和研究能力，这也给团队带来了一定的挑战和威胁。团队能寻求专业导师的指导和支持，积极学习和掌握相关技术知识，提高自身的技术水平和能力。

3）市场风险大

虽然市场需求大，但竞争也很激烈，存在风险和不确定性，需要做好市场调研和风险评估。团队需要关注市场需求和发展趋势，加强对竞争对手的了解和分析，制定合理的市场策略和风险控制措施。

9.5 团队组建要素分析

9.5.1 团队能力需求

“挑战杯”是一项对团队能力要求极高的科技竞赛。参赛团队需要具备扎实的专业知识和技能，同时兼具出色的团队合作、创新思维和实际操作能力。在比赛中，团队成员需要相互支持、协作，共同解决问题，才能取得优异的成绩。团队还需要具备组织协调能力、沟通能力和领导能力，以确保团队成员能够高效地完成任务。“挑战杯”不仅考验团队成员的个人能力，更注重团队的协作和整体实力，如图 9-4 所示

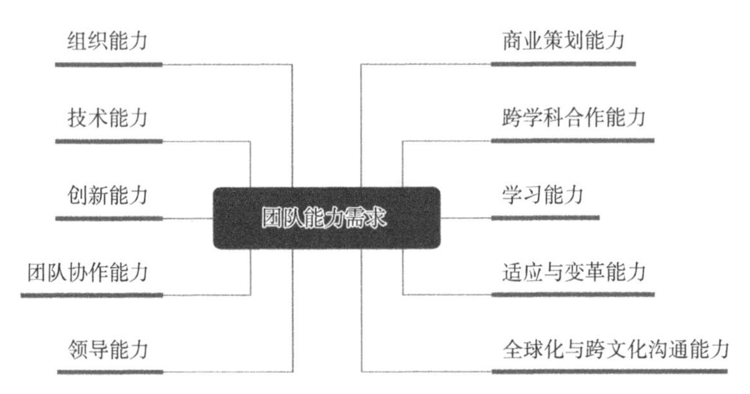

图 9-4 团队能力需求

1. 组织能力

“挑战杯”团队需要具备强大的组织能力，包括团队成员之间的协调与沟通能力，以及团队对外部资源的整合能力。通过建立清晰的职责划分和有效的沟通渠道，团队成员能够有效地协同工作，共同实现团队目标。团队应与合作伙伴建立良好的合作关系，并有效地整合外部资源，以获取更多的支持和专业知识。组织能力确保团队成员能够有效地协同工作，共同实现团队目标。

2. 技术能力

技术能力包括对相关领域技术的掌握、技术问题的解决能力以及技术创新的研发能力，是实现技术创新和转化的基础。一个具备扎实技术能力的团队应具备相关领域的技术知识和技能，并能够将这些知识应用于解决实际问题。团队成员应具备解决问题的能力和创新的能力，能够提出有效的解决方案和开展研发工作。在项目开发过程中，技术能力能够帮助团队克服技术难题，实现技术突破，从而提高项目的质量和竞争性。因此，

具备扎实技术能力的团队在“挑战杯”竞赛中更具优势,有可能取得更好的成绩。为了培养技术能力,团队成员应积极学习新知识,不断拓展自己的视野和提升技能水平。团队应该鼓励成员进行合作创新和研发工作,激发新的想法和创意,以推动项目的创新发展。

3. 创新能力

具备创新能力的团队能够在项目开发过程中发现和解决问题,提出具有创新性的解决方案,从而提升项目的竞争力和市场价值。创新能力包括独立思考、创新思维、创新方法等方面的能力,能够帮助团队在竞赛中脱颖而出。一个具备创新能力的团队应具备敏锐的洞察力和敢于尝试的精神,勇于挑战传统思维和方法,以实现项目的创新和突破。为了培养创新能力,团队成员应积极进取,关注行业动态和市场趋势。团队应该鼓励成员进行独立思考和合作创新,激发新的想法和创意,以推动项目的创新发展。

4. 团队协作能力

“挑战杯”比赛不仅需要团队成员之间的密切合作,还需要每个成员发挥自己的专长和优势,为团队的成功做出贡献。在团队选择时,需要考虑团队成员的综合素质,包括创新能力、技术实力、沟通能力、团队合作精神等方面。一个优秀的团队应该具备这些方面的优势,从而在比赛中表现出色。通过选拔具备团队合作精神和沟通能力的团队成员,能增强团队的凝聚力和合作精神,提高团队的协作效率和创新能力,为比赛的成功打下坚实的基础。因此,在组建团队时,应该注重成员之间的互补性和协同性,选择具备不同专长和优势的成员,以实现团队的全面发展和成功。

5. 领导能力

“挑战杯”的团队选择过程不仅是一个选拔人才的环节,更是一个培养领导能力和团队合作精神的重要机会。在这个过程中,参赛者需要展示自己的领导能力,包括组织协调、决策能力和团队合作精神等,以便与其他团队成员更好地协作完成指定的任务和项目。这样的经历能帮助参赛者更好地适应未来的工作环境和职业发展需要,提高参赛者在未来职场中的竞争力。通过参与“挑战杯”比赛,参赛者能锻炼自己的团队协作能力和领导能力,增强自信心和成就感,为未来的职业生涯打下坚实的基础。

6. 商业策划能力

商业策划能力包括对商业运营的基本原理和策略的了解,能够为团队提供有关商业模式、营销策略和财务规划的专业建议。具备商业策划能力的团队成员能够帮助团队在商业计划中做出明智的决策,提高项目的可行性和竞争力。为了培养商业策划能力,团队成员应积极学习商业知识、关注市场趋势和商业案例,不断提升自己的商业思维和分析能力。鼓励成员进行商业实践和创新尝试,激发商业创意和想法,以推动项目的创新发展。具备商业策划能力的团队成员将为“挑战杯”竞赛中的团队提供重要的支持和帮助,推动团队取得更好的成绩。

7. 跨学科合作能力

跨学科合作能力包括与不同领域专家、研究机构的合作与交流能力,能够促进不同领域之间的知识共享和资源整合,产生更广泛的技术创新和市场应用。具备跨学科合作能力的团队应具备跨学科的知识背景和合作经验,能够与来自不同领域的专家和研究机构建立有效的合作关系。通过与不同领域的专家和研究机构合作，团队能获得更广泛的技术支持和资源共享，提升项目的竞争力和市场价值。为了培养跨学科合作能力，团队成员应积极学习不同领域的知识。

8. 学习能力

持续学习能力是指不断吸收新知识、技能和方法，以适应不断变化的市场和技术环境的能力。具备持续学习能力的团队能够保持竞争优势并迅速应对新的挑战。为了培养持续学习能力，团队成员应积极学习各类新知识，不断提升技能水平。团队应该鼓励成员进行知识分享和经验交流，促进团队成员之间的互相学习和提高。团队通过参加培训、研讨会等方式，不断提升团队的综合素质和竞争力。

9. 适应与变革能力

适应与变革能力包括对市场趋势的敏锐洞察、灵活的思维方式和快速响应的能力，能够帮助团队在不断变化的市场和技术环境中快速调整策略和方案，以保持竞争力和市场领先地位。为了培养适应与变革能力，团队成员应积极学习市场知识和技能，关注市场动态和趋势，敏锐地洞察市场需求和变化。团队鼓励成员具备灵活的思维方式，能够根据市场变化及时调整策略和方案，以适应不断变化的市场需求和技术趋势。团队应注重快速响应能力，能够迅速应对市场变化和挑战，抓住机遇并取得领先优势。

10. 全球化与跨文化沟通能力

在全球化背景下，“挑战杯”正趋于国际接轨，顺应国际化大潮流，即团队需要具备跨文化沟通的能力，以在不同文化背景下进行有效的交流与合作。全球化与跨文化沟通能力能帮助团队拓展国际合作和市场份额，提升团队的全球竞争力。为了培养跨文化沟通的能力，团队成员应积极学习外语和涉外礼仪，关注不同国家的文化差异和习俗，具备跨文化沟通的知识和技巧。团队应该具备国际合作经验，适应不同的文化环境并在全球化竞争中取得优势。通过与来自不同国家的合作伙伴进行交流和合作，团队能获得更广泛的技术支持和资源共享，提升项目的竞争力和市场价值。

9.5.2 组建流程

“挑战杯”有明确的组建流程，参赛团队可以确保从一开始就有一个清晰的方向和目标，避免走弯路和浪费资源。合理的流程还能够促进团队成员之间的分工与协作，使每个人的才能得到充分发挥，从而提升整个团队的战斗力。只有严谨而有效的组建流程，才能确保团队在“挑战杯”比赛中取得优异的成绩，具体流程如图 9-5 所示。

1. 寻找合作伙伴

参赛者能通过校内社团、参赛者会、实验室等途径来寻找志同道合的合作伙伴。这些场所是寻找合作伙伴的理想场所，因为这些场所通常有已经存在的团队和成员，这些团队和成员往往有着相似的兴趣和目标，因此更容易建立起合作关系。在选择合作伙伴时，应考虑互补性。这意味着团队成员之间应该能够互相补充，发挥各自的优势。例如，一个团队成员可能擅长技术研发，而另一个团队成员可能擅长市场推广。这种互补性能使团队更加强大，更加全面，从而更好地完成项目。参赛者还能通过参加一些与“挑战

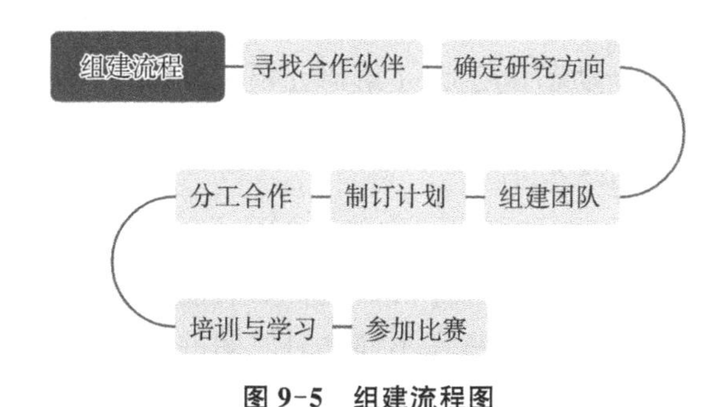

图 9-5 组建流程图

杯”相关的活动、社交网络、比赛等途径来寻找合作伙伴。这些场合也可能让参赛者接触到其他学校的参赛者，从而扩大合作范围。

在寻找合作伙伴时，参赛者还应该考虑团队的文化和价值观。一个好的团队应该有着积极向上的文化氛围和价值观，能够激发团队成员的积极性和创造力，提高团队的凝聚力和合作效率。寻找合作伙伴有以下四个技巧：

(1) 确定自己的目标和需求

在寻找合作伙伴之前，参赛者应该明确自己的目标和需求。这包括想要完成的科研项目、比赛目标、所需技能和资源等。只有明确了自己的目标和需求，才能更好地寻找合适的合作伙伴。

(2) 扩大社交圈子

参加校内社团、参赛者会、实验室等组织能帮助参赛者扩大社交圈子，增加结识新人的机会。参赛者还能通过参加比赛、学术交流等活动来扩大自己的社交圈子。

(3) 寻求推荐和建议

向自己身边的人寻求推荐和建议，能帮助参赛者找到更合适的合作伙伴。例如，能向老师、同学、朋友等寻求推荐和建议，了解哪些人可能成为合适的合作伙伴。

(4) 主动接触和交流

当发现有潜在的合作伙伴时，参赛者应该主动接触和交流。可以通过电话、邮件、社交媒体等方式与对方联系，了解对方的兴趣和需求，看看是否有可能建立合作关系。

2. 确定研究方向

研究方向的选择需要团队成员共同协商和确定，这能是一个具体的科学问题、技术难题或社会问题等。在确定研究方向之前，团队成员需要充分了解各种研究领域的发展状况和趋势，并结合自身的兴趣和专业背景进行思考和分析。在确定研究方向后，需要进行可行性分析，以确保项目能够顺利进行并取得成果。团队成员还需要了解相关的法律法规和伦理规范，确保研究符合科学道德和法律法规的要求。在涉及伦理问题时，团队成员需要认真遵守伦理规范，保护受试者的权益和安全。确定研究方向有以下六个技巧

(1) 了解各种研究领域的发展状况和趋势

在确定研究方向之前，团队成员需要了解各种研究领域的发展状况和趋势，包括最新的研究成果、技术进展和社会需求等。团队成员能通过查阅最新的文献、参加学术会

议、参观展览等方式了解研究领域的最新进展，并对研究领域进行全面的综述和分析，这有助于把握研究方向的最新动态和趋势，了解研究领域的发展状况、存在的问题和挑战，以及现有的解决方案等。

(2) 寻找兴趣和专业的结合点

团队成员需要结合自身的兴趣和专业背景，寻找适合的研究方向。只有对研究领域有浓厚的兴趣，才能有持久的动力去探索和研究，考虑自己的专业背景和技能水平，选择适合自己的研究方向。团队成员能考虑不同学科之间的交叉点，寻找跨学科的研究方向。不同学科之间的交叉往往能带来新的研究思路和方法，扩大研究的领域和应用范围。

(3) 确定研究问题的具体性和创新性

在确定研究方向时，团队成员需要明确研究问题的具体性和创新性。具体的研究问题有助于明确研究计划和目标，而创新性的研究问题则能带来新的研究思路和方法。团队成员需要明确研究的意义和价值，这包括研究的实际应用价值、对学术领域的贡献等。只有具有明确的研究价值和意义，才能更好地吸引评委和业内人士的关注。

(4) 进行可行性分析

在确定研究方向后，需要进行可行性分析，评估项目的可实现性和可操作性。这包括对研究目标的可实现性、研究方法的可操作性、实验条件的可满足性等方面的评估。团队成员需要充分考虑自身的实验条件、技能水平、时间安排等因素，以确保项目能够顺利实施。团队成员需要考虑研究方法和实验设计的问题，包括实验的条件、样本的选择、数据的采集和分析等，这有助于保证研究的科学性和可靠性。

(5) 考虑市场需求和社会问题

团队成员能考虑市场需求和社会问题来确定研究方向。例如，当前社会面临的一些重要问题如环境保护、能源危机等都能成为研究的方向。市场上的新技术、新需求等为研究提供新的思路和方法。

(6) 寻求导师和专家的指导和建议

团队成员能寻求导师和专家的指导和建议来确定研究方向。导师和专家具有丰富的学术经验和专业知识，能为团队提供有益的建议和指导，帮助团队更好地确定研究方向。

3. 组建团队

组建时需要仔细考虑团队成员的背景、技能和个性特点，以确保团队能够高效协作并取得成果。团队成员应具备与研究方向相关的知识和技能。这包括对相关学科的基本理论、研究方法和技术有一定了解，具备相关的实践经验和技能等。团队成员能通过参加相关课程、自学、实践等方式来提高自己的专业知识和技能水平。团队成员需要具备合作精神、沟通能力和组织纪律性等非技术性素质。合作精神是团队成员之间互相支持、协作和配合的精神，需要团队成员有意识地培养和锻炼。沟通能力是团队成员之间进行信息交流、协调和沟通的能力，需要团队成员具备基本的语言和文字表达能力，能够清晰地表达自己的意见和看法。组织纪律性是团队成员遵守团队的规章制度和安排，能够按时按质完成任务的能力，需要团队成员具备责任心和自我约束能力。

团队成员之间要有共同的目标和理念，能够互相支持和协作。团队成员应该对“挑战杯”的目标、意义和价值有共同的认识和理解，共同的愿景和目标，以激发团队成员的积极性和创造力。团队成员之间应该互相尊重、理解和支持，形成良好的团队氛围和合作关系。组建团队有以下七个技巧：

(1) 确定团队目标和愿景

在组建团队之前，需要明确团队的目标和愿景。这是针对研究项目、比赛、创业等不同方向的目标和愿景，但都需要所有团队成员的共同认可和参与。

(2) 制定团队章程和制订计划

在确定团队目标和愿景之后，需要制定团队章程和计划。团队章程包括团队的名称、宗旨、成员权利和义务等，而计划则包括团队的目标、任务分配、时间安排等。这有助于团队成员了解自己的任务和责任，更好地协作和完成任务。在组建团队时，应该鼓励团队成员提出新的想法和解决方案，尊重个人的独立思考和意见。这能激发团队成员的创造力和潜力，提高团队的创新能力。

(3) 选择合适的团队成员

选择合适的团队成员是组建团队的关键之一。需要考虑到不同背景、专业和技能的互补性，以及个性特点的搭配和协调，了解每个团队成员的期望和目标，以便更好地发挥团队的优势和潜力。一个优秀的团队需要具备多元化的专业技能，以确保在面对各种挑战时能够灵活应对。

(4) 建立良好的沟通渠道

建立良好的沟通渠道是组建团队的重要技巧之一。需要确保所有团队成员都能够方便地交流和讨论问题，及时反馈进展和困难。能通过定期的会议、电话、邮件等方式进行沟通，利用好现代科技手段如即时通信工具、在线会议等。

(5) 培养合作精神和信任

合作精神和信任是组建团队的核心价值观之一。需要所有团队成员共同努力，培养合作精神和信任关系。能通过互相支持、理解和尊重来实现，注重沟通和协调，避免出现误解和矛盾。一个积极的团队氛围能提高团队成员的工作效率和质量，增强团队成员之间的互动和合作。能通过定期的团队活动、社交聚会等方式来增强团队成员之间的联系和互相了解。

(6) 合理分配任务和资源

在组建团队时，需要合理分配任务和资源。需要根据每个团队成员的技能和特长分配任务，考虑到任务的难易程度和时间安排。在资源方面，需要根据任务的需要在预算范围内合理分配资源，避免出现浪费和不必要的工作，保持任务的连续性和稳定性，避免出现任务中断或频繁更换任务的情况。这能提高团队成员的工作效率和质量，增强个人的责任感和归属感。

(7) 制定评估和反馈机制

制定评估和反馈机制是组建团队的重要技巧之一。需要定期对团队的进展进行评估和反馈，以便及时发现问题和困难，进行调整和改进。能通过定期的会议、问卷调查等方式进行评估和反馈，注重保护团队成员的积极性和隐私。

4. 制订计划

制订计划需要充分考虑研究方向和目标、时间表、任务分配、实际情况和变化、研究工具和资源以及研究成果和总结等方面。通过合理安排时间和任务、明确任务标准和评估方法、考虑实际情况和变化以及合理配置资源和成果评估等技巧，能制订出合理可行的研究计划，有效指导研究工作的开展。

制订计划有以下六个技巧：

（1）明确研究方向和目标

在制订计划前，需要明确研究方向和目标，确保计划的针对性和有效性。研究方向需要具体、清晰，以便团队成员了解所需的研究内容和重点。目标则需要可量化、可实现，以便评估研究的进展和成果。

（2）制定详细的时间表

根据研究时间和进度，制定详细的时间表，合理安排每项任务的时间。需要考虑每个阶段的任务、时间节点、负责人和评估标准，以确保研究按计划进行，预留一些机动时间，以应对可能出现的意外情况。

（3）任务分配到每个团队成员

将研究任务细化，分配到每个团队成员，确保任务完成的质量和进度。需要考虑每个团队成员的专业技能和优势，以便合理分配任务，制定任务完成的标准和评估方法，以便及时发现和解决问题。

（4）考虑可能出现的实际情况和变化

在制订计划时，需要充分考虑可能出现的实际情况和变化，如实验失败、数据异常、人员变动等。针对可能出现的问题，需要制定应对措施和备选方案，以便及时调整计划。

（5）明确研究工具和资源

明确研究所需的工具和资源，如文献资源、技术工具等，确保研究工作的有效开展。需要考虑每项资源的可用性和成本效益，以便合理配置资源。

（6）确定研究成果和总结

定好研究成果的标准和评估方法，确保研究工作的成果质量和数量。需要考虑研究成果的应用价值和推广前景，以便为后续研究和实际应用提供支持。

5. 分工合作

根据团队成员的专长和兴趣，进行合理分工。每个人都应承担相应的任务和责任，保证项目的顺利进行，注重团队之间的协作和沟通，避免出现信息不流通或重复工作的情况。分工合作需要注重合理分工、任务清单明确、注重团队协作和沟通、避免信息不流通或重复工作的情况、建立有效的协作工具和平台以及鼓励团队成员之间的合作和学习等方面的技巧。通过这些措施能有效地提高工作效率和质量，增强团队凝聚力和合作精神，为项目的成功提供有力保障。

分工合作有以下六个技巧：

(1) 根据团队成员专长和兴趣进行分工

每个团队成员都有自己擅长的领域和兴趣点，根据这些特点进行合理分工，能让参赛者更好地发挥自己的优势，提高工作积极性和工作效率。在分工合作中，需要制定共同的目标和理念，让团队成员有共同的追求和动力，让每个团队成员都明白自己的工作在整个项目中的重要性和价值，以便更好地发挥自己的作用。

(2) 制定清晰的任务清单

在分工合作中，需要制定清晰的任务清单，明确每个团队成员的任务和责任。任务清单需要具体、明确，包括任务内容、时间安排、完成标准等，以便团队成员能更好地了解自己的工作内容和要求。在分工合作中，需要建立明确的工作流程和标准，包括任务分配、进度汇报、质量评估等方面。这样能确保每个团队成员都清楚自己的工作内容和要求，更好地遵循工作流程和标准，提高工作效率和质量。

(3) 注重团队之间的协作和沟通

分工合作需要注重团队之间的协作和沟通，建立良好的沟通渠道和协作机制。团队成员之间需要经常交流和讨论，及时反馈工作进展和遇到的问题，共同解决困难和挑战。在分工合作中，需要鼓励团队成员提出建议和创新意见，以便不断改进工作方法和流程，注重团队成员之间的互相学习和分享，让团队拥有一个学习和成长的平台。

(4) 避免信息不流通或重复工作的情况

在分工合作中，需要避免信息不流通或重复工作的情况。团队成员之间需要保持信息畅通，及时共享和交流工作进展和成果，避免不同团队成员之间的工作重复或交叉，以免浪费资源和时间。在分工合作中，需要及时跟进和调整计划，根据实际情况和变化做出相应的调整，保持团队的灵活性和适应性，以便更好地应对可能出现的挑战和问题。

(5) 建立有效的协作工具和平台

建立有效的协作工具和平台，如项目管理软件、即时通信工具、在线会议系统等，能方便团队成员之间的协作和沟通。这些工具和平台能帮助团队成员更好地跟踪和管理工作进展，及时解决问题和调整计划。

(6) 鼓励团队成员之间的合作和学习

在分工合作中，需要鼓励团队成员之间的合作和学习。团队成员能互相帮助、互相学习，不断提高自己的工作能力和专业水平，通过团队活动、培训等方式增强团队凝聚力和合作精神。在分工合作中，需要注重团队成员之间的信任和尊重。只有建立了信任和尊重的关系，才能更好地协作和工作，注重解决可能出现的矛盾和冲突，保持团队的和谐氛围。

6. 培训与学习

在“挑战杯”赛事组织过程中，会有一些培训和学习机会，如校内作品初审、复赛培训及作品加工完善、决赛作品展示等。团队成员应该积极参与这些培训和学习，提高自己的专业能力和综合素质。

校内作品初审是培训和学习的重要环节之一。在这个阶段，团队成员需要提交自己的作品并进行初步审核。这个过程能帮助团队成员了解比赛的规则和要求，发现自己的不足之处，并及时进行调整和改进，通过与其他团队成员的交流和分享，学到更多的知识和技能。

复赛培训及作品加工完善是另一个重要的培训和学习环节。在这个阶段，组织方会提供一些培训课程和资源，帮助团队成员提高自己的专业能力和技能水平，团队成员也需要对自己的作品进行进一步的加工和完善，提高作品的质量和竞争力。这个过程需要团队成员积极学习和探索，不断尝试新的方法和思路，从而不断提高自己的综合素质。

决赛作品展示是培训和学习的最后一个环节。在这个阶段，团队成员需要向评委和观众展示自己的作品，并接受质询和评价。这个过程能帮助团队成员更好地了解自己的优势和不足之处，在交流和分享中，掌握更多的经验和技巧。

7. 参加比赛

完成项目后，团队成员需要充分发挥自己的优势和潜力，展示自己的实力和成果，展示成果并接受评委的评判。在比赛中，团队成员需要充分发挥自己的优势和潜力，展示自己的实力和成果，争取取得更好的成绩，注重团队协作和沟通，与其他团队成员共同学习和成长。

团队成员需要在比赛中展示自己的项目内容和成果。这包括项目的背景、目的、实施过程、结果和分析等。在展示过程中，团队成员需要清晰地表达自己的思路和观点，并尽可能地让评委和观众理解自己的成果和创新点。

团队成员需要在比赛中展现自己的团队合作和组织能力。一个优秀的团队必须具备合作精神、协调能力和组织能力等多方面的素质。在比赛中，团队成员需要相互支持、协作和配合，共同完成比赛任务，注重组织和管理可确保比赛的顺利进行。

团队成员还需要在比赛中展示自己的综合素质和能力，这包括专业知识、技能水平、创新能力、解决问题的能力等。在比赛中，团队成员需要充分发挥自己的优势和潜力，展示自己的实力和成果，注重与其他团队成员的交流和分享，学到更多的经验和技巧。在比赛中取得好成绩需要团队成员的共同努力和付出。团队成员需要积极参与比赛的各个环节，全力以赴地完成比赛任务，要注重团队协作和沟通，与其他团队成员共同学习和成长。

9.5.3 产生的主要问题

“挑战杯”是一项面向全国大学生的科技创新竞赛，旨在培养大学生的创新能力和实践能力。在比赛过程中，参赛团队常常会遇到各种问题，缺乏实践经验和技能、团队协作不畅、时间管理不当、项目实施难度大等问题较为常见，部分参赛团队还会面临资金和设备不足的困境。这些问题不仅会影响团队的比赛成绩，还会对参赛者的自信心和成长产生负面影响。在参与“挑战杯”比赛时，团队需要认真分析问题，积极寻求解决方案，以提高比赛成绩和自身的综合素质。产生的主要问题如图 9-6 所示。

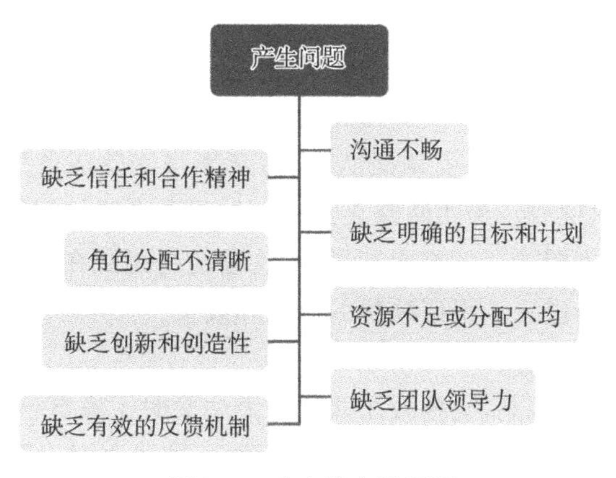

图 9-6　产生的主要问题

1. 沟通不畅

团队成员之间缺乏有效的沟通可能会导致信息不透明、误解和冲突。当团队成员之间不能进行有效沟通时，可能会出现信息传递错误、遗漏或延迟的情况，这使得团队成员难以对项目做出准确判断和决策，从而影响项目的进展和效果。缺乏有效的沟通还会导致团队成员之间的关系紧张，产生矛盾和猜疑，进一步阻碍项目的顺利进行。

2. 缺乏信任和合作精神

团队成员之间缺乏信任和合作精神可能会导致互相推诿、指责和矛盾。当团队成员之间缺乏信任时，团队成员可能会怀疑彼此的工作能力和动机，导致互相推诿责任或指责他人，这不仅会破坏团队的合作关系，还会影响项目的进展和效果。

3. 缺乏明确的目标和计划

没有明确的目标和计划可能会导致团队成员感到困惑和不知所措。当团队没有明确的目标和计划时，团队成员可能会对项目的方向和目标产生疑问，导致参赛者在工作中失去方向和动力，这不仅会导致项目进展缓慢或偏离方向，还可能会浪费资源和时间。

4. 角色分配不清晰

没有明确每个团队成员的角色和责任可能会导致任务重复或无人负责的情况。当团队没有明确每个成员的角色和责任时，可能会出现任务分配不均或重复的情况，导致资源浪费和效率低下。这不仅会影响团队的协同工作效率，还会影响项目的进展和质量。

5. 资源不足或分配不均

没有足够的资源或资源分配不均可能会导致项目进展缓慢或无法完成。当项目缺乏足够的资源或资源分配不均时，某些任务可能无法得到充分的支持和保障，从而影响项目的整体进展和质量。缺乏足够的资源还会影响团队成员的积极性和士气，进一步阻碍项目的顺利进行。

6. 缺乏创新和创造性

团队成员缺乏创新和创造性，会使得项目缺乏新意和独特性，在竞争激烈的市场环境中难以脱颖而出。当成员缺乏创新和创造性时，团队就可能无法提出新的想法和方法来突破传统的思维模式，这使得项目缺乏新颖性和独特性，无法吸引更多的关注和支持，在竞争中处于劣势地位。

7. 缺乏团队领导力

没有一个强有力的领导者来引领团队前进，会使得团队成员失去方向和目标，无法有效地解决问题和应对挑战。当团队缺乏强有力的领导者时，成员可能会感到迷失和无助，无法准确地判断和把握项目的方向和目标，这会使得团队在面临问题和挑战时，无法做出及时和有效的决策，进一步阻碍项目的进展和效果。

8. 缺乏有效的反馈机制

没有建立有效的反馈机制，会导致团队成员无法及时了解自己的工作表现和不足之处，无法及时调整和改进。当团队没有建立有效的反馈机制时，成员无法及时获得关于自己工作表现的信息，无法得知自己在哪些方面做得好，哪些方面需要改进，从而无法做出相应的调整和改进，影响团队的工作效率和质量，也不利于参赛者的个人成长和发展。

9.5.4 解决问题

“挑战杯”赛事中，针对出现的问题，参赛团队需要迅速反应并寻找解决方案。具体的问题可能涉及技术困难、团队协作问题、时间管理不当等。为应对这些问题，团队成员需要积极交流，共同寻找最佳的解决策略。对于技术难题，可以通过文献查询、专家咨询等途径获取指导。对于团队协作问题，可以注重沟通协调，明确任务分配。对于时间管理问题，可以制订详细计划并严格执行。通过有效解决问题，团队能够在“挑战杯”比赛中取得更好的成绩并提升自身的综合素质，解决问题方式如图 9-7 所示。

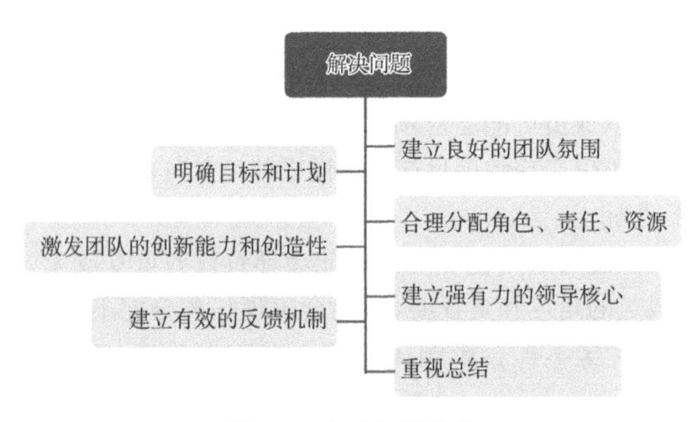

图 9-7 解决问题方式

1. 建立良好的团队氛围

一个良好的团队氛围能激发团队成员的积极性和创造力，提高团队的凝聚力和合作效率。要注重团队成员之间的沟通和协作，建立互信和支持的关系。团队成员之间需要保持良好的沟通和协作，及时交流工作进展和遇到的问题，共同探讨解决方案。积极的沟通能增强团队成员之间的理解和信任，提高协作效率。在团队中，成员间应该相互信任和支持。信任是团队合作的基础，只有建立了信任关系，团队成员才会更加愿意合作和分享。

团队成员也应该在必要时提供支持和帮助，共同解决问题。团队成员之间需要相互尊重和包容，尊重彼此的观点和意见，不排斥和歧视不同的声音。尊重和包容能增强团队的凝聚力和合作效率，提高团队的创造力和创新力。为了激发团队成员的积极性和创造力，也需要注重激励和鼓励。对团队成员的优秀表现和贡献要及时给予肯定和奖励，让参赛者感受到自己的价值和重要性。

2. 明确目标和计划

在项目开始时，应明确团队的目标和研究问题，以便团队成员能够更好地理解和完成任务。要有短期和长期目标，以便团队成员能够明确自己的工作和进展。在项目开始时，需要明确研究问题，并对问题进行深入的分析和探讨。只有明确了问题，才能更好地制订计划和方案。团队的目标应该具体、明确，并具有可衡量性。具体目标能帮助团队成员更好地了解自己的任务和工作重点，从而提高工作效率和质量。为了确保项目的进度和质量，需要合理安排时间。在项目开始时，需要制定详细的时间表，包括每个阶段的任务、时间节点和负责人等。

3. 合理分配角色、责任、资源

根据每个团队成员的能力和特长，合理分配任务和工作职责。这样能充分发挥每个团队成员的优势和潜力，提高工作效率和质量。根据项目的需要，合理分配物力和财力资源。应根据团队成员的能力和贡献，合理分配资源和责任，避免出现不公平或资源浪费的情况，注重人力、物力和财力的合理分配和使用。这包括实验设备、办公用品、科研经费等。在分配资源时，需要考虑项目的实际需求和预算限制。在项目实施过程中，要注重资源的优化利用。通过合理的规划和调度，能避免资源的浪费和不必要的开支。

4. 激发团队的创新能力和创造性

鼓励团队成员提出新的想法和解决方案，激发创造力和创新精神。在项目实施过程中，鼓励团队成员积极提出新的想法和解决方案，让成员自由地表达自己的观点和想法。通过定期的团队讨论、创意征集或意见收集等方式促进新想法的提出和实施。通过组织研讨会、创意比赛或头脑风暴等方式激发团队成员的创造力和创新精神。在研讨过程中，邀请行业专家或领域内的领导者来分享经验和见解，激发团队成员的思考和创新。创意比赛鼓励团队成员提出新的创意和方案，并给予优秀创意的实施机会。头脑风暴则促进团队成员之间的思想碰撞和交流，产生新的创意和解决方案。

5. 建立强有力的领导核心

为了建立强有力的领导核心，可以通过选举或任命一位具有影响力和执行力的领导者来带领团队。这位领导者应该能获得团队成员的信任和尊重，能够与团队成员建立良好的工作关系，并能够有效地沟通和协调团队成员的工作，这位领导者还应该具备学习和成长的能力，能够不断地提升自己的领导能力和管理技巧，以适应不断变化的市场和行业环境。

领导者应具备以下能力：良好的沟通技巧和人际交往能力，以及对自己观点的自信和说服力；高效的领导能力和组织能力，以及对自己工作的要求和标准；市场洞察力和商业思维，以及对行业趋势和竞争格局的深刻理解；领导艺术和管理技巧，以及对自己团队成员的了解和关心。

6. 建立有效的反馈机制

要及时反馈进展和问题，以便团队成员能够及时调整和改进工作，注重对团队成员的激励和鼓励，激发积极性和创造力。定期召开进展报告会议，让团队成员了解项目的整体进展和自己的工作情况。在会议上，能分享工作成果、遇到的问题和解决方案等。在项目实施过程中，如果遇到问题或困难，需要及时解决。及时地解决问题，能避免问题扩大化带来的损失和风险。为了激发团队成员的积极性和创造力，需要及时给予激励和鼓励。对团队成员的优秀表现和贡献要及时给予肯定和奖励，让参赛者感受到自己的价值和重要性。

7. 重视总结

在项目完成后，要及时总结经验和教训，以便为未来的项目提供参考和借鉴，注重对成果的评估和优化，提高项目的质量和水平。在项目完成后，需要及时进行总结，以便抓住经验和教训的关键点，为未来的项目提供及时的参考和借鉴。在总结过程中，需要对项目实施过程中遇到的问题进行深入分析，找出问题的根本原因，并提出改进措施。这样能帮助团队避免类似问题的再次出现。总结的目的是分享和传承经验。团队成员应该将总结的经验教训分享给其他成员，以便大家都能从中受益，这些经验，作为团队的历史资料，供后人参考和借鉴。

在总结过程中，需要对项目的成果进行评估和优化。评估的目的是找出存在的问题和不足之处，并提出改进措施，还要对项目的成果进行客观、全面的评价，以便更好地推广和应用。总结是一个持续的过程，每次项目完成后都需要进行总结，并针对不足之处进行持续改进。不断地总结和改进，能提高项目的质量和水平，使团队更加成熟和稳定。

10 “挑战杯”全国大学生课外学术科技作品竞赛作品要求及打磨步骤

10.1 竞赛阶段

1. 校赛阶段

(1) 产生创意并确定项目方向

团队成员能通过阅读相关文献、进行市场调研或与专业人士讨论等方式，产生多个具有创新性和实用性的项目创意，并从中选择一个最具有潜力和可行性的项目方向。与此同时还需要考虑自身的专业背景和技能，以确保项目的可行性和实施效率。

(2) 组建团队并制订计划

选择具有不同专业背景和技能的团队成员，组建一个优势互补的团队。制订详细的任务清单和时间表，分配资源和预算，明确每个成员的职责和分工，建立有效的沟通渠道和协作机制，确保团队成员之间的信息共享和协作顺畅。

(3) 进行研究和开发

开展相关的实验、调查、研究等工作，探索项目的可行性。在研究过程中，需要不断地学习和掌握新的知识和技能，以支持项目的实施，还需要开发原型或样机，进行测试和验证，以确认作品的可行性和效果。

(4) 完善作品并提交初稿

在作品开发完成后，需要对作品进行整理和完善，确保作品的完整性和准确性。根据比赛的规则和要求，提交作品的初稿。在提交前，还需要对作品进行多次审查和修改，以确保作品的逻辑清晰，表达准确，具有说服力。

(5) 参加校内选拔

在规定的时间内提交作品的申报材料，参加校内选拔。在选拔过程中，需要准备演示文稿、展板等展示材料，以及答辩过程中可能需要的辅助工具和设备。需要了解比赛的评审标准和流程，以更好地展示作品的特点和创新性。通过校内选拔后，能进入下一阶段。

2. 省赛阶段

(1) 进一步优化和完善作品

根据评委的反馈和建议，参赛团队对作品进行进一步的完善和修改，这可能包括对作品的性能、外观、用户体验等方面进行改进和优化，还需要对作品进行更深入的研究和开发，以提高作品的创新性和实用性。

（2）准备省赛的展示材料和答辩

根据比赛的规则和要求，准备省赛的展示材料和答辩。这包括制作更详细的演示文稿、展板、宣传视频等展示材料，准备答辩过程中的发言稿和相关资料，熟悉比赛的评审标准和流程，以更好地展示作品的特点和创新性。

（3）参加省赛

在规定的时间内提交作品的终稿，并参加省赛的答辩环节。在答辩过程中，需要展示作品的特点和创新性，回答评委的问题和接受评审。注意表达要清晰，回答评委的问题要有逻辑。在展示作品时需要注意细节和质量，让评委更好地了解作品的创新点和实用性。

3. 国赛阶段

（1）进一步优化和完善作品

根据评委的反馈和建议以及自己在省赛的经验教训，对作品进行进一步的完善和修改，这包括对作品的性能、外观、用户体验等方面进行改进和优化以及吸取其他参赛作品的优点等，还需要对作品进行更深入的研究和开发以提高作品的创新性和实用性。

（2）准备国赛的展示材料和答辩

根据比赛的规则和要求准备国赛的展示材料和答辩，这包括制作更详细的演示文稿、展板、宣传视频等展示材料以及准备答辩过程中的发言稿和相关资料，还需要熟悉比赛的评审标准和流程以更好地展示作品的特点和创新性。

（3）参加国赛

在规定的时间内提交作品的终稿并参加国赛的答辩环节。在答辩过程中需要展示作品的特点和创新性，回答评委的问题和接受评审，需要注意表达清晰、自信，要有逻辑地回答评委的问题。在展示作品时需要注意细节和质量，让评委更好地了解作品的创新点和实用性。

10.2 全国大学生课外学术科技作品竞赛作品要求

1. 自然科学类学术论文

作品内容需包括以下内容：

（1）作品名称（论文题目）

论文题目是学术论文的重要部分，直接影响读者的初步印象，是论文广度与深度的体现。选定论文题目需深思熟虑，用精准、凝练的词语传达核心研究内容。题目应简洁明确，反映研究范围、内容和深入程度，字数控制在20字以内。避免使用罕见缩写、特殊字符、代号和复杂数学公式，以增强可读性和专业性。

（2）摘要

摘要是论文不加注释和评论的精炼缩写，是一篇独立完整的短文（300～500字），具有独立性和自明性。摘要应包括与论文等量的主要信息，其作用是使读者在不用阅读论文全文的前提下，能以最短的时间快速获得论文的必要信息。根据摘要能判定一篇论文的创新性和学术价值或学术水平。摘要应开门见山，使用第三人称，应详尽阐述论文的核心内容，全面体现以下四个关键方面：研究的目的及其重要性，明确阐述所解决的问题及引言的核心观点；研究的核心内容，系统总结正文的主要论述点；结论与成果，重点强调论文的新颖见解与主要结论；结论或结果的实际意义与应用价值。

(3) 关键词

用来表示全文主要内容信息款目的单词或术语。能从论文题目中去找和选，也可以从论文内容中去找和选。一篇论文可选取 3～6 个词作为关键词。

(4) 引言

引言开篇即需阐明研究的主旨与深远影响，突出相关的重要进展，突显本研究的价值。点明研究的切入点，即前人尚未涉及的领域或存在的不足。概述研究的核心问题及预期成果在相关领域的重要性，以激发读者的兴趣。引言应保持简洁，避免冗长，为读者提供研究的总体方向。篇幅应根据论文结构和内容需求而定，建议在 700～1 000 字范围内，具体字数需根据实际情况合理安排，以确保引言既能全面概括研究要点，又不过于冗长，保持整体论文的紧凑性和可读性。

(5) 研究方法与结果

主要叙述研究所用的主要材料和得出的主要结果，内容要切题，结构层次分明、逻辑严密、条理清晰，达到突出重点、显示主线的目的。

(6) 讨论

讨论是体现论文学术水平的重要部分，主要对获得的科研资料和结果进行分析、比较、解释和推断，从而得出具有独特性或创新性结论的推理论证过程，并说明作者的结果是否支持或反对某种观点，给出论文的价值及其意义，为结论提供理论依据。注意论点要明确，论据要充分。

注意事项：

①在呈现研究结果时，应强调核心发现，并据此提出有深度的结论。同时，避免在引言或结果部分冗长复述数据和资料，保持论述的紧凑和高效；

②推论的构建必须建立于坚实的逻辑基础之上，严禁采纳那些仅凭不足的实验数据所支撑的观点与结论；

③在阐述观点或得出结论时，必须做到清晰明确，不含糊其词。对于结果的科学意义及实际应用，应秉持实事求是的态度，表述时既要充分展现其潜在价值，也要适当保有一定的余地，以应对可能存在的未知因素与变数。

(7) 结论

结论能单独立为一节，论文的结论要有理有据，有新思想和新见解。结论应基于充分的研究证据和理论支持，体现作者的创新性思考和独特见解。在撰写结论时，应明确概括研究的主要观点和重要发现，阐述这些发现的意义和内涵，以及对研究结果的深入理解。还应探讨这些研究结果可能的应用前景，为相关领域的发展提供有价值的参考。

需要注意的是，结论部分不应引入新的、未经前文提及的事实，也不应简单地重复摘要、引言、结果或讨论等章节中的内容。

(8) 参考文献

参考文献要包含外文文献，并且能体现领域前沿研究现状，一般不少于20篇。

2. 哲学社会科学类社会调查报告和学术论文

调查报告需包括以下内容：

(1) 前言

简要地叙述为什么对这个研究进行调查和调查的时间、地点、对象、范围、经过及采用的研究方法，还包括调查对象的基本情况、历史背景以及调查后的结论等内容。

调查报告的开头多种多样，可以设问引人入胜，也可以开门见山、直截了当。不论选择哪种方式，都应紧扣主题，为后续内容铺平道路。文字需简练，概括性强，确保读者一目了然。

(2) 正文

调查报告旨在揭示真相、总结收获、提炼经验和吸取教训。报告主体部分将涵盖关键人物、核心事件、主要问题、解决方案和面临的困难等。经过周密的策划与组织，构建严谨的层次结构，以有序、条理清晰的方式呈现主题内容，为相关决策和行动提供坚实支持。

(3) 结尾

调查报告终章是逻辑推导、结论形成与问题解决的核心部分，展示了报告的严密逻辑和完整框架。结尾部分通常包含四种表述类型：总结报告核心观点，提升公众认知；预测发展趋势，提出方向性建议；指出未解决问题和不足，为未来研究留下空间；补充重要情况或问题，完善报告整体性和全面性。精心撰写结尾部分，使调查报告逻辑圆满，为深入研究和实践提供有价值的参考。

(4) 常见的研究方法

常见的研究方法有四种，分别为文献综述法、问卷调查法、访谈法、实地观察法，具体如下：

①文献综述法

这是一种非介入式的市场调查手段，其核心在于搜集、鉴别和整理相关文献，以形成对特定事实的科学认识。此方法要求制订周密的调查计划，并对文献进行真实性和可用性审核，以确保系统性和可靠性。研究者需筛选出有价值的信息，并通过分析和整合得出科学结论。文献调查法在学术和社会调查中占有重要地位。

②问卷调查法

问卷法在国内外社会调查中应用广泛，通过标准化的测量工具对研究问题进行量化评估，进而收集可靠数据。在问卷的发放方式上，邮寄、个别分送、集体分发和线上问卷等多种方式均可采用。当前，随着互联网的普及，线上问卷成为主要选择，如问卷星、问卷网、调研家等网站均提供便捷的问卷服务。

③访谈法

这是心理学基本研究方法之一，通过访员与受访人面对面交谈，深入探究心理特征和行为模式。根据不同研究需求，可采取多种形式。此法能便捷收集多方面工作分析资料，深受研究者喜爱。

④实地观察法

这是一种重要的社会科学研究方法，通过系统地收集、整理和分析实地观察得来的数据，旨在深入了解社会现象的本质和规律。在进行调查研究时，调查者需要严格遵循调查目的，运用自身的感官或科学观测工具，以系统的方式对社会现象在自然状态下的直接观察与感知进行记录和分析。

(5) 调查报告注意事项

①注重排版

千万不要出现格式错误，字号、字体切记不能混乱使用，应采用统一的段落对齐、缩进，图片和表格的编号不要重复。

②注意措辞

撰写调查报告时，应尽量使用概念成熟的专业用语，如果要用到非专业用语，应力求通俗易懂和准确，不可盲目追求新颖或者复杂化的表达。还有一点要注意，千万不要出现错别字和语病。

3. 科技发明制作类项目

在撰写文本时，首先要进行大纲撰写，也就是文本的章节安排。如果项目涉及技术研究与设备创新，文本最好控制在50页以内，设置4～5个章节，外加参考文献与相关支撑材料。

(1) 作品名称

作品名称要直观反映出作品的技术点，主题确切、简单明了，让评委一眼看出参赛作品所研究的对象，通过什么方法解决了什么具体的问题。作品名称不需要过多的修饰词进行点缀。可采用类似“基于XXXX的方法解决XXX的XXX装置”这类题目。

(2) 申报者情况

根据具体团队人员如实进行申报。

(3) 作品设计、发明的目的

通过国内外研究调研进行论证，指出目前需要解决的问题及其没有解决的原因，提出对此问题的解决办法及要达到的目的等。

(4) 作品的基本思路

这部分内容包括研究方法和技术路线等内容，包含理论分析、实验方法以及工作步骤等一系列计划安排。

(5) 作品创新点、技术关键和主要技术指标

作品创新点、技术关键和主要技术指标旨在将作品的创新价值与技术价值直观地反映给评委。作品创新主要包括研究思路上的创新、研究内容上的创新以及研究方法上的创新。作品的技术关键主要包括制作过程中所采用的关键技术，制作必需工具的设计和加工方法，制作装备的设计和加工技术，为提高作品性能而采用的关键技术等内容。作品的主要技术指标应根据作品自身指标或者解决对象的技术指标等要素按照作品实际情况进行撰写。

(6) 作品的科学性和先进性

作品的科学性和先进性要与现有技术进行比较，说明该作品具有突出的实质性特点和显著进步。

(7) 作品的适用范围及推广前景的技术性说明

介绍作品的适用范围需要对作品适用的领域进行简要的描述，分析作品市场推广的可行性目标市场，例如高端电子散热设备，精密机电设备的温控系统，化工领域中的高效传热节能行业，航空航天、能源领域中的热量传递。

(8) 市场分析和经济效益预测

这部分撰写包含对作品本身特征及其目标市场进行分析，确定作品的市场定位和目标人群，了解目前市场的发展阶段和需求状况，对新兴市场需要分析本作品能否满足其需求，要客观反映成果的经济效益。

(9) 作品的获奖情况、进度、知识产权情况和作品形式等

一般如实填写即可，科技类作品一般都申请专利，涉及编程的能申请软件著作权登记证书，论文等，这些也是反映作品创造性的内容。

(10) 附录的编写

对于科技发明制作类作品来说，附录内容包括作品的相关专利证明(如果没来得及授权，拿受理通知书也可作为佐证材料)，作品的鉴定证书和应用证书，作品的加工图纸，作品的详细数据、图表等，作品的相关设计程序，作品详细的使用说明书，以及与作品相关的论文。

10.3 全国大学生创业计划竞赛作品要求

创业计划书作品需包括以下内容：

1. 封面

要简短、明了地概括项目名称，避免使用过于宽泛或模糊的名称。团队名称应展现团队精神，包括团队徽标或口号。

2. 目录

(1) 摘要

①概括整个计划书的精华，突出项目的创新性、市场潜力和商业模式。用简洁明了的语言概括整个计划书的主要内容和亮点，突出项目的创新性、市场潜力和商业模式。摘要应该简明扼要地概括项目的核心要素和价值，吸引读者的注意力。

②描述项目的目标市场、竞争优势、营销策略和财务预测等关键信息。摘要应该为读者呈现一个完整的项目概述，展示创业想法和实施计划。

③强调团队实力和优势，包括成员的背景、经验和技能等。摘要应该突出团队在项目中的作用和贡献，展示团队的实力和潜力。

(2) 项目背景

介绍项目的背景信息，包括创意的来源、项目的发起人和发展历程等，让读者了解项

目的起源和发展过程。阐述项目创意的初衷和目标市场需求的发现过程，说明项目是如何诞生的，以及项目对目标市场的洞察力和判断力。描述项目在发展过程中的重要里程碑和决策节点，让读者了解项目的发展历程和关键转折点。

(3) 产品或服务

详细描述产品或服务，包括功能、特点、优势以及与市场上其他产品的区别等，让读者了解产品或服务的特点和创新性。描述产品或服务的研发过程、技术实现及知识产权情况等，让读者了解技术实力和专利情况。分析产品或服务的市场潜力和竞争优势，对产品或服务的市场需求、竞争状况以及未来发展趋势进行分析和预测。

(4) 市场分析

对目标市场进行深入分析，包括市场规模、成长性、竞争情况、市场趋势以及目标客户的需求等。明确目标客户群体，针对这些客户的营销策略和销售策略。对竞争对手进行深入分析，包括竞争对手的类型、优劣势、市场份额等方面，以便了解市场竞争情况。分析市场的发展趋势和潜在客户的需求，以便制定相应的营销策略和产品规划。

(5) 营销策略

确定品牌的核心价值和目标客户群体，制定相应的品牌定位策略。选择合适的推广渠道，包括广告宣传、公关活动、促销活动等，以便提高品牌知名度和吸引更多的潜在客户。制定具体的营销活动方案，包括活动目的、时间、地点、预算等方面，以便吸引客户参与并提高品牌影响力。制定销售策略，包括销售渠道、销售团队建设、销售目标等方面，以便将产品推向市场并实现盈利。

(6) 技术实现

介绍项目所涉及的技术实现，包括技术类型、技术水平和应用范围等。强调项目的技术创新性和实用性，以便在技术领域获得竞争优势。分析项目可能面临的技术风险和挑战，以及应对策略和解决方案。

(7) 财务规划

编制详细的财务预算，包括初期投资、运营成本、市场营销等费用预算及资金使用计划。根据市场规模与增长趋势合理预测未来几年的收入状况，进行财务分析。分析经营成本、销售成本等，以便制订相应的成本控制策略和盈利计划。制定资金筹集方案和风险控制策略，包括股权结构、法律风控等，以便应对可能出现的风险和挑战。

(8) 风险评估与应对措施

①市场风险

可能面临的风险包括市场需求不稳定、市场增长缓慢、竞争激烈等。进行详细的市场调研，了解市场需求和竞争状况，制定灵活的市场策略。密切关注市场变化，及时调整发展策略。

②技术风险

项目可能面临技术实现难度大、技术更新迅速、技术门槛高等问题。加强技术研发和创新，提高技术水平和竞争力。建立完善的技术风险预警机制，及时发现并解决问题。

③财务风险

可能存在资金筹集困难、运营成本高、应收账款等问题。制定合理的财务预算和成本控制策略,提高资金使用效率。建立财务预警机制,及时发现并解决财务风险问题。

④人员风险

团队成员流失、团队协作问题、人员能力不足等。措施:加强团队建设,提高团队凝聚力和协作能力。制定完善的人力资源策略,包括人才引进、培养和激励等。

⑤法律风险

可能涉及知识产权纠纷、法律法规变更等。措施:加强法律意识和合规性管理,建立完善的法律风险防范机制。与专业律师团队合作,确保项目合法合规。

⑥其他风险

自然灾害、政策变化等不可抗力因素。建立完善的风险管理机制,包括风险评估、预警和应对措施等。积极寻求外部支持和合作,共同应对不可抗力因素。

(9) 团队介绍

详细介绍团队成员的背景、经验和技能等,突出团队的优势和实力。分析团队成员的专长领域、角色及相互协作方式,以便充分发挥各自的优势和实现团队协同发展。强调团队的合作精神和沟通能力,以便在竞赛中获得评委的认可。一个优秀的团队文化能增强团队的凝聚力和战斗力。

(10) 项目发展计划与里程碑

列出项目的发展计划和关键里程碑,包括未来几年的发展规划、重要产品或服务的推出时间等。对项目发展的关键里程碑进行评估和监控,以便及时发现问题和调整发展计划。针对可能出现的意外情况制定相应的应急预案,以便及时应对和化解风险。

(11) 附录

提供相关数据和资料的详细来源及相关证明材料,包括市场调研报告、竞争对手分析报告、产品或服务的效果图等相关资料。列出参考文献以供读者深入阅读。

10.4 竞赛难点及解决措施

(1) 课题来源不清

参赛者对“挑战杯”的课题背景和目标了解不足,导致在选择课题时缺乏针对性。解决这个问题的方法是加强组织和指导,帮助参赛者充分了解课题的相关背景和目标,引导参赛者有针对性地选择课题。举办讲座、研讨会,提供相关文献资料等方式可为参赛者提供更多关于课题的信息和思路。

(2) 选题内容不当

在选择课题时,参赛者可能过于追求新颖性而忽略了课题的实际应用价值。解决这个问题的方法是引导参赛者注重选题的实际应用价值,鼓励他们进行创新性的研究。组织专家对参赛者的选题进行评估和指导,确保选题具有可行性和实际应用价值。鼓励参赛者多与指导教师、同行交流,了解更多关于选题的意见和建议。提高参赛者的兴趣和积极性，帮助参赛者更好地理解科研的本质。

(3) 前期准备不足

参赛者可能在比赛前没有做好充分的准备，导致参赛者在比赛过程中遇到各种问题。解决这个问题的方法是加强培训和指导，帮助参赛者提高其科研能力和技能。组织相关的科研培训课程，提供实验设备、技术指导等资源支持，确保参赛者具备必要的科研技能和知识。鼓励参赛者多参加科研项目、学术活动等实践活动，积累更多的科研经验和技能。

(4) 竞赛和学习协调不当

由于“挑战杯”比赛的时间一般都比较紧张，参赛者需要在有限的时间内完成大量的工作，这可能会影响参赛者的学习和生活。解决这个问题的方法是合理安排时间，制订详细的工作计划，保持良好的心态和身体状态。参赛者应当根据自己的实际情况和比赛要求，制订详细的时间表，合理安排时间，确保能够在比赛期间充分利用时间完成任务。应当保持良好的心态和身体状态，避免因过度紧张而影响比赛结果。多与同学、老师沟通交流，寻求帮助和支持。

(5) 缺乏撰写科研论文的基本知识

虽然“挑战杯”比赛注重实践能力和创新性，但是良好的科研论文撰写能力也是非常重要的。一些参赛者可能在这方面存在不足。解决这个问题的方法是提供相关的培训和指导，组织撰写科研论文的培训课程或讲座，邀请有经验的教师或专家进行授课和指导，例如如何撰写文献综述、如何构建论文框架等，帮助参赛者了解撰写科研论文的基本知识和技巧，提供一些相关的文献资料或范本，供参赛者参考和学习。

(6) 创新性

“挑战杯”比赛注重作品的创新性和实用性，要求参赛作品具有新颖性和独特性，能够突破传统思维和常规方法，提出新的解决方案和思路。这需要团队成员具备创新意识和创新能力，能够将最新的科技、材料和工艺应用于作品中。鼓励团队成员多关注最新的科技、材料和工艺发展动态，参加学术会议、研讨会等活动，开拓思路和视野。开展头脑风暴，鼓励团队成员提出新的想法和解决方案，并相互启发。鼓励跨界合作，与不同领域的研究人员合作，共同探讨创新性的解决方案。设立创新基金，为具有创新性的项目提供资金支持。

(7) 技术难度

“挑战杯”作品制作需要运用到多种技术和知识，如机械设计、电子电路、计算机编程、生物医学等。对于一些技术难度较高的项目，需要具备扎实的专业知识和技能，以及较强的实践能力和解决问题的能力。对此，可分阶段实施项目，将整个项目划分为多个子任务，逐步攻克难关。加强团队成员的专业技能培训，提高技术能力。寻求外部支持，与相关领域的专家学者进行交流和合作。充分利用互联网资源，寻找相关技术论坛、博客等，获取更多的技术支持和学习资源。

(8) 团队协作和沟通

“挑战杯”作品制作需要一个团结、协作、技术过硬的团队来支撑。团队成员之间需要保持良好的沟通和协作关系，明确各自的职责和分工，共同完成项目的各项任务。团队成员之间也可能存在意见分歧和矛盾，需要及时沟通和解决。建立有效的团队协作机制和沟通渠道，明确团队成员的职责和分工。能通过定期召开团队会议、开展团队建设活动等方式，加强团队成员之间的了解和信任，提高团队协作能力和凝聚力。

(9) 展示效果和答辩技巧

在“挑战杯”比赛中，作品的展示效果和答辩环节对于取得好成绩至关重要。如何制作展示材料、演示文稿和展板，以及如何在有限的时间内清晰、准确地表达作品的创新点、实用性和优势，都需要花费心思和精力去准备。答辩环节的回答问题也需要准确、有说服力，这需要团队成员具备优秀的演讲表达和回答问题能力。制作简洁明了、重点突出的展示材料和演示文稿，以清晰地表达作品的创新点、实用性和优势。进行模拟答辩，提前准备回答问题的方案和思路，提高表达和回答问题的能力。设立专门的展示环节负责人或答辩指导教师，对展示环节和答辩环节进行指导和把关。在答辩环节中，要自信、流畅地表达自己的观点和想法，要注重与评委的互动和交流。

(10) 时间和资源限制

“挑战杯”作品制作通常有时间限制和资源限制，如何在有限的时间内和资源条件下完成高质量的作品是一项重要的挑战。需要制订详细的计划和时间表，合理分配资源和预算，确保作品能够按时完成并提交。在项目实施过程中，要密切关注进度和资源使用情况，及时调整计划和资源分配。设立时间节点和关键流程，对项目进展情况进行及时跟踪和评估。加强团队成员的时间管理能力和资源利用能力培训，提高工作效率。寻求外部支持，与相关机构合作，共享资源和技术支持。

(11) 知识产权和法律法规

在“挑战杯”作品制作过程中，需要注意知识产权和法律法规的遵守。避免侵犯他人的专利权、商标权等合法权益，要遵守国家和地区的法律法规要求。这需要团队成员具备相关的法律知识和意识，以保护作品的合法权益。

在项目实施过程中，要注重知识产权和法律法规的遵守。加强团队成员的知识产权保护意识培训和教育。在项目早期阶段进行专利、商标等保护措施的规划和布局。可咨询专业律师或相关机构，了解相关的法律知识和要求。在项目完成后及时整理和归档相关的知识产权资料和文件。加强与法务部门或知识产权部门的联系和合作，确保作品的合法性和安全性。

围绕中心主题可能遇到的难点如图 10-1 所示。

10.5 选题内容的特点和趋势

“挑战杯”选题通常具有时代性、现实性、政策性强的特点，历届社会科学类“挑战杯”竞赛获奖作品的选题涉及重点宏观调控政策效应、精准扶贫、乡村振兴、中小企业发展、民营企业发展、新兴产业发展、网络危机、共享经济、新型农村合作医疗制度、煤矿安全生产、当代大学生的行为与态度、基层民主政治、流动人口、农村留守儿童、农村土地问题、大学生村官、农村公共服务、城市社区建设等。“挑战杯”的选题还具有实证性强的特点，

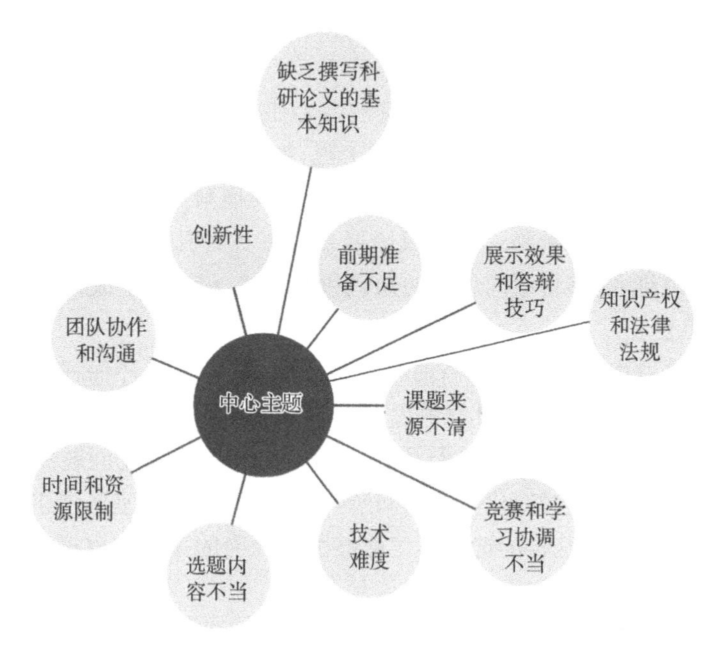

图 10-1 竞赛难点

很多选题明显含有或隐含“调查”二字，体现了选题的实证性特点。即使已有人做过，由于申报者的研究目的不同、选取的调查对象和地点不同，也会有新意。

在选题的确定上，通常采用双标题的方式，既有主标题，又有副标题。这些选题往往是主标题反映一种客观的社会事实或者代表了一种社会期望，副标题反映申报者要研究的主题。

在参赛作品的格式上，自然科学类学术论文与科技建议，要求论证严密、文字简练、说服力强，以理论与实践双重检验为标准。评价时需考虑科学性、先进性、现实意义等因素，并注重评估基础学科前沿性和学术性，如图 10-2 所示。

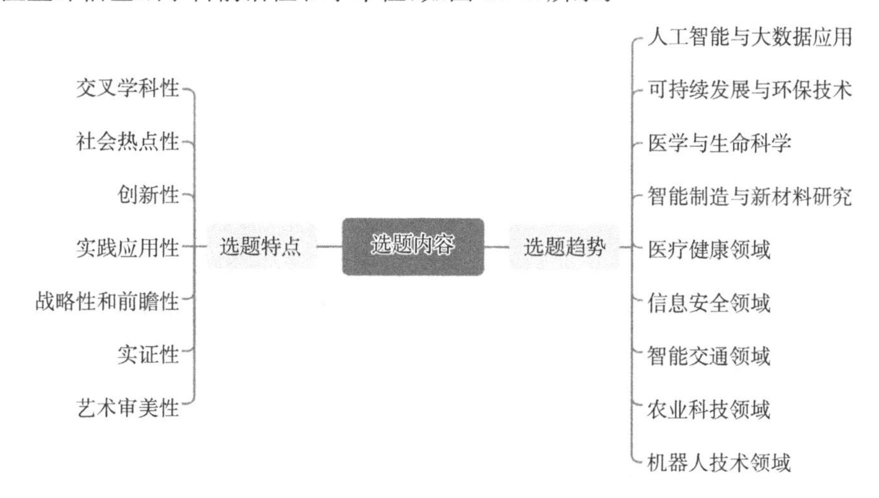

图 10-2 选题内容的特点和趋势

选题具体有以下七个特点：

1．交叉学科性

“挑战杯”作为一项科技创新竞赛，其选题内容往往具有明显的交叉学科性。参赛者需要结合多个学科领域的知识和方法，包括工程、物理、化学、生物、经济等，进行综合分析和研究。如针对环境污染问题，参赛者需要融合环境科学、化学、生物学等学科的知识，提出污染治理的方案和措施。这不仅需要参赛者具备扎实的专业知识，还需要具备跨学科的视野和思维，能够将不同学科的知识和方法结合起来，形成独特的解决方案。

2．社会热点性

“挑战杯”的选题内容紧密结合当前社会热点问题，涵盖了环保、医疗、教育、能源等多个领域。参赛者需要关注当前社会的发展动态和热点问题，结合自己的学科背景和兴趣，选择具有实际应用价值的课题进行研究。随着全球气候变化问题的日益突出，参赛者能选择研究温室效应、气候变化等热点问题，探讨如何减少温室气体排放、降低气候变化的影响等方面的问题。这样的选题不仅能够引起社会的关注和重视，还能够为解决实际问题提供有价值的思路和方案。

3．创新性

“挑战杯”的选题内容强调创新性，要求参赛者从独特的角度出发，探索新思路、新方法、新应用。参赛者需要在已有知识的基础上，发挥创新思维和创新能力，打破常规，实现科学技术的突破和创新。在人工智能领域，参赛者能选择研究深度学习、机器学习等新的技术应用和算法优化。这样的选题需要参赛者具备敏锐的观察力和前瞻性思维，能够捕捉到最新的科技发展趋势和热点问题，提出具有创新性的解决方案，同时还需要参赛者具备勇于探索和尝试的精神，不畏困难和失败，不断追求卓越和进步。

4．实践应用性

“挑战杯”的选题内容注重实践应用，要求参赛者将理论知识与实际相结合，解决实际问题。参赛者需要关注技术的应用价值和实践效果，将研究成果转化为实际生产力，为社会发展和经济建设做出贡献。参赛者能选择研究新能源技术、智能制造等技术在实际生产中的应用和推广。这样的选题需要参赛者深入了解实际生产过程中的问题和需求，结合自己的专业知识提出切实可行的解决方案，这就需要参赛者具备实践动手能力和团队协作精神，能够将研究成果转化为实际应用并推广到生产实践中去。

5．战略性和前瞻性

“挑战杯”的选题应展示申报者对某一问题的独特视角和理解，体现选题角度的创新性和前瞻性。申报者需要具备长远的眼光和全局观念，从战略高度思考问题，提出具有战略性的研究课题。这些课题可能对现有科学问题重新定义，可能是针对未来发展趋势的前瞻性研究，但必须具有较高的应用价值和战略意义。课题不仅需要申报者具备扎实的专业知识和丰富的实践经验，还需要有敏锐的洞察力和前瞻性思维，能够捕捉到未来的科技发展趋势和热点问题，为未来的科技发展和经济建设做出贡献。

6．实证性

“挑战杯”的选题大多为实证性研究课题，需要申报者通过调查、实验等方式获取数据和证据，探讨问题的实际状况和解决方法。申报者需要具备实证研究的能力和方法，能够科学地设计实验和收集数据，得出准确的结论和实证性的成果。这些成果不仅需要有一定的理论价值，还需要具备实际应用的价值和可行性，能够解决实际生产生活中的具体问题。

7. 艺术审美性

“挑战杯”的选题需要具备艺术审美性，能够吸引评委的注意力。申报者需要从选题的角度、语言表达、逻辑结构等方面进行精心设计和组织，使选题具有吸引力和感染力。一个好的选题不仅要具备科学性和技术性，还需要有一定的艺术性和审美性，能够通过语言和文字的表述吸引评委的关注和认可。

相关选题主要涉及以下九个领域趋势：

1. 人工智能与大数据应用

随着人工智能和大数据技术的快速发展，人工智能和大数据已经在许多领域得到了广泛的应用。“挑战杯”的选题内容也充分体现了这一趋势，涉及人工智能和大数据应用的课题数量逐渐增多。参赛者能选择研究基于大数据的智能推荐算法，通过分析用户的行为和喜好，为用户提供个性化的服务和产品推荐。另外，参赛者还能研究基于人工智能的图像识别技术，通过深度学习和计算机视觉等技术，实现图像的自动分类、识别和标注等任务。这些技术能应用于医疗、金融、安防等领域，提高效率和准确性。

2. 可持续发展与环保技术

面对全球气候变化和环境污染等问题，可持续发展和环保技术成为当今社会的热点话题。“挑战杯”的选题内容也积极响应这一趋势，鼓励参赛者研究环保技术和可持续发展的解决方案。参赛者能选择研究节能减排技术，通过优化能源利用和提高能源效率，减少能源消耗和环境污染。另外，参赛者还能研究可再生能源技术，包括太阳能、风能、水能等清洁能源的开发和应用，为可持续发展提供动力。这些技术对于推动绿色发展、建设生态文明具有重要意义。

3. 医学与生命科学

医学和生命科学是当今科学研究的重要领域之一。“挑战杯”的选题内容也充分体现了这一趋势，涉及医学和生命科学的课题数量逐渐增多。参赛者能选择研究基因编辑技术，通过各种先进技术对基因进行精确编辑，为治疗疑难杂症提供新手段。另外，参赛者还能研究免疫疗法，通过调控免疫系统的功能，治疗肿瘤和自身免疫性疾病。这些研究对于提高人类健康水平和生命质量具有重要意义。

4. 智能制造与新材料研究

智能制造和新材料是当前科技发展的重点领域之一。“挑战杯”的选题内容也充分体现了这一趋势，涉及智能制造和新材料的课题数量逐渐增多。参赛者能选择研究新型复合材料，通过不同材料的组合和优化，获得具有优异性能的新材料，应用于航空航天、汽车等领域。另外，参赛者还能研究 3D 打印技术，通过层层堆积的方式将材料逐层打印成具有特定形状和功能的物体。这些技术对于推动制造业的转型升级和国家经济的持续发展具有重要意义，智能制造和新材料研究还能为国家的科技创新和经济高质量发展提供有力支撑。

5. 医疗健康领域

随着人们对健康的重视和医疗技术的不断发展，医疗健康领域成为“挑战杯”的热门选题之一。参赛者能选择研究医疗大数据分析，通过收集和分析大量的医疗数据，挖掘出更多的疾病信息和治疗效果，为医生的治疗决策提供支持。参赛者还能研究智能医疗设备，例如智能医疗床、智能手环等设备，通过使用最新的技术和传感器，监测病人的身体状况和健康状况，提高医疗服务的效率和质量。另外，远程医疗也是一个重要的研究方向，参赛者能研究如何通过互联网和远程通信技术，为偏远地区和不能亲自到医院就诊的病人提供优质的医疗服务。

6. 信息安全领域

随着互联网和信息技术的快速发展，信息安全问题也日益突出。参赛者能选择研究网络安全，例如网络攻击和防御技术，保护网络免受恶意攻击和病毒等威胁。参赛者还能研究数据隐私保护，例如数据加密和匿名化技术，保护个人隐私和企业商业秘密。另外，恶意软件也是信息安全领域的一个重要研究对象，参赛者能研究如何检测和清除恶意软件，保障计算机系统和网络安全。

7. 智能交通领域

随着城市化和交通工具的不断发展，智能交通领域成为“挑战杯”的热门选题之一。参赛者能选择研究自动驾驶技术，通过使用传感器、计算机视觉和人工智能等技术，实现车辆的自主驾驶。智能交通信号控制也是一个重要的研究方向，参赛者能研究如何通过智能交通信号灯和交通监控系统，优化城市交通流量和减少交通拥堵。另外，交通大数据分析也是一个重要的研究方向，参赛者能研究如何通过大数据技术，分析和预测交通状况和趋势，为交通管理和规划提供支持。

8. 农业科技领域

农业是人类生存的基础，农业科技的进步对于提高粮食产量和品质具有重要意义。参赛者能选择研究精准农业技术，例如通过使用无人机、卫星遥感和物联网等技术，实现农作物状态监测和智能化管理。智能农业机械也是一个重要的研究方向，参赛者能研究如何通过智能化技术和自动化设备，提高农业生产效率和降低成本。另外，农业大数据分析也是一个重要的研究方向，参赛者能研究如何通过大数据技术，分析和预测天气变化、农作物生长状况和市场行情等信息，为农业生产提供支持。

9. 机器人技术领域

机器人技术是当今科技发展的热点领域之一，其在工业、医疗、服务等领域都有广泛的应用前景。参赛者能选择研究机器人感知技术，例如通过使用传感器和计算机视觉等技术获取周围环境的信息并做出相应的反应。机器人决策技术也是一个重要的研究方向，例如通过使用人工智能和机器学习等技术实现自主决策和行动。另外机器人控制技术也是一个重要的研究对象，例如通过使用运动控制和动力学控制等技术实现机器人的精准运动和控制。这些研究能为机器人技术的发展和应用提供有力的支持和推动作用，为社会的发展带来积极的影响和贡献。

10.6 作品案例分析

10.6.1 成功作品案例的分析与总结

[案例:中国农业大学的“一粒粟”智慧农业管理系统]

中国农业大学的“一粒粟”智慧农业管理系统在第十七届“挑战杯”全国大学生课外学术科技作品竞赛“黑科技”专项赛中荣获“卫星”级作品，获奖证书如图10-3所示。

获奖证书

中国农业大学

侯林格 同学:

你们的作品《“一粒粟”智慧农业管理系统》在第十七届“挑战杯”全国大学生课外学术科技作品竞赛“黑科技”专项赛中荣获

“卫星”级作品

指导教师：杨守军

编号：2021-TZB17-BL30297H-32C9FC

第十七届“挑战杯”全国大学生
课外学术[illegible]技作品[illegible]赛委员会
（共青团中央[illegible]发展部代章）
二〇[illegible]年十一月

图 10-3 获奖证书

1. 项目行业背景调研

该团队在确定项目方向前，进行了深入的行业背景调研。参赛者分析了传统农业的现状，发现随着科技的发展和人口老龄化的加剧，传统农业面临着许多挑战，如劳动力短缺、生产效率低下、农产品质量控制等问题。参赛者还发现，现代农业正朝着信息化、智能化、可持续化的方向发展，而大数据和人工智能技术的应用将为农业发展带来巨大的机遇。因此，参赛者决定利用大数据和人工智能技术，开发一个智慧农业系统平台，以提高农业生产的效率和质量，满足人们对食品安全和可持续发展的需求。

2. 确定技术路线

在确定项目方向后，团队开始研究技术实现的方法和路线。参赛者选择了以大数据技术和人工智能算法为核心的技术路线，通过收集和分析大量的农业数据，为农业生产提供决策支持。参赛者明确了技术实现的关键步骤和难点，包括数据采集、数据清洗、数据存储、模型训练、算法优化等。参赛者还考虑了技术实现的硬件和软件需求，为后续的开发工作奠定了基础。

3. 核心内容确定

作品的核心内容是开发一个智慧农业系统平台，该平台能够实现以下功能：

(1) 收集、分析和存储农业数据：平台需要能够从各种传感器、无人机、图像等来源收集农业数据，并进行清洗、分析和存储。

(2) 数据可视化与交互：将收集到的农业数据进行可视化呈现，方便用户进行查看和理解，支持用户进行交互操作，如数据筛选、过滤等。

(3) 预测与决策支持：利用人工智能算法对收集到的农业数据进行训练和学习，实现预测和决策支持功能。例如，通过分析土壤湿度、温度等数据，预测作物的生长状况，为用户提供种植决策支持。

(4) 远程监控和预警：通过与硬件设备的连接，实现对农田环境的实时监控和预警，及时发现和解决问题。例如，当监测到农田湿度不足时，系统能自动发送预警信息给用户，提醒用户进行浇水。

(5) 用户管理及权限控制：平台需要实现对不同用户的管理及权限控制功能，以保证数据的安全性和平台的稳定性。

4. 团队分工

团队成员来自不同的专业背景，包括计算机科学、统计学和农业科学等。参赛者根据自己的专业知识和技能进行分工，分别负责不同的任务和模块。例如，具有计算机科学背景的成员负责平台的开发和维护工作；具有统计学背景的成员负责数据的清洗和分析工作；具有农业科学背景的成员负责提供农业数据和验证平台的可行性。团队还设立了项目经理和团队协调员等职位，负责项目的整体规划和协调工作，团队分工如图10-4所示。

姓名	性别	学校	专业	职位
侯林格	男	中国农业大学	设施农业科学与工程专业	董事长
李泊宁	女	中国农业大学	市场营销专业	总经理
李淑琦	女	中国农业大学	市场营销专业	市场总监
郝艺卓	女	中国农业大学	公共事业管理专业	办公室主任
邢怡然	女	中国农业大学	设施农业科学与工程专业	产品研发中心经理
侯林梓	男	中国农业大学	公共事业管理专业	人力资源部经理
李景	女	中国农业大学	市场营销专业	财务总监
李乐源	男	中国农业大学	设施农业科学与工程专业	研发经理
王誉诺	女	中国农业大学	设施农业科学与工程专业	发展战略经理
田小雨	女	中国农业大学	公共事业管理专业	商业运营经理
秦子涵	女	中国农业大学	市场营销专业	财务总监
秦佳妮	女	中国农业大学	设施农业科学与工程专业	生产总监
王融	女	中国农业大学	农村区域发展专业	行政管理总监

图 10-4 团队分工

5. 项目的推进过程

团队制订了详细的开发计划和时间表，按照计划逐步推进项目的开发工作。在开发过程中，参赛者遇到了许多问题和挑战，如技术实现难度、数据采集难度、算法优化等。但通过团队协作和创新思维，参赛者不断尝试新的方法和技术，最终成功地解决了这些问题。参赛者还积极与导师和企业合作，寻求宝贵的意见和建议。

6. 专家的指导

在项目的开发过程中，团队得到了来自多个领域的专家的指导和帮助。这些专家具有深厚的学术背景和丰富的实践经验，参赛者为团队提供了许多宝贵的建议和意见，专家们主要在以下三个方面提供了指导：

(1) 技术难题解决

团队在开发过程中遇到了一些技术难题，如数据采集、数据清洗、模型训练等方面的困难。专家们为参赛者提供了解决问题的思路和方法，帮助参赛者克服了技术难关。

(2) 市场和行业信息

专家们还为团队提供了市场和行业信息，帮助参赛者更好地了解市场需求和趋势，这有助于团队在项目开发过程中更好地把握市场需求，提高项目的实用性和竞争力。

(3) 行业趋势分析

专家们对行业发展趋势和未来方向进行了深入的分析，为团队提供了宝贵的参考意见，这有助于团队在项目开发过程中保持前瞻性和创新性。

7. 行业企业指导

团队还得到了来自相关行业企业的指导和支持。这些企业与团队建立了紧密的合作关系，为团队提供了实践机会和资源支持，主要在以下三个方面提供了指导：

(1) 在实践机会方面，企业为团队提供了实践机会，让参赛者深入了解实际应用场景和市场需求。团队成员通过参与企业项目和实践操作，提高了对实际应用场景的理解和适应能力。

(2) 在资源支持方面，企业为团队提供了必要的资源支持，如硬件设备、数据集等。这些资源支持为团队的开发工作提供了便利，提高了开发效率和质量。

(3) 在技术与市场指导方面，企业还为团队提供了技术和市场方面的指导和建议。参赛者分享了企业的技术实践和市场经验，帮助团队更好地完善项目。这有助于团队在技术实现和市场推广方面取得更好的成果。

8. 整合完善提升

团队在开发过程中，不断对项目进行整合、完善和提升。参赛者与各个领域的专家和企业合作，优化技术实现方案，完善平台功能和性能。参赛者积极收集用户反馈和建议，根据用户需求不断改进和完善项目。主要在以下三个方面进行了整合和完善：

(1) 在技术优化方面，团队不断优化技术实现方案，提高平台的性能和稳定性。参赛者与专家和企业合作，学习和借鉴先进的技术实践经验，对平台进行了多次的技术迭代和优化。

(2) 在功能完善方面，团队根据市场需求和用户反馈，不断完善平台的功能和性能。

参赛者给平台增加了新功能，优化了用户体验，提高了平台的易用性和实用性。

(3) 在市场推广方面，团队积极与企业和市场合作，推广项目的成果和应用。参赛者参加了多个行业展会、技术交流会议等活动，与潜在用户和合作伙伴进行交流和合作洽谈。通过不断的推广和市场反馈，团队不断完善项目成果，提高项目的市场竞争力。

案例成功的经验总结有以下六方面：

1. 行业背景调研

团队深入了解了农业领域的发展趋势、市场需求以及面临的挑战。参赛者发现，随着科技的发展和人口老龄化的加剧，传统农业面临着许多挑战，如提高生产效率、降低成本、提高农产品质量等，并且发现市场对智能农业技术的需求越来越高，因此团队决定开发一个智慧农业系统平台，以解决当前农业领域面临的问题。

2. 技术路线的选择

团队选择了以大数据技术和人工智能算法为核心的技术路线，通过收集和分析大量的农业数据，为农业生产提供决策支持。这一技术路线的选择符合当前科技发展的趋势，也满足了农业领域的实际需求。

3. 核心内容的确定

团队的核心内容是开发一个智慧农业系统平台，该平台能够实现收集、分析和存储农业数据，并利用人工智能算法对数据进行分析和处理，为农业生产提供决策支持。这一核心内容的确立为团队明确了开发方向，也提高了项目的实用性和创新性。

4. 团队分工的合理性

团队成员具有不同的专业背景，参赛者根据自己的专业知识和技能进行分工，分别负责不同的任务和模块。这种合理的团队分工提高了团队的协作效率和技术水平，也有利于项目的顺利推进。

5. 项目的推进过程

团队制订了详细的开发计划和时间表，按照计划逐步推进项目的开发工作。在开发过程中，参赛者遇到了一些问题和挑战，但通过团队协作和不断尝试，最终成功地解决了这些问题。这表明团队在项目的推进过程中提升了良好的执行力和解决问题的能力。

6. 整合完善提升

团队在开发过程中不断对项目进行整合完善，提升参赛者与各个领域的专家和企业合作，不断优化技术实现方案，完善平台功能和性能，积极收集用户反馈和建议，根据用户需求不断改进和完善项目，使得产品能够更好地适应市场需求并提高用户体验，从而取得了良好的市场反响和经济效益。

10.6.2 失败作品案例的原因分析和改进意见

[**案例：智能医疗诊断系统**]

1. 项目行业背景调研

团队在确定项目方向前，对医疗领域进行了深入的行业背景调研。参赛者发现，随着医疗技术的进步和人口老龄化的加剧，医疗行业面临着许多挑战。而智能医疗技术的推广将为医疗发展带来巨大的机遇。因此，参赛者决定开发一个智能医疗诊断系统，以提高医疗诊断的准确性和效率。

2. 确定技术路线

在确定项目方向后，团队开始研究技术实现的方法和路线。参赛者选择了以人工智能算法和大数据技术为核心的技术路线，通过收集和分析大量的医疗数据，为医疗诊断提供自动化决策支持。参赛者明确了技术实现的关键步骤和难点，包括数据采集、数据清洗、模型训练、算法优化等。参赛者还考虑了技术实现的硬件和软件需求，为后续的开发工作奠定了基础。

3. 核心内容确定

团队的核心任务是开发一个智能医疗诊断系统，该系统能够实现以下功能：

(1) 收集、分析和存储医疗数据：系统需要能够从各种医疗设备、医疗机构等来源收集医疗数据，并进行清洗、分析和存储。

(2) 疾病诊断与预测：利用人工智能算法对收集到的医疗数据进行训练和学习，实现疾病诊断和预测功能。例如，分析病人的病史、症状和检查结果等数据，为病人提供准确的诊断结果和建议。

(3) 治疗方案推荐：根据病人的诊断结果和病情，系统能为医生提供多种治疗方案，并按照优先级进行推荐。

(4) 实时监控与预警：通过与医疗设备的连接，实现对病人病情的实时监控和预警，及时发现和解决问题。例如，当监测到病人的血压突然升高时，系统能自动发送预警信息给医生，提醒医生采取措施。

(5) 用户管理及权限控制：系统需要实现对不同用户的管理及权限控制功能，以保证数据的安全性和系统的稳定性。

4. 团队分工

团队成员来自不同的专业背景，包括计算机科学、医学和统计学等。参赛者根据自己的专业知识和技能进行分工，分别负责不同的任务和模块。例如，计算机科学背景的成员负责系统的开发和维护工作；医学背景的成员负责提供医疗数据和验证系统的可行性；统计学背景的成员负责数据的清洗和分析工作。团队还设立了项目经理和团队协调员等职位，负责项目的整体规划和协调工作。

5. 项目的推进过程

团队制订了详细的开发计划和时间表，按照计划逐步推进系统的开发工作。在开发过程中，参赛者遇到了许多问题和挑战，如技术实现难度、数据采集难度、算法优化等。但通过团队协作和创新思维，参赛者不断尝试新的方法和技术，最终成功地解决了这些问题。参赛者还积极与导师和企业合作，寻求宝贵的意见和建议。然而，由于市场环境的变化和缺乏行业企业的支持，参赛者的推广和系统的应用受到了严重限制最终导致项目失败的结果。

6. 整合完善提升

团队在开发过程中不断对项目进行整合完善，提升参赛者与各个领域的专家和企业的合作效果，不断优化技术，积极收集用户反馈和建议，根据用户需求不断改进和完善项目。然而由于缺乏医疗领域的实际经验和对市场环境变化的了解不足，参赛者提供的建议存在一定的局限性，这使得团队在方案设计和市场推广方面遇到了一些困难。另外由于市场竞争激烈和行业环境的变化企业无法持续为团队提供必要的支持和资源，这使得团队在方案推广和应用方面遇到诸多困难，作品无法与市场上的成熟产品竞争。

作品失败的原因具体分析如下：

1. 行业和技术背景的理解

在案例中，团队决定开发一个智能医疗诊断系统，以提高医疗诊断的准确性和效率。这是一个非常有潜力的领域，但是需要深入理解医疗行业的各种挑战、现有的解决方案和未来的发展趋势。团队可能没有充分认识到医疗行业的复杂性，例如数据隐私、医疗事故的责任和医疗设备的兼容性等问题。参赛者可能也没有充分理解人工智能和大数据技术在医疗领域的应用潜力与局限性。

2. 技术路线的选择

团队选择了以人工智能算法和大数据技术为核心的技术路线，这是非常前沿和具有挑战性的项目。参赛者需要处理大量的医疗数据，包括结构化数据和非结构化数据，而且这些数据的维度和规模可能会非常大。这需要强大的数据处理和分析能力，以及高效的算法和模型。团队可能低估了这些技术的实现难度和所需的资源。

3. 核心功能的确定

系统需要实现的功能非常关键，包括数据收集、疾病诊断与预测、治疗方案推荐、实时监控与预警、用户管理及权限控制等。这些功能都需要经过精心设计和优化，以确保系统的可用性和可靠性。团队可能没有充分考虑到这些功能的实现难度和潜在的用户需求变化。

4. 团队分工和协作

团队成员的专业背景包括计算机科学、医学和统计学，这为项目的成功提供了坚实的基础。但是，参赛者可能没有充分考虑到不同背景成员之间的沟通和协作问题，以及如何将各自的专业知识和经验整合到项目中。

5. 市场推广和应用

项目的失败在很大程度上是因为市场环境的变化和缺乏行业企业的支持。在推广和应用阶段，团队可能没有充分考虑到市场趋势、竞争环境以及如何与现有的医疗系统和流程进行整合。参赛者可能也没有建立起有效的市场推广和用户反馈机制，以了解用户需求和市场变化。

具体的改进意见如下：

1. 加强行业调研与合作

与医疗领域的专家、医疗机构和企业进行深入合作，了解行业趋势、市场需求、竞争状况等。尽可能地寻找机会参加医疗行业会议、研讨会和展览，以扩大人脉和获取更多行业信息。寻求与其他相关领域的团队合作，如医学影像、医疗设备等团队，以提供更全面的解决方案。

2. 深化技术理解与规划

深入学习和理解人工智能、大数据等技术在医疗领域的应用潜力和局限性。制订详细的技术实现计划，包括关键技术点、难点和时间表。定期进行技术评估和风险分析，以确保项目能够顺利推进。

3. 优化核心功能与用户体验

对系统的核心功能进行全面的规划和设计，确保功能的实用性和易用性。注重用户反馈和体验，不断优化界面设计和操作流程。针对不同用户群体进行调研和分析，以满足不同需求和期望。

4. 加强团队建设与协作

加强团队成员之间的沟通和协作，建立高效的信息交流渠道。鼓励团队成员分享经验和知识，以促进团队成长和项目进展。明确不同角色的职责，确保每个成员能够充分发挥自己的专业能力。

5. 关注市场推广与用户反馈

制订全面的市场推广计划，包括产品定位、目标客户群和市场渠道选择等。与合作伙伴和渠道商建立合作关系，共同推动项目的市场推广。建立用户反馈机制，及时收集和处理用户意见和建议，以不断优化产品和服务。

6. 加强数据隐私与安全保护

在医疗数据的收集、存储及使用过程中，始终恪守相关法律法规及伦理准则。通过运用前沿的数据加密技术和全面的安全防护措施，致力于保障数据的安全性与私密性。和权威的数据安全与隐私保护机构紧密合作，确保项目的合规性与安全性得到充分保障。

7. 注重创新与持续发展

在项目中注重创新思维和方法，以提供更高效、更智能的解决方案。关注行业和技术发展趋势，不断优化和更新系统的功能和技术。与科研机构和高校合作，共同开展技术研究和产品开发，以保持项目的领先地位。

8. 提供培训与支持服务

为用户提供全面的培训服务，包括系统操作、使用技巧和常见问题处理等。提供及时的技术支持和服务，解决用户在使用过程中遇到的问题和困难。通过定期的版本更新和功能升级，持续优化系统的性能和用户体验。

9. 合理利用资源与降低成本

合理规划和分配项目资源，包括人力、物力和财力等。寻求经济实惠的硬件设备和软件资源，以降低项目成本。优化算法和减少不必要的开销，降低系统的运行和维护成本。

10. 建立项目管理与质量保证体系

采用有效的项目管理方法和技术，确保项目的顺利进行和按时完成。建立完善的质量保证体系，对项目各阶段的质量进行严格把控和管理。

10.6.3 启示和影响

这些成功或失败的案例，不仅给予了其他大学生启示，也为整个创新创业领域注入了新的活力。对“挑战杯”的具体启示和影响如图 10-5 所示。

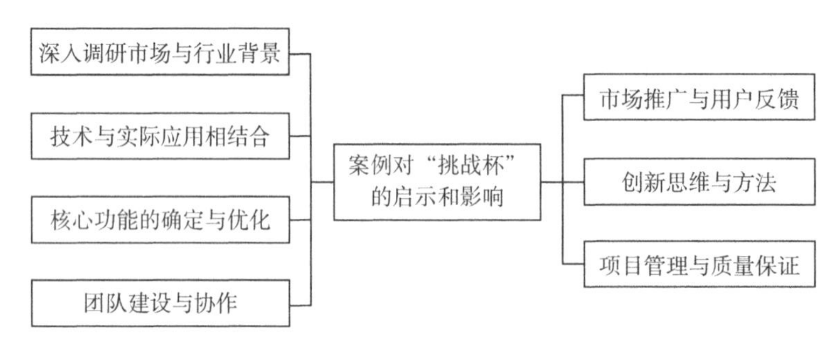

图 10-5 案例对“挑战杯”的启示和影响

1. 深入调研市场与行业背景

在参加“挑战杯”之前，首先需要对所涉及的行业和市场进行深入的调研。这包括了解行业的发展趋势、市场需求以及当前的竞争状况。通过了解行业的发展趋势，能判断出未来的发展方向和潜力，为项目的长期发展做好准备。了解市场需求则能更加精准地定位项目的发展方向和目标用户，从而更好地满足用户需求。了解当前的竞争状况能帮助我们更加清晰地认识到项目的优势和不足之处，从而更好地制定竞争策略。

2. 技术与实际应用相结合

在选择技术路线时，需要充分考虑技术的实际应用场景和可行性。技术是实现项目功能的基础，但单纯的技术堆砌并不能解决所有问题。因此，需要结合实际应用场景，选择合适的技术路线，并将其应用到实际业务中。例如，在智能医疗诊断系统中，需要考虑医疗数据的复杂性和多样性，需要采用多种数据清洗和分析技术来保证数据的准确性和可靠性。而在智慧农业系统平台中，需要结合农业生产的实际需求，选择相应的数据采集、分析和展示技术。

3. 核心功能的确定与优化

在确定项目核心功能时，需要充分考虑用户需求和实际应用场景。核心功能是项目价值的重要体现，因此需要针对用户需求进行深入挖掘和分析。例如，在智能医疗诊断系统中，核心功能包括疾病诊断与预测、治疗方案推荐等，这些功能需要针对不同的疾病和患者情况进行优化和完善。而在智慧农业系统平台中，核心功能包括数据采集、分析和展示等，这些功能需要针对不同的农业生产场景进行优化和完善。

4. 团队建设与协作

一个成功的项目离不开一个高效协作的团队。“挑战杯”比赛需要注重团队成员之间的沟通和协作。一个优秀的团队应该由具备多种专业能力和背景的成员组成。这些成员之间需要进行充分的沟通和协作才能够实现项目的成功。例如，在智能医疗诊断系统中，团队成员需要具备医学、计算机科学和统计学等专业背景和能力，这些成员之间需要进行充分的沟通和协作才能够实现系统的成功开发和应用。

5. 市场推广与用户反馈

在项目推广和应用过程中，需要注重市场推广策略的制定和实施，以及收集和处理用户反馈意见。市场推广是实现项目商业价值的重要环节之一，可通过多种渠道进行宣传和推广才能吸引更多的用户，并收集和处理他们的反馈意见来不断完善和优化产品和服务。例如，在智慧农业系统平台中，需要通过多渠道吸引更多的农民使用平台，然后对他们的反馈意见进行及时处理，不断完善和优化平台的功能和服务。

6. 创新思维与方法

在参加“挑战杯”时，团队成员需要注重创新思维和方法的应用。创新是推动社会进步的重要力量之一，同时也是推动项目发展的重要动力。例如，在智能医疗诊断系统中，可采用深度学习等先进技术来提高疾病诊断的准确性和效率。而在智慧农业系统平台中，可通过引入人工智能等技术来提高农业生产的效率和品质。

7. 项目管理与质量保证

在项目实施过程中，需要采用有效的项目管理方法和技术来确保项目的顺利推进和按时完成。项目管理是实现项目目标的重要保障之一，需要通过制订详细的项目计划、建立完善的项目管理机制和控制项目进度等措施来确保项目的成功实施，建立完善的质量体系来保证项目各阶段的质量达到预期水平。例如，在智能医疗诊断系统中，需要进行严格的数据质量控制和系统测试来确保系统的准确性和稳定性。而在智慧农业系统平台中，需要进行系统的性能测试和安全性测试来确保平台的安全性和稳定性。

10.7 PPT制作与路演技巧

10.7.1 路演程序及技巧

1. 准备阶段

(1) 确定主题和目标

在准备路演前，需要明确路演的主题和目标，包括确定参赛者希望通过路演传达的信息和展示的内容，以及希望吸引的观众和评委的类型。

(2) 研究评委和观众

了解评委的背景和关注点，以及观众的需求和兴趣，能帮助参赛者更好地准备路演内容和调整演讲风格。能通过查阅比赛公告、评委介绍和观众信息等途径来掌握这些信息。

(3) 策划路演流程

根据主题和目标，策划路演的流程和内容，包括设计开场白、主体内容和结尾等。参赛者需先草拟一份演讲大纲，然后逐步填充具体内容，还要考虑如何吸引观众的注意力，使演讲更具吸引力。

(4) 制作 PPT

根据路演流程,制作简洁明了、图文并茂的 PPT。PPT 应该清晰地呈现参赛者的观点和思路,吸引观众的注意力。确保 PPT 内容与演讲内容相匹配,并注意排版和美感的细节。

(5) 多次练习演讲

通过多次练习演讲,熟悉路演的内容和流程。参赛者能在镜子前练习、与朋友或队友练习,或者在模拟环境中进行练习。在练习过程中,注意时间控制、语言表达和肢体语言的运用,答辩时间控制在 5～8 分钟。

2. 路演阶段

(1) 开场白

用简洁明了的语言介绍自己和团队,包括团队名称、项目名称、所在学校等。开场白应该吸引观众的注意力,并为后续内容做好铺垫,路演现场如图 10-6 所示。

图 10-6 路演现场

(2) 主体内容

根据策划的路演流程,逐步展示 PPT 内容。在展示过程中,要注意以下几点:

①逻辑清晰,确保演讲内容逻辑清晰,让观众能够理解参赛者的观点和思路。使用段落标题、图表和列表等方式来突出重点和展示逻辑关系。

②分条叙述,将演讲内容分成若干个段落,每个段落有一个明确的主题或观点。在演讲中逐一阐述每个段落的内容,使观众更容易理解和接受。

③突出重点,在演讲中突出重点和亮点,让观众更好地了解参赛者的项目。使用强调、突出显示或特殊效果来强调关键信息。

④图文并茂,使用图表、图片等多媒体元素来支持演讲内容,使内容更加生动有趣。选择相关的图片或图表来辅助解释参赛者的观点和数据。

(3) 结尾

用简洁明了的语言总结自己的观点和成果,并感谢评委和观众的参与。结尾是路演的收尾阶段,要确保总结简洁有力,留给观众深刻的印象。

3. 互动环节

(1) 预留时间

在演讲开始前,与评委和观众建立良好的互动环境。通过问候、感谢参赛者的到来等方式,建立积极的互动氛围。这可以安排在演讲过程中穿插的问答环节,也可以安排在演讲结束后进行的提问环节。

(2) 开放问题

鼓励评委和观众提问,并给予耐心和详细的回答。通过互动展示自己的团队合作能力和解决问题的能力。在回答问题时,要确保回答清晰明了,直接回答问题,并避免转移话题或争论。

(3) 回答问题技巧

在回答问题时,要注意以下几点:

①简洁明了,尽量用简短、清晰的语言回答问题;

②直接回答问题,避免绕弯子或给出含糊不清的答案;

③不要转移话题或争论,如果问题与参赛者的项目不相关或有争议,能礼貌地引导对话方向;

④感谢评委和观众的提问,表达对提问者的尊重和感激之情。

4. 其他技巧

(1) 时间控制

合理控制演讲时间,避免时间过长或过短,根据需要适当调整幻灯片内容确保在规定时间内完成演讲。根据比赛规定的时间长度来规划演讲时间分配,并尽量精确控制演讲进度。如果需要延长或缩短演讲时间,能调整幻灯片顺序或内容来适应规定时间长度。选择在每一张幻灯片上设置时间提醒,以确保每个部分的时间分配合理。根据演讲的主题和内容,预留一些时间用于互动和回答问题。

(2) 演讲技巧

试着放慢语速,并且通过增加一些停顿来达到强调的效果。在演讲过程中,保持声音洪亮清晰,确保评委和观众能够听清楚项目内容。使用恰当的肢体语言来增强演讲效果,包括手势、面部表情、身体姿势等,以更好地传达项目观点和信息。与所有听众进行眼神交流,若总是将注意力集中在少部分人身上,会让对方感到不舒服。

(3) 反馈机制

在演讲过程中,注意观察观众的反应和表情。如果发现观众显得困惑或失去兴趣,则适当地调整演讲内容和方式,以更好地吸引参赛者的注意力。根据观众的情绪和反应,给予适当的回应。例如,如果观众显得热情和积极,就更加自信地表达自己的观点。如果观众显得困惑或质疑,就更加耐心地解释和回应。

(4) 充分准备

在比赛前多次练习演讲,熟悉 PPT 的操作和展示方式。这能避免在现场出现技术问题或操作不当的情况。通过多次练习演讲,熟悉演讲的内容和流程,确保在比赛现场能够发挥出最佳水平。在比赛前准备一份备忘录,包括演讲的主要观点、数据和案例等。

这能帮助参赛者在演讲过程中更好地掌控时间和内容，避免遗漏重要信息。

10.7.2 PPT 制作及技巧

1. 封面页

在封面上使用大字体、醒目的颜色和特殊的图标来突出项目名称，让观众一目了然。尽量避免在封面上添加过多的文字和图片，保持简洁，让观众更容易聚焦于主题。在封面的底部或角落添加学校名称和指导教师姓名，以示尊重和认可。

2. 目录页

在目录页上列出每个主题的页码，方便评委翻阅并了解主要内容。在每个主题前添加引导性语言，如“研究背景与意义”“研究内容与方法”等，以便评委更好地理解内容。

3. 研究背景与意义

提供一些与项目相关的市场情况和社会问题的数据与案例，以证明项目的实际意义。明确说明项目的价值和重要性，以及它如何解决相关问题或改善现状。

4. 研究内容与方法

明确列出研究的目的，以便让评委了解研究的方向和目标。详细描述所采用的研究方法，包括实验设计、数据采集和分析方法等。使用图表和图片来解释复杂的概念和数据。简要描述实验过程或步骤，让评委更好地理解实验的细节。

5. 研究成果与发现

突出研究成果的创新性和突破性，能使用图表、图片和案例来展示。提供实验数据和分析结果，并使用表格和图表进行展示，以便评委更好地了解研究结果。总结研究成果，并突出其中的重要结论。

6. 应用前景与社会效益

潜在市场价值和社会影响：提供关于潜在市场价值和社会影响的评估和分析，能使用市场调研数据和案例来支持。说明研究成果的推广和应用前景，以及它们如何带来实际的社会效益。

7. 团队介绍与分工

简要介绍团队每个成员的背景、专业能力和优势，以便评委了解团队的整体实力。清晰地描述团队的组织结构和分工情况，以便评委了解每个成员在项目中的作用和贡献。

8. 财务预算与资金来源

列出项目的预算编制，包括人力、物力和财力等方面的预算。说明项目所需的资金需求和筹资计划，包括学校和企业的资助和支持。列出赞助商或投资方的信息。财务预算与资金来源页需要清晰地展示项目的财务计划和资金来源情况，以便评委了解项目的可行性和可持续性。

9. 风险评估与对策

列出项目中可能面临的风险，如技术风险、市场风险等。对每个风险进行评估和分析，包括它们对项目的影响和可能性。针对每个风险提出相应的应对措施和解决方案，以便在风险发生时能够及时应对。

10. 未来发展计划与目标

列出项目短期内的发展计划和目标，包括时间节点、具体任务和预期成果。明确项目长期的发展目标和愿景，并说明如何通过短期计划的实施来实现这些目标。详细描述实现短期和长期发展目标的实施计划，包括任务分工、时间安排和资源分配等。

11. 封底页

在封底页上添加感谢语，对评委和观众表示感谢，能个性化定制。附上团队成员的联系方式，以便感兴趣的评委和观众进一步交流和合作。如果条件允许，在封底页上添加项目展示视频或二维码，以便评委和观众更深入地了解项目内容。

PPT 的设计具有很强的技巧性(图 10-7)，具体如下：

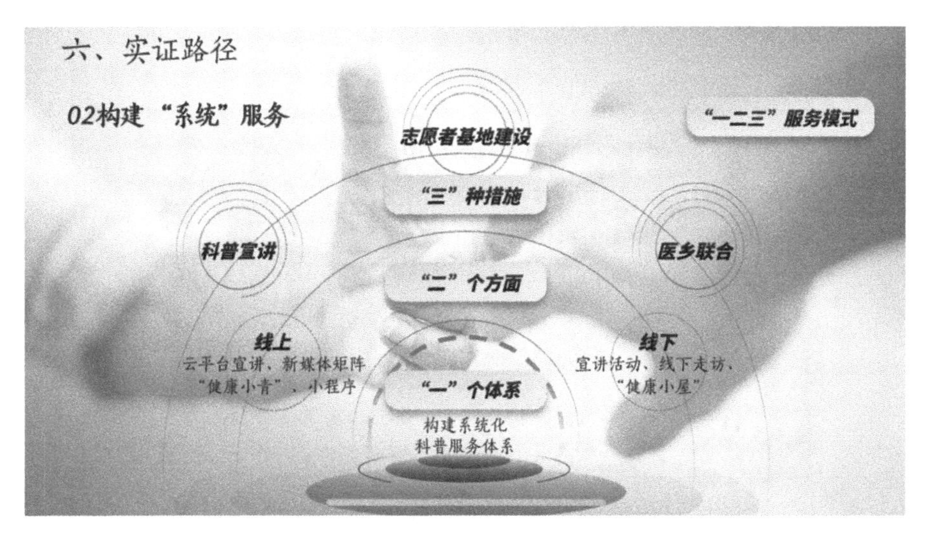

图 10-7 设计精巧的 PPT 展示

(1) 图文并茂

使用图表和图片来解释和补充文字信息。如果在描述一个研究结果，能在幻灯片上展示一个图表或图像，以直观地展示数据和结论。图表和图片应该简洁明了，避免使用过于复杂或密集的图像，以免分散观众的注意力。

(2) 简洁明了

避免使用冗长的文字和复杂的动画效果。保持简洁，突出重点信息。每一张幻灯片的文字内容应该清晰易读，避免文字过小或过于密集。

(3) 色彩搭配

使用适当的颜色搭配来突出重点信息和层次感。例如，能用不同的颜色来表示不同的数据或信息，使观众更容易区分和记忆。避免使用过于刺眼或混乱的颜色组合，以免分散观众的注意力。

(4) 字体大小与行距

选择合适的字体大小，确保文字清晰易读。一般来说，较大的字体更容易吸引观众的注意力。设置合适的行距，使文字排列整齐、清晰。避免行距过窄或过宽，以免影响阅读体验。

（5）布局与逻辑性

每一张幻灯片都应该有一个明确的主题或重点。布局要清晰合理，避免过于拥挤或空洞。使用标题、副标题和段落等元素来组织幻灯片内容，使信息层次分明、易于理解。还要确保每一张幻灯片都与主题紧密相连，并且幻灯片之间的过渡要自然流畅。这些技巧有助于建立清晰的逻辑框架，使评委更容易理解项目内容。

10.7.3 答辩流程及技巧

1. 明确答辩流程

流程一般分为 PPT 项目介绍和评委提问。注意，PPT 内容要精练，切忌大篇文字说明，图 10-8、图 10-9 对比了不同的 PPT。

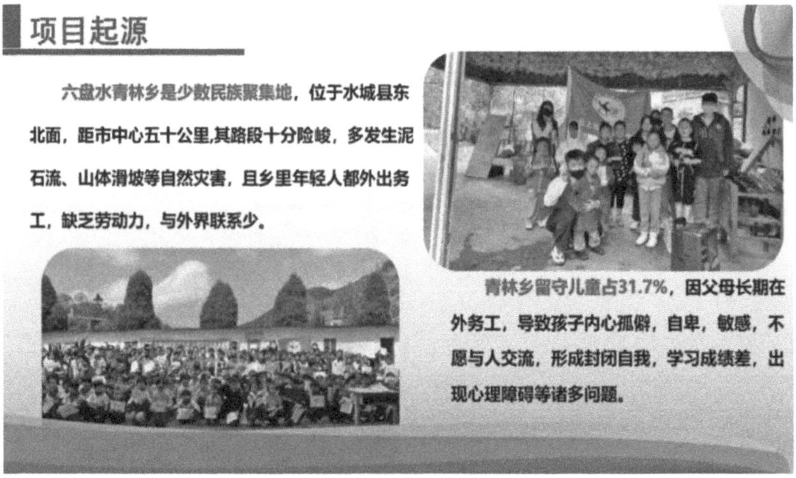
项目起源
六盘水青林乡是少数民族聚集地，位于水城县东北面，距市中心五十公里,其路段十分险峻，多发生泥石流、山体滑坡等自然灾害，且乡里年轻人都外出务工，缺乏劳动力，与外界联系少。
青林乡留守儿童占31.7%，因父母长期在外务工，导致孩子内心孤僻，自卑，敏感，不愿与人交流，形成封闭自我，学习成绩差，出现心理障碍等诸多问题。

图 10-8　糅杂 PPT 展示

项目起源
六盘水青林乡
少数民族聚集地
青林乡留守儿童占31.7%
因父母长期在外务工，导致孩子内心

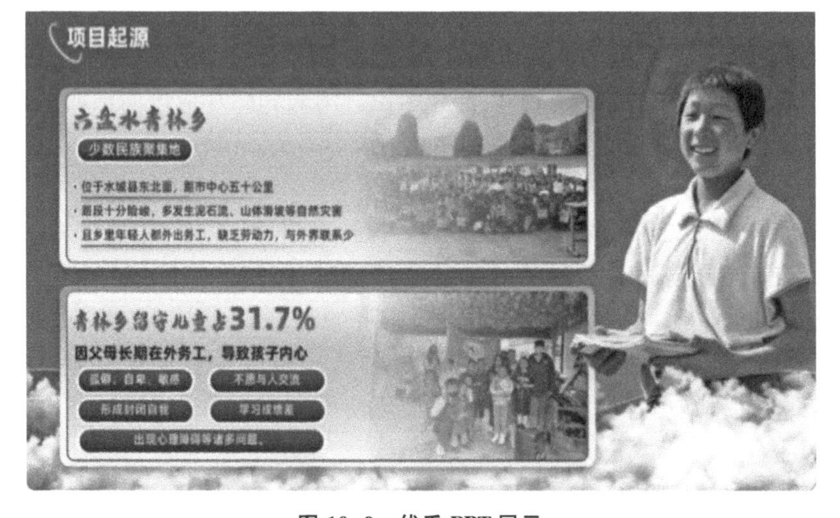

图 10-9　优秀 PPT 展示

2. 对常见问题提前准备

例如，为什么要选择这个课题？你们的作品价值是什么？你们的作品以什么理论为基础？你们的作品研究方法是什么？你们的作品数据从哪里找到的？请介绍下你们作品的科学性、创新性体现在哪里？请介绍下你们作品撰写的基本思路。

除了以上常见问题除外，还有其他类似的问题，团队成员对此都得提前准备并进行模拟回答，这样有利于在比赛答辩过程中减轻压力。

3. 答辩技巧

(1) 答辩须知

①自述报告概述论文框架与核心内容，包括写作初衷、研究缘起、主攻方向、选题依据与对比分析。自述报告应描绘研究范围，梳理现状，突出新颖观点或创新性突破。它为读者提供清晰的研究脉络和背景，为后续探讨奠定基础。

②适当运用图表。图表是最直观表达观点的方法，更是调节答辩会气氛的手段。在答辩过程中适当穿插图表或类似图表，能提高答辩成绩。

③紧扣主题。答辩时间紧凑，因此围绕主题、扣题非常重要。

请务必注意以下三点：一是务必确保主题明确，避免模糊不清；二是内容必须充实具体，避免空洞无物；三是表达需有重点，避免平淡无奇。

(2) 答辩状态

①在答辩过程中，仪态与风度的重要性不容忽视，这是向听众传递的第一印象，也是影响听众对你整体评价的关键因素。答辩者应该时刻注意自己的仪态与风度，展现最佳的自我形象。

②时刻记得语速适中。在答辩过程中，部分答辩者可能会出现语速逐渐加快的情况，这可能导致答辩委员会成员难以清晰地理解其陈述内容，从而对答辩成绩产生不利影响。为了确保答辩效果，答辩者需特别注意控制语流速度，确保语速既不过快也不过慢，注重语调的变化，以突出重点信息，确保答辩内容的清晰度和连贯性。

③论文答辩时，答辩者需注意目光分配与移动。应常看向答辩委员会成员和会场同学，通过目光交流建立心灵联系。这既提升听众对论题的关注，也展现答辩者的自信和专业素养。因此，答辩者需善用目光交流技巧，为答辩增色。

④在答辩过程中，虽然口语表达占据主导地位，但辅以适当的体态语能够有效提升表达效果。特别是恰当的手势语言，能够展现出答辩者的自信、力量和坚定立场，使观点更具说服力。因此，在答辩时，建议适度运用体态语进行辅助。

⑤答辩过程中涉及人称使用问题，建议尽量使用第一人称。

⑥答辩时一定要做到言简意赅、突出重点，尽量在五分钟之内完成。

(3) 听取问题

不仅要沉着冷静，边听边记，而且要自信，又要虚心，最重要的是要听准听清，听懂听明。

(4) 回答问题

在构思阶段，务必清晰地把握问题所要求的“核心”“本质”和“重点”所在。在回答时，应当具备明确的开头、主体和结尾，确保内容条理清晰、层次分明。选择恰当的词汇，保持语言流畅，直接切入主题，避免冗余和绕弯子。

11 结论与展望

11.1 研究结论

本书主要完成了以下内容的研究：

1. 开展基于师生的“职业院校大学生课外科技创新工作建设”调研

设计面向教师、学生的“职业院校大学生课外科技创新工作建设”调研问卷。通过线上调研、现场问答、走访调研、一对一访谈和座谈调研等形式对全国高职院校教师和学生开展问卷调查，获得教师有效问卷 53 份，学生有效问卷 987 份。调查主要针对基本信息、管理机制、实施过程、实施成效等内容。

研究发现目前高职院校在大学生课外科技创新工作中出现的主要问题：

(1) 管理机制有待完善

35%的受访教师表示不了解学生课外科技创新工作的管理组织。41%的教师知道学校有出台相关管理文件，但认为管理文件相对较少。甚至有 24%的教师表示对部分工作不了解，没有接触。可知目前不少高职院校存在科技创新工作管理制度不完善的问题，包括组织管理、宣传贯彻、奖励机制等的不到位。

(2) 活动形式相对单一且指导力度待加强

目前，绝大多数高职院校的课外科技创新活动以“挑战杯”、创新创业大赛及专业相关的科技竞赛为主，其他形式的课外科技创新活动较少且师生参与度低、影响力小。同时，在指导学生方面，一方面，高职院校学生基础能力较弱，渴望有教师的指导和带领，如果没有教师持续指导和督促，一定程度上影响学生的参与意愿及持之以恒的坚持。另一方面，部分教师因平时教学工作繁重，不愿投入更多的时间和精力在课外竞赛上。即使参与指导的教师，也多是出于职称晋升需要而被迫加入课外科技创新活动的指导中。因此，亟待斧正教师对指导学生竞赛的认识并加强指导力度。

(3) 学生培养成效有待提升

教师反馈学生在参加课外科技创新活动中存在对老师依赖性高、基础不好、创新思维受限、动手能力差、科技创新实践能力差、专业技能及知识的转化能力不足等问题。开展课外科技创新工作正是要补齐高职院校学生这些短板。同时，现阶段大多数院校重实施，轻评价，对学生培养成效的跟踪和评价相对较少，没有体系化的评价机制和反馈调整机制。

为进一步提高大学生课外科技创新工作水平，提出以下改进策略：

(1) 规范及完善管理机制

建议规范及完善学校开展课外科技创新活动的运行机制、管理组织、奖励机制及评价机制等。运行机制包括统筹建立校级层面的领导组织、组织部门及其工作职责，包括成立以分管学生工作及教学工作的校长(副校长)为核心的领导小组，下辖团委、科研处、教务处、财务处等部门，为保障工作有序、持续开展提供重要保障。管理组织可由团委负责开展，下设活动实践部、科技创新中心等负责全面执行和监督，完善活动筹备、开展、监督、评价及校内外资源协调等制度和方案，同时加强组织管理并及时开展信息交流等沟通工作。可创新多方式的鼓励和奖励政策，包括实现素质学分加分、学分互认，建立个人科创成长档案等，充分调动学生积极性。加强活动的组织管理、成绩成效的反馈评价，为后续活动的调整提供直接依据。

(2) 在丰富活动形式的同时增加教师指导力度

建议增加课外科技创新活动的多样性。在学校宣传和课堂教学中，扭转高职院校学生不需要参加课外科技创新活动这些难度较大的活动的观念。同时，除了开展各类竞赛活动外，高职院校还可以增加科技创新学术交流和培训活动(如学术沙龙、创新创业培训等)等，通过科创文化周、主题科创讲座、科普活动、科创产业园认知实践等提升学生对科创活动的认知和了解，培养学生科创兴趣，扩大师生参与度，形成更浓厚、更广泛的科创氛围。

建议提高课外科技创新活动的支持力度。首先，教师要正确认识当前国家对职业教育的要求和期待。教师们要参与课外科技创新活动指导，加强学生创新创业等意识的培养和能力的锻炼。其次，从机制建设上将指导课外科技创新活动与职称晋升，评优考核结合起来，提高教师参与的积极性。再次，要引导教师正确认识课外科技创新活动指导工作的目的，加强教师的过程性指导。开展学生课外科技创新活动的主要目的应该是提升学生的能力而非获奖。要使教师树立正确的指导理念，注重培养学生的能力，杜绝出现“代办”“包办”等问题，即教师要正确承担在课外科技创新活动中的指导角色，充分培养和锻炼学生的学习和探索能力。

(3) 在注重基础能力培养的同时提高实施成效跟踪反馈

建议教师重视对学生基础能力的培养，基于项目或竞赛活动等实施分层分类打造。可建立基础能力和提升能力培养清单，开展多维度能力强化训练，对不同能力水平的学生实施分层培养。重视师生参与的过程性评价和结果性评价，建立课外科技创新工作参与成效阶段性评价方案，为教师过程性指导学生提供参考依据。通过设立基于教师和学生的参与成效检测表、自评表、互评表等，立体化呈现师生在开展相关活动过程中的参与程度、学习收获、完善改进等。

(4) 关注职业本科科技创新重点工作

职业本科应该有别于普通本科和普通高职，具备职业本科特有的发展要求和内涵，对学生的科技创新素质训练更应紧跟专业、行业、企业发展要求。职业本科院校的课外科技创新工作还需加强以下工作：提高产教融合力度，提升课外科技创新成果形式及质量；提高师生社会活动的参与力度，引导学生发掘社会发展痛点；提高岗课赛融通力度，增强学生科技创新基础素养塑造等。

2. 梳理职业本科建设背景下大学生课外科技创新工作内容及建设路径

厘清职业本科、职业专科、普通本科多种教育类型的概念。明确了大学生课外科技创新工作内容。从多个角度阐释了职业教育与普通高等教育大学生课外科技创新工作内容区别，涉及办学方向、人才培养规格、人才培养过程、成果成效、社会服务等方面。从组织机构、保障机制、人才培养要求等层面分析了体制机制建设的必要性，保障后续职业本科建设背景下大学生课外科技创新工作的有效开展和实施，同时分析了体制机制建设的主要内容，为职业院校开展相关工作提供了借鉴。

开创性地提出了职业本科背景下"五步五优"大学生课外科技创新工作建设路径。围绕"平台、团队、举措、评价、反馈"推动建设路径实施落地，主要包括以下具体建设举措：搭建科创平台，优化创新生态；建立科创梯队，优化师生共融；探索多维举措，优化发展布局；落实增值评价，优化成果创效；形成动态反馈，优化策略监督。结合各步建设内容，分别通过多个案例对相应内容进行建设方法和建设成果举例。本部分也是研究人员在总结已有成果的基础上，对具有典型性、可靠性的途径方法的有效探索。

3. 搭建基于职业本科建设背景下大学生课外科技创新工作建设水平评价体系

结合前述研究内容，为推进研究内容的落地性，同时为给后续相关工作开展提供切实可行的实践方法和评价机制，创新性地围绕学校、教师和学生三个角度，从"制度保障、人才队伍、实施过程、成果成效"等方面构建综合评价内容，体现了"动态性、统计性、跟踪性"的评价特点。建立了学校课外科技创新工作建设水平总体评价指标体系、教师对课外科技创新活动评价指标体系、学生对课外科技创新活动评价指标体系的系统性评价体系，涉及评价指标共 60 项。给出了定量化评价指标的计算方法和定性化评价指标的评价分值。保障评价体系的可评可测，提高了适用性和实用性，同时为代入具体的评价方法开展定量化计算奠定了重要基础。在此基础上，引入模糊综合评价法和主成分分析法进行多角度的评价测算。算例分析将实验数据代入两种评价方法，测算了方法的可靠性，同时证明主成分分析法相比模糊综合评价法所得的评价结果更细致，可实现多所学校评价结果的排名，也可在后续的研究中推广使用。

4. 基于"挑战杯"全国大学生课外学术科技作品的竞赛要求及参赛技巧分析

对"挑战杯"全国大学生课外学术科技作品竞赛的发展历程、参赛作品形式，以及其深远的意义和广泛影响进行了全面的分析；收集了第十六届—第十八届"大挑"获奖作品选题，采用知识图谱分析方法，进行了 4 099 个作品的选题分析；对参赛作品创作过程中的团队组建要素、作品要求和打磨步骤等做了详细论述和案例分析，为后续参赛师生提供相关借鉴。

11.2 创新点

本书主要创新点表现在以下三方面：

1. 基于职业本科研究视角创新

对大学生课外科技创新研究以往多关注普通高等教育类型，对职业教育类型关注相对较少，对职业教育本科教育的相关研究就更少。近年来职业教育的高质量发展以及职业教育类型的明确定位，使得职教类大学生课外科技创新工作成为促进高技术技能人才培养的重要内容之一。本书结合时代背景，基于职业本科建设视角展开研究，研究视角特点鲜明。

2. 基于"五步五优"核心内容创新

大学生课外科技创新工作覆盖领域广，增值评价和综合评价两种模式具有一定独特性。涉及内容多，以往很难有较为系统性的建设体系，而针对职业本科的可推广理论和实践方法更少。本书在深入剖析当前发展现状的基础上，从平台建设、梯队建设、多维举措、增值评价、动态反馈提出"五步五优"建设路径，对具体内容进行系统性梳理，可较好地补充相关领域的研究空白。

3. 基于多角度的评价体系创新

在大学生课外科技创新工作评价中改变了现有评价的固式思维和方法，创新性地提出了三类评价指标：学校课外科技创新工作建设水平总体评价指标体系、教师对课外科技创新活动评价指标体系、学生对课外科技创新活动评价指标体系的系统性评价体系，这在以往的研究中从未出现过。同时，采用模糊综合评价与主成分分析法的对比评价，通过指标量化规避了因定性评价造成的模糊评价，结合两种评价结果进一步印证评价结果的准确性，增强了评价结果的可靠性，也为大学生课外科技创新工作评价提出了定量化评价的方法途径。

附件

1 调研问卷

关于“职业院校大学生课外科技创新工作建设”调研问卷

尊敬的教师：

您好！

为有效推进实践育人工作课题研究，现诚挚邀请您参加此次调研。调研旨在了解当前高等职业院校大学生课外科技创新工作开展情况及实施成效，恳请您真实填写以下问卷。对于您的参与，我们由衷地表示感谢！我们将努力为职业院校创新发展贡献自己的力量！

第一部分：基本信息

1. 您所在学校的名称为________________，所在省份为________

2. 您的职称________________，性别________

3. 您所在学校是否为(可多选)________

A. 职业本科

B. 中国特色高水平高职学校

C. 国家优质专科高等职业院校

D. 其他

4. 您在学校所从事的岗位：________(单选)

A. 行政管理岗

B. 专任教师岗

C. 辅导员岗

5. 您认为职业院校开展大学生课外科技创新工作的必要性是什么？ _________(可多选)

A. 迎合时代和社会经济发展需求

B. 有力推进产教深度融合

C. 提高学校自身竞争力

D. 提高学生科技创新意识和能力，提升就业或深造能力

E. 提升学生综合素质及能力，为其职业道路奠定基础

F. 职业院校学生没必要开展科技创新，学生能力不足

第二部分：管理机制

6. 如果用1～5分来评价学校对于大学生课外科技创新工作的重视程度，对于您所在学校，您认为可以打________？分数越高代表学校重视程度越高。（单选）

A. 1分　　B. 2分　　C. 3分　　D. 4分　　E. 5分

7. 您所在学校是否成立专门的大学生课外科技创新管理组织机构？________（单选）

A. 没有成立专门组织机构，属团委管理

B. 有成立，组织名字为________

C. 不了解

8. 您所在学校是否制定了鼓励大学生课外科技创新工作的相关管理文件？________（单选）

A. 有，较为系统

B. 有，但较少

C. 没有

D. 不了解，没有接触

9. 请您为所在学校的大学生课外科技创新工作针对以下方面进行打分（分数越高代表对相关工作满意度越高）（单选）

A. 组织及领导　　1　2　3　4　5

B. 管理及过程指导　　1　2　3　4　5

C. 评估与奖励　　1　2　3　4　5

第三部分：过程实施

10. 您所在职业院校主要开展的大学生课外科技创新活动有哪些？________（可多选）

A. “挑战杯”课外科技学术科技作品竞赛

B. 各类型创新创业大赛（如“互联网＋”创新创业大赛等）

C. 专业或学科相关的科技竞赛（如建模大赛、设计大赛等）

D. 科技创新学术交流和培训活动（如学术沙龙、创新创业培训等）

E. 科技创新相关科普活动（如科技周宣传、科普知识竞赛等）

F. 其他________

11. 如果用1～5分来评价学校对于大学生课外科技创新工作的支持力度，对于您所在学校，您认为可以打________？分数越高代表学校支持力度越高。（单选）

A. 1分　B. 2分　C. 3分　D. 4分　E. 5分

12. 据您了解您所在学校教师参与指导大学生课外科技创新活动的比例大概为________

A. 80%以上（绝大部分教师会参与）

B. 50%～80%（大部分教师会参与）

C. 20%～50%（只有小部分教师会参与）

D. 20%以下（很少教师会参与）

13. 如果用1～5分来评价学生参加课外科技创新工作的参与热情，对于您所在学校，您认为可以打________？分数越高代表学生参与热情越高。（单选）

A. 1分　B. 2分　C. 3分　D. 4分　E. 5分

14. 针对“挑战杯”、创新创业大赛等相关大学生课外科技创新活动，学校提供以下哪些培训形式？________（可多选）

A. 启动宣传

B. 经验交流或学术讲座

C. 开设相关课程指导学生入门

D. 校内教师团队指导

E. 校外专业团队辅导

F. 其他________

15. 您是否直接指导过学生开展大学生课外科技创新活动？________（单选）

A. 有指导，成果较多

B. 有指导，成果不明显

C. 没有指导经验，但想积极参与

D. 没有指导经验，也没有指导意愿

若15题选C、D选项，可不作答16～19题

16. 您指导学生参加课外科技创新活动时，学生和指导教师的参与程度比例一般为（学生∶教师）________（单选）

A. 1∶9　B. 2∶8　C. 3∶7　D. 4∶6　E. 5∶5

17. 促使您指导大学生参加课外科技创新活动最重要的原因是什么？________（单选）

A. 指导学生获奖，可帮助职称晋升

B. 指导学生获奖，可获得奖金收入

C. 指导学生，可增进与学生的密切关系

D. 为提升自身教育教学能力

E. 帮助学生提升综合素质能力

F. 其他________

18. 您所指导的大学生课外科技作品，是否为校企协同的研究成果？________（单选）

A. 作品源于行业、企业需要解决的实际问题，企业参与程度高

B. 作品与行业、企业发展需求联系小，有企业参与，但参与程度不高

C. 作品与行业、企业发展需求无直接联系，无企业直接参与

D. 没有指导过，不清楚

19. 您在指导学生的过程中，发现职业院校学生参与课外科技创新活动主要存在哪些问题？________（可多选）

A. 自主参与程度不高，对教师依赖性高

B. 基础不好，创新思维受限

C. 动手能力差，科技创新实践能力差

D. 专业技能及知识的转化能力不足

E. 写作、软件等应用型能力偏低

F. 表达、沟通、团队组织及协作等综合素质能力不足

G. 团队成员流动大、学生毅力不足

H. 其他____________

I. 没有指导过，不清楚

20. 在指导学生参加课外科技创新活动中，您最看重学生哪方面能力的提升？________（单选）

A. 主动思考及解决问题能力

B. 创新思维能力

C. 实践动手能力

D. 团队合作能力

E. 沟通表达能力

F. 任务执行能力

G. 其他________

21. 您发现职业院校教师在指导学生参与课外科技创新活动中有哪些问题？________（单选）

A. 存在畏难心态，不敢主动承担指导工作

B. 指导力度不够，学生缺乏专业指导

C. 不能整合多方资源，提升学生科技作品质量

D. 平时教学工作繁重，不愿投入更多的时间和精力在学生身上

E. 学校鼓励政策或力度不够，教师没有指导学生的动力

F. 其他____________

第四部分:成效评价

22. 您认为您所在学校在推进大学生课外科技创新工作中还需加强哪些方面的工作? ________(单选)

A. 加强组织管理

B. 加强对学生的过程性指导

C. 加强成果导向的鼓励力度

D. 加强师生参与的覆盖面

E. 加强校园整体科创学习氛围

F. 加强并鼓励组建跨专业团队

G. 其他:________

23. 您认为评价学校大学生课外科技创新工作最重要的指标是什么? ________(单选)

A. 学生获奖数量和含金量

B. 学校投入资金,学生获奖数量

C. 学生和教师参与百分比

D. 学生创新能力提升效果

E. 学校科技创新工作排名

F. 其他________

24. 如果请您提供评价学校大学生课外科技创新工作指标,您会推荐哪些评价指标?

____

25. 据您所了解,您认为国内哪所职业院校的大学生课外科技创新工作开展较好,值得学习? ________________________________

第五部分:对职业本科相关工作看法

26. 如果您所在学校升级为职业本科,您认为职业本科院校的大学生课外科技创新工作与一般高职院校最大的两个区别是什么? ________(仅选两项)

A. 获得国家级竞赛奖项的数量

B. 参加大学生课外科技创新活动的师生比例

C. 大学生课外科技创新活动及成果的质量

D. 大学生课外科技创新活动组织、管理及指导水平

E. 大学生课外科技创新活动的校企协同程度,如何更好地服务行业、企业发展需求

F. 大学生参与课外科技创新活动过程中个人能力和素质的提高程度

G. 其他____________

27. 如果您所在学校升级为职业本科,您认为职业本科院校的大学生课外科技创新工作特征有哪些? ________(可多选)

A. 跟普通本科发展方向和内涵一致

B. 只是在原来高职院校基础上稍微提升发展目标

C. 应该有别于普通本科和普通高职，具备职业本科特有的发展要求和内涵

D. 对学生的科技创新素质训练更应紧跟专业、行业、企业发展要求

E. 其他________

28. 您认为职业本科院校的大学生课外科技创新工作还需在当前高职院校的工作上加强哪些方面的工作？________（可多选）

A. 提高岗课赛融通力度，增强学生科技创新基础素养

B. 提高师生社会活动的参与力度，引导学生发掘社会发展痛点

C. 提高产教融合力度，提升课外科技创新成果形式及质量

D. 提高教师教学科研能力，促进对学生科技创新活动的有力指导

E. 其他________

对于您的参与，我们表示万分感谢。感谢您对我们的支持与帮助！

关于"职业院校大学生课外科技创新活动参与情况"调研问卷

亲爱的同学：

您好！

为有效推进实践育人工作课题研究，现诚挚邀请您参加此次调研。调研旨在了解当前高等职业院校大学生参与课外科技创新活动的情况，恳请您真实填写以下问卷。对于您的参与，我们由衷地表示感谢！我们将努力为职业院校创新发展贡献自己的力量！

第一部分：基本信息

1. 您所在学校的名称：________________，所在省份：__________

2. 您的性别：男　　女；　　您的年级：大一　　大二　　大三

3. 您就读的专业属于哪个类别：________

农业与畜牧业、林业与渔业、资源开发与环境保护、能源技术与材料科学、土木工程与建筑技术、水利工程、装备制造工程、生物科技与化学工程、轻工制造与纺织工艺、食品与药品安全、交通运输工程、电子信息技术与通信、医药卫生服务、财经与商业贸易、旅游管理与服务、文化艺术与设计、新闻传播与传媒、教育与体育训练、公安与司法行政、公共管理与服务等类别。

4. 您认为职业院校开展大学生课外科技创新活动的必要性是什么？_________（可多选）

A. 迎合时代和社会经济发展需求

B. 有力推进产教深度融合

C. 提高学校自身竞争力

D. 提高学生科技创新意识和能力，提升就业或深造能力

E. 提升学生综合素质及能力，为其职业道路奠定基础

F. 课外科技创新对职业院校学生要求太高，没必要开展科技创新活动

第二部分：过程实施

5. 您是否参加过以下课外科技创新活动？_________（可多选）

A. "挑战杯"课外科技学术科技作品竞赛

B. 各类型创新创业大赛（如"互联网＋"创新创业大赛等）

C. 专业或学科相关的科技竞赛（如建模大赛、设计大赛等）

D. 科技创新学术交流和培训活动（如学术沙龙、创新创业培训等）

E. 科技创新相关科普活动（如科技周宣传、科普知识竞赛等）

F. 没有参加过任何课外科技创新活动

如第5题选择A～E选项，请继续作答；如选择F选项，可跳过以下第6～13题，直接作答第14题

6. 您参加课外科技创新活动的最大动力是什么？________

A. 参加课外科技创新活动可获得素质学分

B. 参加课外科技创新比赛获奖可获得奖金

C. 参加课外科技创新活动可跟教师有密切接触

D. 提升自我综合素质能力，为就业和深造打基础

7. 大学期间，您参加过几项课外科技创新活动？

A. 1项

B. 2～3项

C. 3项以上

8. 您是通过什么途径参加课外科技创新活动的？________

A. 同学邀请一起组队

B. 学校组织参加，收到报名信息，自发报名

C. 教师鼓励参加后，自己再报名参加

D. 往届学长学姐推荐参加

9. 针对"挑战杯"、创新创业大赛等相关大学生课外科技创新活动，学校提供以下哪些培训形式？________

A. 启动宣传

B. 经验交流或学术讲座

C. 开设相关课程指导学生入门

D. 校内教师团队指导

E. 校外专业团队辅导

F. 其他________

10. 在参加课外科技创新活动中，您会着重提升自己哪些方面的能力？________

A. 主动思考及解决问题能力

B. 创新思维能力

C. 实践动手能力

D. 团队合作能力

E. 沟通表达能力

F. 任务执行能力

G. 社会交往能力

H. 其他________

11. 您在参与课外科技创新活动中，感觉存在以下哪些困难？________

A. 没有创新想法，对比赛作品无从下手

B. 个人专业能力不足，对团队的贡献小

C. 教师对学生团队的指导力度不够，会让学生感觉无目标和方向

D. 团队缺乏资金运作，很多想法或工作无法开展

E. 平时学业较重，无法抽出较多时间参与

F. 与团队的沟通和合作不畅，无法坚持参与

G. 其他____________

12. 您参加课外科技创新活动时，团队学生和指导教师在作品创作过程中的参与程度比例一般为(学生∶教师)_______

A. 1∶9　　B. 2∶8　　C. 3∶7　　D. 4∶6　　E. 5∶5

13. 您对指导您参加课外科技创新活动的教师如何评价？________

A. 教师实际指导的时间较短，学生无法较好地沟通想法和获得有助于提升的指导

B. 教师自己对指导的内容和项目不了解，没有明确的指导意见

C. 教师的指导意见与学生团队的想法不一致，与期望目标偏离较远

D. 教师指导非常细心，对学生团队要求严格，促进学生能力提高

E. 教师指导意见很有作用，对团队成果的提升帮助很大

F. 其他_______

14. 您周围大概有多少比例的同学参与过以上课外科技创新活动？________

A. 80%以上(绝大部分同学参与过)

B. 50%～80%(大部分同学会参与过)

C. 20%～50%(只有小部分同学参与过)

D. 20%以下(很少同学参与过)

15. 您或者您身边同学没有参加课外科技创新活动的原因是什么？________

A. 不了解参加科技创新活动的意义和作用

B. 动力不足，没有兴趣

C. 学业压力大，没有多余时间

D. 没有合适的同学组队

E. 没有收到参加活动或比赛的信息

16. 您认为学校在鼓励学生参加课外科技创新活动时，还需加强哪些方面的工作？________

A. 加强组织管理

B. 加强对学生的过程性指导

C. 加强奖励力度

D. 加强学生参与的覆盖面

E. 加强校园整体科创学习氛围

F. 加强并鼓励组建跨专业团队

G. 其他_______

对于您的参与，我们表示万分感谢。感谢您对我们的支持与帮助！

2 案例分析原始数据及 SPSS 部分计算结果

✧ 教师卷

	A	B	C	D	E	G	I	J	K	L	
1	序号	提交答卷时间	所用时	来源	来源详情	1、您所在学校的名称:	2、您的职称	您的性别:	3、您所在学校是否为（可多选）:	4、您在学校所从事的	5、您认为职业院校开展大学生课外科技创新
2	1	2023/2/19 16:16:12	222秒	微信	N/A	重庆工业职业技术学院	中级工程师	女	B.中国特色高水平高职学校	B. 专任教师岗	C.提高学校自身竞争力丨D.提高学生科技创
3	2	2023/2/24 10:49:56	206秒	微信	N/A	贵州交通职业技术学院	副教授	女	B.中国特色高水平高职学校	A.行政管理岗	A.迎合时代和社会经济发展需求丨B.有力推进
4	3	2023/2/24 10:55:06	532秒	微信	N/A	贵州交通职业技术学院	教授	女	B.中国特色高水平高职学校	A.行政管理岗	A.迎合时代和社会经济发展需求丨B.有力推进
5	4	2023/2/24 12:00:56	447秒	微信	N/A	贵州工贸职业学院	初级	女	D.其它	B. 专任教师岗	A.迎合时代和社会经济发展需求丨B.有力推进
6	5	2023/2/24 12:46:29	354秒	微信	N/A	郑州铁路职业技术学院	教授	男	B.中国特色高水平高职学校	A.行政管理岗	A.迎合时代和社会经济发展需求丨B.有力推进
7	6	2023/2/24 13:01:54	347秒	微信	N/A	毕节幼儿师范高等专科	副教授	女	D.其它	A.行政管理岗	A.迎合时代和社会经济发展需求丨B.有力推进
8	7	2023/2/24 13:04:06	222秒	微信	N/A	贵州工商职业学院	助教	男	D.其它	A.行政管理岗	A.迎合时代和社会经济发展需求丨B.有力推进
9	8	2023/2/24 13:05:06	255秒	微信	N/A	广东交通职业技术学院	讲师	男	B.中国特色高水平高职学校丨C.国家优质专科高等职业院校	A.行政管理岗	A.迎合时代和社会经济发展需求丨B.有力推进
10	9	2023/2/24 13:07:38	282秒	微信	N/A	贵州经贸职业技术学院	讲师	男	D.其它	B. 专任教师岗	A.迎合时代和社会经济发展需求丨B.有力推进
11	10	2023/2/24 13:32:11	278秒	微信	N/A	广东交通职业技术学院	讲师	男	D.其它	B. 专任教师岗	A.迎合时代和社会经济发展需求丨B.有力推进
12	11	2023/2/24 13:43:07	224秒	微信	N/A	广东交通职业技术学院	讲师	男	C.国家优质专科高等职业院校	B. 专任教师岗	C.提高学校自身竞争力丨D.提高学生科技创
13	12	2023/2/24 14:03:22	301秒	微信	N/A	深圳职业技术学院	副教授	男	B.中国特色高水平高职学校丨C.国家优质专科高等职业院校	B. 专任教师岗	A.迎合时代和社会经济发展需求丨D.提高学生
14	13	2023/2/24 14:06:51	523秒	微信	N/A	铜仁幼儿师范高等专科	副教授	男	D.其它	A.行政管理岗	A.迎合时代和社会经济发展需求丨B.有力推进
15	14	2023/2/24 15:02:15	205秒	微信	N/A	贵州财经职业学院	讲师	女	D.其它	A.行政管理岗	A.迎合时代和社会经济发展需求丨B.有力推进
16	15	2023/2/24 15:07:28	169秒	微信	N/A	贵州农业职业学院	讲师	女	C.国家优质专科高等职业院校	A.行政管理岗	A.迎合时代和社会经济发展需求丨B.有力推进
17	16	2023/2/24 15:51:35	305秒	微信	N/A	广东交通职业技术学院	中级	女	B.中国特色高水平高职学校丨C.国家优质专科高等职业院校	B. 专任教师岗	A.迎合时代和社会经济发展需求丨B.有力推进
18	17	2023/2/24 15:56:53	242秒	微信	N/A	遵义医药高等专科学校	讲师	男	B.中国特色高水平高职学校	B. 专任教师岗	D.提高学生科技创新意识和能力，提升就业或
19	18	2023/2/24 18:33:32	398秒	微信	N/A	贵州交通职业技术学院	副教授	女	B.中国特色高水平高职学校	C.辅导员岗	B.有力推进产教深度融合丨D.提高学生科技
20	19	2023/2/24 18:34:58	397秒	微信	N/A	重庆工业职业技术学院	讲师	男	B.中国特色高水平高职学校	C.辅导员岗	A.迎合时代和社会经济发展需求丨B.有力推进
21	20	2023/2/24 18:39:57	187秒	微信	N/A	贵州交通职业技术学院	助教	女	B.中国特色高水平高职学校	C.辅导员岗	D.提高学生科技创新意识和能力，提升就业或
22	21	2023/2/24 19:01:39	258秒	微信	N/A	广东交通职业技术学院	讲师	女	C.国家优质专科高等职业院校	B. 专任教师岗	A.迎合时代和社会经济发展需求丨B.有力推进
23	22	2023/2/24 20:48:52	274秒	微信	N/A	浙江机电职业技术学院	初级	男	B.中国特色高水平高职学校丨C.国家优质专科高等职业院校	C.辅导员岗	A.迎合时代和社会经济发展需求丨C.提高学校
24	23	2023/2/24 22:47:44	585秒	微信	N/A	浙江机电职业技术学院	讲师	女	A.职业本科丨B.中国特色高水平高职学校丨C.国家优质专科高	B. 专任教师岗	A.迎合时代和社会经济发展需求丨B.有力推进
25	24	2023/2/25 12:30:30	538秒	微信	N/A	贵州盛华职业学院	讲师	女	D.其它	A.行政管理岗	C.提高学校自身竞争力丨E.提升学生综合素质
26	25	2023/2/27 16:45:40	408秒	微信	N/A	贵阳职业技术学院	讲师	女	D.其它	B. 专任教师岗	A.迎合时代和社会经济发展需求丨B.有力推进
27	26	2023/2/27 16:55:26	235秒	微信	N/A	贵阳职业技术学院	副教授	女	D.其它	B. 专任教师岗	A.迎合时代和社会经济发展需求丨B.有力推进
28	27	2023/3/2 11:28:19	276秒	微信	N/A	深圳职业技术学院	副教授	男	B.中国特色高水平高职学校丨C.国家优质专科高等职业院校	B. 专任教师岗	A.迎合时代和社会经济发展需求丨B.有力推进
29	28	2023/3/10 12:12:37	130秒	手机提交	直接访问	贵州轻工职业技术学院	李	女	C.国家优质专科高等职业院校	A.行政管理岗	A.迎合时代和社会经济发展需求丨B.有力推进
30	29	2023/3/10 12:15:24	142秒	手机提交	直接访问	贵州轻工职业技术学院	副教授	男	A.职业本科丨D.其它	C.辅导员岗	A.迎合时代和社会经济发展需求丨B.有力推进
31	30	2023/3/10 12:18:11	259秒	手机提交	直接访问	贵州轻工职业技术学院	讲师	女	D.其它	A.行政管理岗	A.迎合时代和社会经济发展需求丨B.有力推进
32	31	2023/3/10 12:21:23	245秒	手机提交	直接访问	轻工职业技术学院	副教授	男	B.中国特色高水平高职学校丨C.国家优质专科高等职业院校	B. 专任教师岗	A.迎合时代和社会经济发展需求丨B.有力推进
33	32	2023/3/10 12:44:41	160秒	手机提交	直接访问	广东轻工职业技术学院	讲师	男	B.中国特色高水平高职学校丨C.国家优质专科高等职业院校丨	C.辅导员岗	A.迎合时代和社会经济发展需求丨B.有力推进
34	33	2023/3/10 13:58:55	160秒	手机提交	直接访问	湖南铁道职业技术学院	旅游管理	男	C.国家优质专科高等职业院校	A.行政管理岗	A.迎合时代和社会经济发展需求丨B.有力推进

✧ 学生卷

40	39	2023/2/23 18:18:59	253秒	微信	N/A	220.197.4.235(贵州-贵阳)	贵州交通职业技术学院	女	大三	交通运输大类	A.迎合时代和社会经济发展需求丨D.提高学生科技创新意识和能力，提升就业或深
41	40	2023/2/23 21:39:36	87秒	手机提交	直接访问	117.188.40.51(贵州-遵义)	贵州交通职业技术学院	女	大一	财经商贸大类	A.迎合时代和社会经济发展需求丨B.有力推进产教深度融合丨C.提高学校自身竞争
42	41	2023/2/23 21:57:34	153秒	手机提交	直接访问	1.49.164.123(贵州-遵义)	贵州交通职业技术学院	女	大一	财经商贸大类	A.迎合时代和社会经济发展需求丨B.有力推进产教深度融合丨C.提高学校自身竞争
43	42	2023/2/23 23:00:50	86秒	手机提交	直接访问	112.96.71.37(广东-广州)	贵州交通职业技术学院	女	大二	财经商贸大类	D.提高学生科技创新意识和能力，提升就业或深造能力丨E.提升学生综合素质及能
44	43	2023/2/24 10:27:53	216秒	手机提交	直接访问	1.204.153.187(贵州-贵阳)	贵州交通职业技术学院	男	大二	其他	A.迎合时代和社会经济发展需求丨B.有力推进产教深度融合丨C.提高学校自身竞争
45	44	2023/2/24 12:15:23	207秒	微信	N/A	114.138.184.49(贵州-黔南)	贵州工贸职业技术学院	男	大二	医药卫生大类	A.迎合时代和社会经济发展需求丨D.提高学生科技创新意识和能力，提升就业或深
46	45	2023/2/24 12:20:54	151秒	微信	N/A	116.171.165.196(贵州-未知)	贵州工贸职业学院	女	大二	文化艺术大类	A.迎合时代和社会经济发展需求丨B.有力推进产教深度融合丨C.提高学校自身竞争
47	46	2023/2/24 12:22:44	200秒	微信	N/A	116.171.165.146(贵州-未知)	贵州工贸职业学院	女	大二	文化艺术大类	A.迎合时代和社会经济发展需求丨B.有力推进产教深度融合丨C.提高学校自身竞争
48	47	2023/2/24 12:25:04	69秒	微信	N/A	116.171.165.198(贵州-未知)	贵州工贸职业学院	女	大二	公共管理与服务大类	A.迎合时代和社会经济发展需求丨B.有力推进产教深度融合丨C.提高学校自身竞争
49	48	2023/2/24 12:38:41	212秒	微信	N/A	117.188.187.215(贵州-毕节)	贵州工贸职业学院	女	大二	公共管理与服务大类	C.提高学校自身竞争力丨D.提高学生科技创新意识和能力，提升就业或深造能力丨
50	49	2023/2/24 13:21:56	65秒	手机提交	直接访问	1.206.162.31(贵州-黔南)	贵州交通职业技术学院	男	大一	其他	A.迎合时代和社会经济发展需求丨E.提升学生综合素质及能力，为其职业道路奠定
51	50	2023/2/24 15:14:27	224秒	微信	N/A	106.108.21.243(贵州-贵阳)	贵州交通职业技术学院	女	大一	交通运输大类	C.提高学校自身竞争力丨D.提高学生科技创新意识和能力，提升就业或深造能力丨
52	51	2023/2/24 15:14:34	256秒	微信	N/A	39.144.42.123(贵州-毕节)	贵州交通职业技术学院	男	大二	公共管理与服务大类	A.迎合时代和社会经济发展需求丨B.有力推进产教深度融合丨C.提高学校自身竞争
53	52	2023/2/24 15:17:59	219秒	微信	N/A	222.86.199.35(贵州-黔南)	贵州交通职业技术学院	男	大一	其他	A.迎合时代和社会经济发展需求丨B.有力推进产教深度融合丨C.提高学校自身竞争
54	53	2023/2/24 15:29:04	113秒	微信	N/A	1.48.67.110(贵州-黔南)	贵州交通职业技术学院	男	大一	交通运输大类	A.迎合时代和社会经济发展需求丨B.有力推进产教深度融合丨C.提高学校自身竞争
55	54	2023/2/24 17:16:05	214秒	微信	N/A	116.171.165.149(贵州-未知)	贵州工贸职业学院	男	大二	医药卫生大类	A.迎合时代和社会经济发展需求丨B.有力推进产教深度融合丨C.提高学校自身竞争
56	55	2023/2/24 19:20:45	184秒	微信	N/A	221.13.63.231(贵州-遵义)	贵州交通职业技术学院	男	大一	交通运输大类	A.迎合时代和社会经济发展需求丨D.提高学生科技创新意识和能力，提升就业或深
57	56	2023/2/24 20:26:50	120秒	手机提交	直接访问	117.189.112.66(贵州-黔东南)	贵州交通职业技术学院	女	大三	交通运输大类	A.迎合时代和社会经济发展需求丨B.有力推进产教深度融合丨C.提高学校自身竞争
58	57	2023/2/24 21:43:20	221秒	手机提交	直接访问	39.188.112.70(浙江-宁波)	贵州交通职业技术学院	男	大三	交通运输大类	A.迎合时代和社会经济发展需求丨D.提高学生科技创新意识和能力，提升就业或深
59	58	2023/2/27 7:54:31	99秒	微信	N/A	183.46.174.5(广东-汕头)	广东交通职业技术学院	男	大三	交通运输大类	A.迎合时代和社会经济发展需求丨B.有力推进产教深度融合丨D.提高学生科技创新
60	59	2023/2/27 7:54:59	191秒	微信	N/A	120.235.13.107(广东-广州)	广东交通职业技术学院	女	大三	交通运输大类	A.迎合时代和社会经济发展需求丨B.有力推进产教深度融合丨C.提高学校自身竞争
61	60	2023/2/27 8:03:23	134秒	微信	N/A	223.104.72.168(广东-东莞)	广东交通职业技术学院	女	大三	交通运输大类	D.提高学生科技创新意识和能力，提升就业或深造能力丨E.提升学生综合素质及能
62	61	2023/2/27 8:03:45	187秒	微信	N/A	223.104.63.42(广东-深圳)	广东交通职业技术学院	女	大三	交通运输大类	A.迎合时代和社会经济发展需求丨B.有力推进产教深度融合丨C.提高学校自身竞争
63	62	2023/2/27 11:30:58	183秒	微信	N/A	39.144.228.203(贵州-贵阳)	贵州交通职业技术学院	女	大二	交通运输大类	A.迎合时代和社会经济发展需求丨D.提高学生科技创新意识和能力，提升就业或深
64	63	2023/2/27 19:16:20	177秒	微信	N/A	119.130.129.183(广东-广州)	广东交通职业技术学院	男	大三	交通运输大类	A.迎合时代和社会经济发展需求丨B.有力推进产教深度融合丨D.提高学生科技创新
65	64	2023/2/28 22:50:02	111秒	手机提交	直接访问	124.240.81.16(广东-佛山)	贵州交通职业技术学院	男	大三	交通运输大类	A.迎合时代和社会经济发展需求丨B.有力推进产教深度融合丨C.提高学校自身竞争
66	65	2023/3/10 11:48:50	180秒	手机提交	直接访问	58.16.79.154(贵州-贵阳)	贵州轻工职业技术学院	女	大二	财经商贸大类	A.迎合时代和社会经济发展需求丨D.提高学生科技创新意识和能力，提升就业或深
67	66	2023/3/10 11:53:24	107秒	手机提交	直接访问	114.138.129.249(贵州-黔南)	贵州轻工职业技术学院	男	大一	电子信息大类	B.有力推进产教深度融合丨C.提高学校自身竞争力丨D.提高学生科技创新意识和能
68	67	2023/3/10 11:53:51	107秒	手机提交	直接访问	221.13.19.254(贵州-贵阳)	贵州轻工职业技术学院	男	大一	其他	A.迎合时代和社会经济发展需求丨E.提升学生综合素质及能力，为其职业道路奠定
69	68	2023/3/10 11:53:55	125秒	手机提交	直接访问	106.43.208.99(贵州-贵阳)	贵州轻工职业技术学院	女	大一	电子信息大类	A.迎合时代和社会经济发展需求丨D.提高学生科技创新意识和能力，提升就业或深
70	69	2023/3/10 11:53:56	101秒	手机提交	直接访问	39.144.228.239(贵州-贵阳)	贵州轻工职业技术学院	女	大一	食品药品与粮食大类	A.迎合时代和社会经济发展需求丨B.有力推进产教深度融合丨C.提高学校自身竞争
71	70	2023/3/10 11:54:01	138秒	手机提交	直接访问	221.13.19.249(贵州-贵阳)	贵州轻工职业技术学院	女	大一	电子信息大类	A.迎合时代和社会经济发展需求丨B.有力推进产教深度融合丨C.提高学校自身竞争
72	71	2023/3/10 11:54:32	121秒	手机提交	直接访问	220.197.4.149(贵州-贵阳)	贵州轻工职业技术学院	男	大一	土木建筑大类	A.迎合时代和社会经济发展需求丨B.有力推进产教深度融合丨C.提高学校自身竞争
73	72	2023/3/10 11:55:06	192秒	手机提交	直接访问	221.13.19.254(贵州-贵阳)	贵州轻工职业技术学院	女	大一	电子信息大类	A.迎合时代和社会经济发展需求丨B.有力推进产教深度融合丨D.提高学生科技创新
74	73	2023/3/10 11:55:13	72秒	手机提交	直接访问	223.104.94.226(贵州-贵阳)	贵州轻工职业学院	女	大一	文化艺术大类	A.迎合时代和社会经济发展需求丨B.有力推进产教深度融合丨C.提高学校自身竞争
75	74	2023/3/10 11:55:47	157秒	手机提交	直接访问	221.13.1.245(贵州-贵阳)	贵州轻工职业技术学院	男	大一	生物与化工大类	A.迎合时代和社会经济发展需求丨B.有力推进产教深度融合丨C.提高学校自身竞争

SPSS计算:相关性矩阵 a

评价	1	2	3	4	5	6	7	8	9	10	11	12	13	14	15	16	17	18	19	20	21	22	23	24	25	26	27	28
1	1	0.923	0.889	0.98	0.992	0.693	0.206	0.632	0.693	0.999	0.996	−0.06	0.24	−0.662	0.443	0.75	0.768	0.999	0.996	0.992	0.206	0.992	0.988	1	0.961	0.693	0.852	0.935
2	0.923	1	0.997	0.981	0.868	0.918	0.568	0.882	0.918	0.91	0.953	0.33	0.596	−0.322	0.754	0.947	0.956	0.938	0.953	0.868	0.568	0.868	0.971	0.931	0.993	0.918	0.988	0.999
3	0.889	0.997	1	0.963	0.827	0.946	0.631	0.917	0.946	0.874	0.926	0.403	0.657	−0.247	0.804	0.969	0.976	0.908	0.926	0.827	0.631	0.827	0.949	0.899	0.981	0.946	0.997	0.994
4	0.98	0.981	0.963	1	0.948	0.823	0.397	0.774	0.823	0.973	0.994	0.14	0.429	−0.5	0.612	0.866	0.88	0.988	0.994	0.948	0.397	0.948	0.999	0.984	0.997	0.823	0.939	0.987
5	0.992	0.868	0.827	0.948	1	0.6	0.085	0.533	0.6	0.996	0.978	−0.181	0.12	−0.749	0.33	0.663	0.684	0.986	0.978	1	0.085	1	0.962	0.99	0.92	0.6	0.781	0.885
6	0.693	0.918	0.946	0.823	0.6	1	0.848	0.997	1	0.67	0.753	0.678	0.866	0.081	0.953	0.997	0.994	0.724	0.753	0.6	0.848	0.6	0.796	0.709	0.866	1	0.968	0.903
7	0.206	0.568	0.631	0.397	0.085	0.848	1	0.888	0.848	0.175	0.291	0.964	0.999	0.596	0.969	0.802	0.785	0.248	0.291	0.085	1	0.085	0.355	0.227	0.47	0.848	0.688	0.539
8	0.632	0.882	0.917	0.774	0.533	0.997	0.888	1	0.997	0.608	0.698	0.736	0.904	0.161	0.975	0.987	0.982	0.665	0.698	0.533	0.888	0.533	0.744	0.649	0.822	0.997	0.945	0.866
9	0.693	0.918	0.946	0.823	0.6	1	0.848	0.997	1	0.67	0.753	0.678	0.866	0.081	0.953	0.997	0.994	0.724	0.753	0.6	0.848	0.6	0.796	0.709	0.866	1	0.968	0.903
10	0.999	0.91	0.874	0.973	0.996	0.67	0.175	0.608	0.67	1	0.993	−0.091	0.209	−0.686	0.414	0.728	0.748	0.997	0.993	0.996	0.175	0.996	0.983	0.999	0.952	0.67	0.835	0.924
11	0.996	0.953	0.926	0.994	0.978	0.753	0.291	0.698	0.753	0.993	1	0.028	0.324	−0.595	0.519	0.804	0.821	0.999	1	0.978	0.291	0.978	0.998	0.998	0.981	0.753	0.894	0.963
12	−0.06	0.33	0.403	0.14	−0.181	0.678	0.964	0.736	0.678	−0.091	0.028	1	0.955	0.787	0.869	0.616	0.593	−0.017	0.028	−0.181	0.964	−0.181	0.095	−0.038	0.22	0.678	0.472	0.297
13	0.24	0.596	0.657	0.429	0.12	0.866	0.999	0.904	0.866	0.209	0.324	0.955	1	0.568	0.977	0.822	0.806	0.282	0.324	0.12	0.999	0.12	0.387	0.261	0.5	0.866	0.713	0.568
14	−0.662	−0.322	−0.247	−0.5	−0.749	0.081	0.596	0.161	0.081	−0.686	−0.595	0.787	0.568	1	0.379	−0.001	−0.029	−0.629	−0.595	−0.749	0.596	−0.749	−0.539	−0.646	−0.429	0.081	−0.172	−0.354
15	0.443	0.754	0.804	0.612	0.33	0.953	0.969	0.975	0.953	0.414	0.519	0.869	0.977	0.379	1	0.925	0.914	0.481	0.519	0.33	0.969	0.33	0.576	0.462	0.674	0.953	0.847	0.731
16	0.75	0.947	0.969	0.866	0.663	0.997	0.802	0.987	0.997	0.728	0.804	0.616	0.822	−0.001	0.925	1	1	0.778	0.804	0.663	0.802	0.663	0.843	0.764	0.904	0.997	0.985	0.935
17	0.768	0.956	0.976	0.88	0.684	0.994	0.785	0.982	0.994	0.748	0.821	0.593	0.806	−0.029	0.914	1	1	0.795	0.821	0.684	0.785	0.684	0.858	0.782	0.916	0.994	0.99	0.945
18	0.999	0.938	0.908	0.988	0.986	0.724	0.248	0.665	0.724	0.997	0.999	−0.017	0.282	−0.629	0.481	0.778	0.795	1	0.999	0.986	0.248	0.986	0.994	1	0.972	0.724	0.874	0.95
19	0.996	0.953	0.926	0.994	0.978	0.753	0.291	0.698	0.753	0.993	1	0.028	0.324	−0.595	0.519	0.804	0.821	0.999	1	0.978	0.291	0.978	0.998	0.998	0.981	0.753	0.894	0.963
20	0.992	0.868	0.827	0.948	1	0.6	0.085	0.533	0.6	0.996	0.978	−0.181	0.12	−0.749	0.33	0.663	0.684	0.986	0.978	1	0.085	1	0.962	0.99	0.92	0.6	0.781	0.885
21	0.206	0.568	0.631	0.397	0.085	0.848	1	0.888	0.848	0.175	0.291	0.964	0.999	0.596	0.969	0.802	0.785	0.248	0.291	0.085	1	0.085	0.355	0.227	0.47	0.848	0.688	0.539
22	0.992	0.868	0.827	0.948	1	0.6	0.085	0.533	0.6	0.996	0.978	−0.181	0.12	−0.749	0.33	0.663	0.684	0.986	0.978	1	0.085	1	0.962	0.99	0.92	0.6	0.781	0.885

续表

SPSS计算：相关性矩阵 a

评价	1	2	3	4	5	6	7	8	9	10	11	12	13	14	15	16	17	18	19	20	21	22	23	24	25	26	27	28
23	0.988	0.971	0.949	0.999	0.962	0.796	0.355	0.744	0.796	0.983	0.998	0.095	0.387	−0.539	0.576	0.843	0.858	0.994	0.998	0.962	0.355	0.962	1	0.991	0.992	0.796	0.922	0.979
24	1	0.931	0.899	0.984	0.99	0.709	0.227	0.649	0.709	0.999	0.998	−0.038	0.261	−0.646	0.462	0.764	0.782	1	0.998	0.99	0.227	0.99	0.991	1	0.966	0.709	0.863	0.943
25	0.961	0.993	0.981	0.997	0.92	0.866	0.47	0.822	0.866	0.952	0.981	0.22	0.5	−0.429	0.674	0.904	0.916	0.972	0.981	0.92	0.47	0.92	0.992	0.966	1	0.866	0.964	0.997
26	0.693	0.918	0.946	0.823	0.6	1	0.848	0.997	1	0.67	0.753	0.678	0.866	0.081	0.953	0.997	0.994	0.724	0.753	0.6	0.848	0.6	0.796	0.709	0.866	1	0.968	0.903
27	0.852	0.988	0.997	0.939	0.781	0.968	0.688	0.945	0.968	0.835	0.894	0.472	0.713	−0.172	0.847	0.985	0.99	0.874	0.894	0.781	0.688	0.781	0.922	0.863	0.964	0.968	1	0.982
28	0.935	0.999	0.994	0.987	0.885	0.903	0.539	0.866	0.903	0.924	0.963	0.297	0.568	−0.354	0.731	0.935	0.945	0.95	0.963	0.885	0.539	0.885	0.979	0.943	0.997	0.903	0.982	1

参考文献

[1] 中共中央　国务院关于深化体制机制改革加快实施创新驱动发展战略的若干意见[R/OL].(2015-03-23)[2022-06-23]. http://www.gov.cn/xinwen/2015-03/23/content_2837629.htm.

[2] 中共中央　国务院印发《中长期青年发展规划(2016—2025年)》[R/OL].(2017-04-13)[2022-06-23]. http://www.gov.cn/xinwen/2017-04/13/content_5185555.htm#1.

[3] 全国人民代表大会常务委员会关于修改《中华人民共和国电力法》等四部法律的决定[R/OL].(2018-12-30)[2022-06-23]. http://www.gov.cn/xinwen/2018-12/30/content_5353501.htm.

[4] 中共中央举行新闻发布会　介绍党的十九届五中全会精神[EB/OL].(2020-10-30)[2022-06-23]. https://www.12371.cn/2020/10/30/VIDE1604033161939266.shtml.

[5] 教育部等九部门关于印发《职业教育提质培优行动计划(2020—2023年)》的通知[EB/OL].(2020-09-29)[2022-06-23]. http://www.moe.gov.cn/srcsite/A07/zcs_zhgg/202009/t20200929_492299.html.

[6] 习近平. 在中国科学院第二十次院士大会、中国工程院第十五次院士大会、中国科协第十次全国代表大会上的讲话[R/OL].(2021-05-28)[2022-06-23]. http://www.gov.cn/xinwen/2021-05/28/content/5613746.htm.

[7] 共青团中央印发《新时代加强和改进共青团思想政治引领工作实施纲要》的通知[R/OL].(2021-05-28)[2022-06-23]. http://www.gov.cn/xinwen/2021-05/28/content_5613746.htm.

[8] Hofstein A, Maoz N, Rishpon M. Attitudes towards school science: a comparison of participants and nonparticipants in extracurricular science activities[J]. School Science And Mathematics, 1990,90(1):13-22.

[9] Zacharias, Angela C B, et al. Urban middle-school students' attitudes toward a defined science[J]. Science Education, 2004,88(2):197-222.

[10] Fangqi XU, Mcdonnell G, Nash W R. A survey of creativity courses at universities in principal countries[J]. Journal of Creative Behavior, 2005,39(2):75-88.

[11] Oral G. The international handbook of creativity: creativity in Turkey and Turkish-Speaking Countries[J]. 2006.

[12] 任小龙. 大学生课外科技活动中存在的问题与对策[J]. 中国青年研究,2005(12):80.

[13] 陈纯馨. 地方高校大学生课外科技活动与创新能力培养的探索与实践[J]. 中山大学学报,2006(11):23.

[14] 王宏立. 大学生科技创新活动的实践与思考[J]. 河南科技月刊,2006(9):35-35.

[15] 张建荣. 大学生课外科技活动指南[M]. 广州:知识产权出版社,2007.

[16] 郭树航.我校大学生科技创新活动的探索与实践[J].河北科技大学学报(社会科学版),2007,7(3):4.
[17] 张武升.冲破创新人才培养的壁垒:以创新的评价体系引导创新人才的创生[J].人民教育,2008(10):24.
[18] 乔海曙,李远航.大学生创新能力培养研究综述[J].大学教育科学,2008(1):4.
[19] 方海霞.创新型科技人才的培养与科学技术教育[J].科技信息,2008(14):190.
[20] 凤启龙.大学生课外学术科技创新活动体系建设探析[J].高等教育研究,2009(3):4.
[21] 龚晓林.学生课外科技活动与创新人才培养[J].中国高校科技,2011(8):2.
[22] 袁金祥.大学生课外科技活动的实施策略[J].教育探索,2011(1):23.
[23] 朱萍.大学生科技创新能力培养的现状与对策研究[D].扬州:扬州大学,2012.
[24] 张振刚."挑战杯"中国大学生创业计划指南[M].广州:华南理工大学出版社,2012.
[25] 范宝成.大学生课外科技创新参赛指南[M].北京:冶金工业出版社,2014:2.
[26] 徐晓影.大学生创新创业平台建设研究[J].科技创业月刊,2021(4):138-140.
[27] 朱瑞兴,李淑琴.大学生科技创新中心建设与创新人才培养[J].科学发展与社会责任,2008(10-13):695-698.
[28] 陈薇.大学生创新创业精神动力研究:回顾与展望[J].华北理工大学学报,2022(11):100-105.
[29] 管园园.大学生农村创新创业团队建设及管理研究[J].乡村科技,2018(32):56-57.
[30] 刘灿昌,许英姿,云海,等.大学生科技创新竞赛团队管理模式研究[J].大学教育,2018(9):200-202.
[31] 李志英,王迎进,杨小峰.建构学生自主管理的大学生科技创新团队模式[J].广州化工,2017,45(13):185-186.
[32] 张小惠,白帆,霍亚光.大学生创新创业实践平台建设的探索与实践[J].实验技术与管理,2020,37(3):28-30,34.
[33] 刘广.大学生创新创业支撑体系建设研究[J].科学进步与对策,2015,32(23):151-155.
[34] 高丹,王英刚,董怡华.大学生创新创业训练计划下高校实验室建设与管理研究[J].广东化工,2016,43(22):182-183.
[35] 冀相奎,刘文婷.高校学生科技创新工作探析[J].科技信息,2008(23):388-392.
[36] 陈德静,禾平,王素华,等.构建大学生科技创新能力培养机制[J].社会科学,2007(1):123-125.
[37] 任其亮,李淑庆.提高大学生创新能力的对策研究[J].重庆文理学院学报(自然科学版),2011,30(2):97-100.
[38] 王思梦,谢凤杰,吴东立.大学生科技创新能力评价指标体系构建:以高等农业院校经济管理类专业为例[J].沈阳农业大学学报(社会科学版),2016,18(5):543-547.
[39] 胡忠任.管理类专业高职生实践与创新能力的评价指标体系[J].长春教育学院学报,2014,30(18):146-148.
[40] 傅贻忙,罗小玲.基于灰色关联度的高职财经类大学生创新能力评价模型[J].中国市场,2017(10):244-245.
[41] 陈国华,刘贵仲,陈旭,等.工科大学生创新能力评价方法研究[J].桂林电子科技大学学报,2008(2):167-170.
[42] 茆琦,郭南初.高职工科类学生创新能力评价体系研究与实践[J].职业教育研究,2014(2):12-15.
[43] 孙波,杨欣虎.大学生创新素质培养的评价体系研究[J].中国青年研究,2007(1):35-38.

[44] 杨家庆. 改革与创新：中国高层次人才培养的综合研究与试验[M]. 北京：清华大学出版社，2003.
[45] 张继德. 大学生科技创新素质评价指标体系的构建[J]. 黑龙江高教研究，2008(10)：116-119.
[46] 曾德芳，王君婷，张焕德. 大学生科技创新素质教育模式研究[J]. 交通高教研究，2004(4)：25-27.
[47] 孙立雄，孙冬雪，许建. 大学生科技创新能力综合评价体系探析[J]. 计算机产品与流通，2018(7)：230，261.
[48] 赵吉鹏. 大学生科技创新能力培养与评价研究[D]. 保定：华北电力大学，2011.
[49] 胡吉良. 基于创客项目的大学生科技创新评价体系初探[J]. 江苏经贸职业技术学院学报，2017(3)：71-73.
[50] 教育部关于"十三五"时期高等学校设置工作的意见[R/OL]. (2017-01-25)[2019-02-07]. http://www.moe.gov.cn/srcsite/A03/s181/201702/t20170217_296529.html.
[51] 张雅博，谢笑天. 高职本科办学模式探析：以云南师大职教院为例[J]. 现代教育科学，2014(7)：73-75.
[52] 陈兴旺，刘杰，钟媛. 大学生科技创新活动长效机制探究[J]. 高校辅导员学刊，2014(6)：60-63.
[53] 张廷. 论大学生课外科技活动体系的构建与实施[D]. 武汉：武汉科技大学，2008.
[54] 周群英，马廷奇. 本科教育改革中创新人才培养回顾与反思[J]. 成才之路，2016(17)：1-3.
[55] 樊媛. 大学生科技创新活动的组织模式研究[D]. 武汉：武汉理工大学，2019.
[56] 中共中央办公厅　国务院办公厅印发《关于深化现代职业教育体系建设改革的意见》[R/OL]. (2022-12-21)[2023-08-15]. https://www.gov.cn/gongbao/content/2023/content_5736711.htm.
[57] 教育部关于印发《国家级大学生创新创业训练计划管理办法》的通知[R/OL]. (2019-07-24)[2023-09-21]. http://www.moe.gov.cn/srcsite/A08/s5672/201907/t20190724_392132.html.
[58] 吴岩. 历史性成就格局性变化：高等教育十年改革发展成效[J]. 中国高等教育，2022(11)：8-10.
[59] 姜生元，高新，孙丽霞. 大学生科技创新实践基地的建设与运行[J]. 中国高等教育，2007(18)：44-46.
[60] 国家中长期科学和技术发展规划纲要(2016-2020)[R/OL]. (2006-02-09)[2023-09-21]. https://www.gov.cn/jrzg/2006-02/09/content_183787_7.htm.
[61] 黄元国. 双导师制项目驱动教学模式与创新人才培养：基于华中科技大学 Dian 团队模式的启示[J]. 经济研究导刊，2015(13)：195-197.
[62] 曹小华，吴青，李文锋. 大学生科技创新能力的团队培养模式探讨[J]. 高教发展与评估，2007，23(3)：22-24.
[63] 单耀军，张小升. 论高校大学生科技创新教育的问题及对策：从全国大学生"挑战杯"竞赛看高校科技创新教育的新发展[J]. 教学研究，2008，31(2)：140-142.
[64] 教育部，财政部. 教育部　财政部关于实施中国特色高水平高职学校和专业建设计划的意见[EB/OL]. (2019-04-02)[2022-12-20]. http://www.moe.gov.cn/srcsite/A07/moe_737/s3876_qt/201904/t20190402_376471.html.
[65] 岳金凤. 2022 年值得关注的区域[J]. 职业技术教育，2023，44(3)：46-47.
[66] 陈森森，林明儒. 打造职业教育产教融合"泉州模式"[N]. 泉州晚报，2023-06-26.
[67] 赖金志，黄卓晔，赖小慧，等. 高职院校学生科创实践平台研究与实践：以广东轻工职业技术学院为例[J]. 广东轻工职业技术学院学报，2021，20(4)：72-76.
[68] 李宝银，汤凤莲，郑细鸣. 产业学院的功能设计与运行模式[J]. 教育评论，2015(11)：3-5.
[69] 周艳玲. 高职院校学生增值性评价实施方案研究[J]. 科技风，2023(24)：57-59.

[70] 周怀慧.综合运输体系下快捷货运网络系统服务水平评价指标体系研究[J].北京:北京交通大学,2009.
[71] 共青团中央青年发展部,北京航空航天大学,全国学校共青团研究中心.“挑战杯”三十年足迹[N].中国青年报,2019-11-08(8).
[72] 叶学丽.“挑战杯”全国大学生系列科技学术竞赛:当代大学生素质教育的有效载体[J].中国共青团,2016(12):61-62.
[73] 蒋保伟.当代大学生创业素质培育研究[D].武汉:武汉理工大学,2018.

后记

2019 年 6 月，教育部批准了全国首批 15 所本科层次职业学校。2019 年 12 月，《中华人民共和国职业教育法修订草案》发布，首次提出了“职业高等学校”。职业高等学校对应于普通高等学校，包括专科、本科层次。2022 年 5 月新修订并开始施行的《中华人民共和国职业教育法》明确“高等职业学校教育是高等教育的重要部分，由专科、本科教育层次的职业高等学校和普通高等学校实施”“设立实施本科层次教育的职业高等学校，由国务院教育行政部门审批；专科层次职业高等学校举办的培养高端技术技能人才的部分专业，符合产教深度融合、办学特色鲜明、培养质量较高等条件的，经国务院教育行政部门审批，可以实施本科层次的职业教育”，以上条款为发展职业本科教育提供了法律依据。

2021 年 3 月，教育部印发职业本科教育专业目录，出台了《本科层次职业学校设置标准(试行)》《本科层次职业教育专业设置管理办法(试行)》[教职成厅(2021)1 号]。2021 年 10 月，中共中央办公厅、国务院办公厅印发《关于推动现代职业教育高质量发展的意见》，要求到 2025 年，职业本科教育招生规模不低于高等职业教育招生规模的 10%。随着国家政策的逐渐出台，职业本科专业建设有了更加明确的方向性指引。各个院校也按照上述“标准”“办法”“意见”开展专业申报和招生。2021—2023 年全国累计招收职业本科生 20.75 万人。由此，职业本科教育开启了崭新的篇章。

2023 年 6 月，教育部发文同意以深圳职业技术学院为基础，整合资源设立深圳职业技术大学。2024 年 5 月 13 日，教育部发布公示拟同意设置金华职业技术大学等 3 所职业本科学校。2024 年 5 月 15 日，教育部发布《关于拟同意设置本科高等学校的公示》，拟同意设置 13 所职业大学和职业技术大学。截至 2024 年 7 月，全国设置本科层次职业学校共计 51 所。

职业本科是新时期职业教育的产物，目的在于丰富高等教育的类型结构和层次结构。职业本科教育应该继续坚持职业教育类型特征，坚持面向市场，坚持就业导向，坚持内涵发展。在新质生产力作用下，保持高水平办学能力，促进高质量产教融合。对于社会经济发展而言，职业本科教育有助于通过高质量教育赋能行业企业提质升级，增强了教育的社会适应性，为全面建设社会主义现代化国家、实现中华民族伟大复兴的中国梦提供有力的人才保障和技能支撑。

职业本科学校在高职教育的基础上，不断探索适应职业本科学生的发展途径。提高人才培养质量是高职院校、职业本科学校共同的使命和任务。进入职业本科后，人才培养规格提高，理实教学、第二课堂等各种育人途径、场地、形式需要达成的育人成效将从熟练地掌握岗位技能逐步提升到从熟练技能中培养创新思维、不断发掘岗位工作中可以改进、提升的技艺、工艺、流程等，以此推动行业企业新技术、新工艺、新理念等的发展。

大学生创新创业教育是提升人才培养质量的重要途径，也引起了全国绝大部分高职院校的重视，职业本科学校更会不断加强大学生课外科技创新工作建设。而要提升大学生课外科技创新工作成效当前更离不开与“新质生产力”的有效互动。

2023年9月，习近平总书记在黑龙江调研时提出“整合科技创新资源，引领发展战略性新兴产业和未来产业，加快形成新质生产力”。新质生产力发展需要以产业链、人才链、教育链、创新链融合生成生产函数，以关键性、颠覆性技术为突破口，实现生产方式和经济增长的质态跃升。新质生产力具有要素配置优、产业体系新、创新驱动快、数字赋能强、人力配置准等关键特征。发展新质生产力，更需要培养符合新时代行业企业转型升级需求的高素质技术技能人才，这也是新时期职业教育的根本任务。产业更迭、创新驱动、数字化升级促使行业企业人才需求发生历史性变革，专业育人生态发生深刻变化，对职业教育的育人途径和方式提出新的挑战。基于此，应该重视行业企业中“新质生产力”和职业本科大学生创新创业教育的关系。主要有以下几点：

1. 内核一致：科技创新与创新精神的共鸣

发展新质生产力的核心在于提高科技创新水平。创新创业教育是培养创新人才、激发创新活力、促进科技进步的重要途径。通过创新创业教育，职业本科学校能够培养出更多具有创新精神、创新思维和创业能力的学生，能够为新质生产力的发展提供源源不断的智力支持。两者在内核上具有高度的一致性，都强调通过创新来突破传统、开辟新径。

2. 目标一致：高质量发展与人才培养的协同

新质生产力的目标是推动社会的高质量发展，实现生产力的跃迁和升级。而职业本科学校推进大学生创新创业教育的目标，则是培养出符合时代发展要求的高素质人才，为经济社会发展提供有力的人才支撑。两者在目标上具有高度的协同性。通过创新创业教育，学校能够培养出更多具有创新思维和创业能力的学生，他们将成为未来新质生产力发展的生力军和推动者。

3. 途径一致：产教融合与创新创业实践的融合

新质生产力的发展需要行业企业与职业教育的深度融合，需推进科技对行业企业的赋能水平。职业本科学校同样应遵循职业教育的类型特色，不断推进校企深度合作，其中推进大学生创新创业教育，更应该通过产教融合、科创研用等形式为学生提供真实的创新创业实践平台，以此提高人才培养的成效。所以，新质生产力是职业教育的加速器，也是职业本科开创新时代发展要求背景下大学生创新创业教育工作的风向标和指示灯。

因此，下一步，职业本科学校要重视行业企业新质生产力的发展，紧跟新质生产力，发展新质生产力，将新质生产力与人才培养密切结合起来，开创职业教育新局面、收获新成果！